三十年印记

1992/2022

范耀庚 著

中国方正出版社

自　　序

三十年来，由于各种原因，除了工作上的公文写作之外，所写文章不多。偶然翻看发表过的这些文字，写作时的一些情景历历在目。去年休假时突发奇想：挑选出一些“年代感”“代表性”较强的篇目，把当时为什么要写、写作时的社会境况和人文环境等串联起来，做一些回顾和评析，会不会有些意义？

于是，坚持每天晚上花两三个小时，前后用了近一年的时间做了这件事情。回过头来看，尽管是挑选出的文章，有的文字上还是粗疏了些，有些观点也不一定周全、准确，但为保持原貌，尽量不作修改。即使现在写下的文字，也不见得讲究、妥当，一些看法也会有偏颇或局限。之所以称为“印记”，也是缘于书里个人的色彩、主观的东西多了些。好在现在信息技术发达、资讯丰富，全面、准确、翔实的记录、分析和判断随时可查，此种个人“印记”，权且提供一个侧面小的补充和参考。

范耀庚

2024 年 4 月 29 日

目　　录

一 到处在打简历（1992 年）

邓小平南方谈话后社会活力的迸发和人的多重选择

时代背景和相关话题

正是在邓小平的倡导和支持下，改革大潮汇聚成时代洪流，使中国人民的面貌、社会主义中国的面貌、中国共产党的面貌发生了历史性变化。

——《中华人民共和国简史》，第 200 页

1992 年春，邓小平视察南方并发表重要谈话。他精辟地分析了当时的国际国内形势，强调要始终坚持党的十一届三中全会以来的路线方针政策，毫不动摇地坚持“一个中心、两个基本点”的基本路线，精辟地论述了社会主义与市场经济的关系，指出：“计划经济不等于社会主义，资本主义也有计划；市场经济不等于资本主义，社会主义也有市场。计

划和市场都是经济手段。”同时，对坚定马克思主义信仰、坚持社会主义道路、坚持改革开放、推进“三步走”战略、社会主义本质、“三个有利于”判断标准等一系列重大问题作了深入阐述。邓小平南方谈话，深刻回答了长期困扰和束缚人们思想的许多重大问题，大大深化了对“什么是社会主义、怎样建设社会主义”的认识，是全面改革进程中思想解放的科学总结，是开创我国改革开放和现代化建设新阶段的宣言书。

——《社会主义发展简史》，第 217 页

1. 县城少有的躁动与热闹

年年都在过，每年各不同。

有些年份，注定会因其独有的事件而具有特殊的意义，影响历史的进程，也改变了多数人的命运。这样的年份，会经常被人提起，反复被拿来总结、思考和回味。

譬如 1992 年，就是这样的一个年份。

这一年的年初，邓小平发表了著名的南方谈话。在当时，很多人就强烈地意识到，谈话给中国大地带来思想观念、价值取向和行为方式的冲击波，足可以与 1978 年年底的党的十一届三中全会相比较，其影响之大、之深远，一时难以估量。随着社会不断推进、历史进程逐步演变，人们对这一历史性事件在中国改革开放史上的意义的认识，也越来越清楚、越来越深刻。

我在此前的一年毕业，正赶上国家的几个部委进行公务员招

考试点，有幸考入其中的一个部机关。由于没有基层工作经验，到单位报到后不久，就在秋天和几个同事一起，被安排在山东的一个县里锻炼一年。

那是一个有不少历史名胜、有深厚文化底蕴的县城，规模比起中等城市稍小些，比起其他的县城要大不少。县城的中心是有很多年头的老城，石板铺成的老街道和两边的旧建筑，看起来很有故事感、沧桑感。在老城周围建设的新城市，在规划上下了些功夫，街道笔直宽阔，建筑整齐有序。当时高楼大厦还不多，机动车辆也不多，整个县城环境相对宽松、安逸、平静。这里的人们质朴、温和，说话、办事不疾不徐，相互之间讲究礼仪、宽厚以待，到处可感的人情味儿让人觉得温馨、踏实。这是个特别适合注重生活质量的人居住、工作的地方。

当时的中国城镇化水平不高，农业人口还是大多数。县城不仅是政治上从基层政权向更规范化、更高层级政权过渡的关键地带，也是经济和文化上从农业文明向城市文明过渡，两种文明杂糅并存、相互影响的混合地带，既有农村的简单、质朴和宽厚，又有小城市初步的规整、条理和热闹。就生活节奏来说，不像农村那样过于缓慢，也不像大城市那样太过紧张；就人与人的相处而言，不像当时的农村那样地方太小，人们天天搅在一起，想不见都躲不开，也不像大城市那样区域太大，除了单位的那些人之外，想和同一城市的同学、朋友和老乡见个面，得东西南北跑来跑去折腾半天。

初去的几个月，按照单位的工作安排，要么开会、写材料，要么跟着“老”同志，骑着自行车跑各单位、各乡镇，或了解情况，或调研问题，或接待信访，或协调、督办一些事项。县里的工作很具体、很琐碎，上面的文件精神、部署要求等都得落实，下面反映的问题和困难都得协调、解决。也时时会遇到一些新鲜的人和新鲜的事儿，但总体上是按部就班、不紧不慢，这对于刚走出校门的年轻人来说，既接触了社会实际，又磨炼了性情，能沉下心来观察和思考，确实是很好的锻炼。

记得很清楚，1992 年春节过后没多久，县城一改平日的安静，少有地喧闹了起来。起初，邓小平南方谈话精神只是在县里各单位传达，机关干部很快少了平时的矜持，大家激动、兴奋起来，对谈话的一些观点热议不已。随后，新闻媒体的连续报道、评论、解读，让整个县城活跃起来、热闹起来。从机关、企业到学校，从干部、职员到群众，男女老少，好像全县城的人都在谈论邓小平南方谈话，谈论由此引发出来的话题和联想。

当然，谈话在机关干部中的反响更为直接、强烈。会议室里讨论，争相交流意见和认识，为某一个观点、某一句话、某一个词，理解不尽相同，争执起来各不相让、面红耳赤的情况比比皆是。上下班的马路上、县委机关的院子里，遇到其他单位的熟人或朋友，打完招呼，就会相互询问你们单位对南方谈话怎么传达的、你对哪个说法哪个问题怎么看。

“南方谈话”成了大家谈论的中心。一些关键词、关键语句，现在称作的“金句”，诸如“发展是硬道理”“不改革，死路一条”“市场只是手段，社会主义和资本主义都可以用”“不要争论，先干起来”“敢闯敢干”“胆子再大一点，步子再快一点”“两手抓，两手都要硬”等，被大家津津乐道、争相传说。长期受制于传统观念束缚、受困于对市场经济争论不一的人们，听到这些坚决、果敢、鲜明的提法，感受到背后的胆识、决心和气魄，大有如雷贯耳、醍醐灌顶之感慨。

从当时所在的县城看，认识和议论，有人深有人浅，比如绝大多数人看到了不一样、要变化，有的人却看不清往哪儿变、怎么变；多数人还仅仅满足于谈论、停留在谈论的层面，有的人已经领会了其关键和要害——就是要革新观念、改革体制、发展经济，增强社会活力。按照当时大多数人的理解，改革、发展，在国家、社会层面有许多方面的事情要考虑、要研究谋划。具体到一个地方、一个单位，主要是怎么把经济搞上去、怎么快点发展起来。再具体到个人，就是如何快速致富、尽快改变生活状况提高生活质量了。这些理解，自有其逻辑和道理。有了这种朴素的认识和领会，一些人就开始琢磨如何干起来。

各地落实邓小平南方谈话精神、开始行动起来的信息接连而至。比如，有些地方反应快，制订鼓励和支持各种形态经济发展的办法或意见，这个市出台了八条，那个市出台了十条；这个地方要搞开发区，那个地方正准备引进几个大项目，另一个地方和科研院所合作了，要成立一个产学研一体的企业；等等。大家相互传递、比照、借鉴。很快，县城里各式各样积极响应的具体行动相继出现了。机关和单位都围绕“服从、服务”经济发展这一重大主题，研究意见、公布办法，社会各方积极响应，新成立的公司、企业一时如雨后春笋。也有些机关或单位过于急切了些，认为让别人干或看着别人干，不如自己直接上，干脆组织起人手成立公司或其他经济实体，从事起商业贸易经营活动。这些信息一时又在县城传开，哪个单位成立了什么公司，哪个单位拆了院墙、建起小卖部，哪个单位已经做了几笔业务，如此等等。

县城的一些公职人员，闻风而动、应时而变。有的不愿在党务或行政机关里待了，想办法到诸如财政、税务、工商等经济管理部门去，或者直接到贸易公司、生产企业这些经营管理的一线去；有的边工作边和家人或朋友办起公司、做起买卖；有的兼职到与自己的专业背景、工作业务相关的一些公司做些事情、挣些“外快”。也有的不再留恋原有工作方式和氛围，辞掉公职直接“下海”了。这其中，有清醒和决然，有顾盼和徘徊，有冲动和简单，当然也有盲目和草率。

回过头来看，机关经商办企业、公职人员开办公司或个人兼职取酬，现在是不可能允许的。在当时，有的是地方或单位政策理解上有偏差或缺失，有的是执行上把握不准确、探索上急切或盲目。这些是改革发展初期急于干事的大背景下，伴随的不规范或者说没有来得及规范的事情，是时代主流中的一些支流或泡沫。

随着天气渐渐变暖，街上大大小小的商店、饭馆多了。临街的房子成了香饽饽，大都被改成了商铺，或自己经营，或出租给别人。晚上街边摆起大大小小的摊子，卖些小商品，或各种风味的小吃。新开辟的夜市灯火通明、人来人往，各种商品越来越丰富，不仅当地的特产和小吃应有尽有，其他地方的品种也不少。景象热闹的同时，从环境、服务到管理，各方面确实也杂乱了些。如同任何事物的起始阶段一样，激发大家先做起来，已经是好的开端。如果起初就能高标准筹划、高水平管理，当然好；如果谋划没有那么周全、长远，也不必求全责备，发展中随着条件的成熟自会逐步地规范管理，这里应该有一个渐变的过程。热闹之下最大的改变是，人们的生活比以往方便了许多，丰富了许多，反过来又促使大家从衣食住行起，渐渐改变了生活的理念和方式，爱消费、会生活、会享受了。

那时的情景，就像是此前经过一个时期的沉闷、沉寂，突然一阵强劲的清风猛烈吹来，人们冲破观念和行为上的旧有束缚、改变现状追求新景象的意识被极大地唤醒，干事创业的积极性、主动性被大大地激发出来，社会的活力极大迸发。这种激发和迸发，直接贯穿和影响了此后中国数十年乃至更为长远的经济社会发展。

回想起来，身处当时的县城，时时处处都能感受到这种春天的热闹与躁动，处处可以看出大家对南方谈话的认可、赞同和支持。大家受到鼓舞，都想变、都在变，汇聚到一起就表现为整个社会要变、在变、在大变。媒体报道的全国各地响应南方谈话的各种信息，让人真切地感觉到，时代大势浩浩荡荡，已蓬勃而至、势不可挡，中国经济社会要有迅猛的转变、巨大的发展了。

2. 初回京城的年轻人

结束一年的锻炼，几个小伙伴于 1992 年的国庆节前回到北京。

当时没有现在说走就能走的高铁、高速公路，从山东的县城到北京，乘坐绿皮火车，时速也就七八十公里。晚上上的火车，第二天早晨到的北京，用了十来个小时。

回到离开一年的北京城，有结束“漂泊”后要稳定、踏实下来的感觉，小伙伴们既兴奋、新奇，又有些莫名的恐慌。没过几天，就发现有什么地方不大对劲，在不少场合不太适应了，不觉间，已成了别人口中的“老土”“乡下人”。北京已不是一年前的北京，自己好像也不再是一年前离开北京时的自己。

和同学、朋友聊天，时不时要犯愣，对他们所说的人和事儿、冒出的几个新名词新提法，一时反应不过来，或者干脆是毫无概念。一些新的文化现象，比如刚流行的歌曲、正在火的流行歌手，听着都是陌生的。对这些新鲜的、不熟悉的事儿反应木然也罢，对以前熟悉的，这会儿感觉上也不对了，一些说法怎么成了这个意思、变了味道。极端的例子是，说谁落后、没跟上潮流，就说他“农民”。这种歧视性的说法当时风行一时，特别是在一些自以为“时髦”的年轻人中间，会时时挂在嘴上，好像不说别人“农民”，就会显得自己“落后”。当然，随着社会的发展、整体上大家修养的提高，这一说法早已被纠正。

在此两年前的1990年，北京刚举办过亚运会，此时国际化的步伐一下子加快，城市规划、建设的动作和力度大了很多，人们的衣着、面貌和城市的面貌一样，也洋气了、新潮了。回到北京，最直观、最强烈的感受，是节奏变快了，不仅比待了一年的县城、比经过的其他城市快，和以前的北京比，也明显地快了。每个人都急匆匆赶路，都像是要赶着去办什么大事急事或者生怕耽误了什么大事急事似的。人们走路快、说话快、办事快，稍一愣神儿，一句话就没听明白，一个场景就过去，一件事情可能就耽误了。

那会儿地铁只有一号线和二号线，外出办事，乘公交汽车是主要的选择。人多车少，挤公交车可得有几下子，等上三五辆车后才能挤上去，是常有的事儿。后边众多的人推着，人被裹挟着硬往里塞，塞完了，关起车门来也要再费上半天的劲。人在车里，拥挤得喘不过来气，北京人有着天生的幽默，自嘲说“快给挤成相片儿了”。各种车辆都跑得很快，公交车、自行车、三轮车和其他机动车之间争先恐后、互不相让，都很赶、很急切。当时的交通管理没有现在这么规范，人们的交规意识也没有现在这么强，机动车辆、自行车和行人混道而行是常态。自行车是当时人人必备的交通工具，十字路口的自行车汇成一大片，绿灯刚亮，如河流倾泻，向前狂奔，煞是壮观。

当时的北京城，整个城市就是个由很多工地组成的大工地，这儿一片，那儿一片，到处吊塔耸立，一幢幢建设中的楼宇在不断地长高。三环路正在紧锣密鼓地修建，一个工棚接着一个。一些以前熟悉的地方变得陌生了，顺着工地边沿骑自行车，走着走着突然就找不到路了。现在宽敞壮观的四环、五环路，当时只是传说在规划、筹备修建，说是几年内修完三环就要接着修；六环路可能还在为数不多之人的想象中、以为天方夜谭的笑谈中。那时的出租车，好点的就是桑塔纳或两厢的夏利，更多的是被称为“黄面的”的黄色面包车，一辆辆在修建中的马路上穿梭，经过之处尘土飞扬。空气中弥漫的黄土，和在坑洼不平的马路上颠簸的黄车混在一起，大发展的气息很足，也算是一道特有的风景。

国家部委，在地方同志眼中神秘莫测、高不可攀。从县城锻炼回来的小伙伴们，也有个调整、适应的过程。窗明几净的办公室，大家衣着齐整，举止严谨细致、约束有方，相互间客客气气、规规矩矩，说话和做事严谨有序。很少能见到县城里同事间相处的随意、直接和简单，少了一些玩笑和取闹。毕业不久的年轻人，除了极个别个性太强、极不愿意受约束的，大多数都能很快适应大机关的氛围，拿捏自己的一言一行，找到自己融入其中的感觉和方式，投入每天应该做的事情当中。

回到集体宿舍，适应环境的心情就又不一样了。

这些叫作集体宿舍的，不少是经营不善的工厂为多些钱路，将库房或办公楼改造而成。这样的工厂多半管理一般，周围环境脏乱差不说，楼房破旧、楼道和房间阴暗狭小。前后几年毕业的年轻人，几十个人被安排在这样的一两层楼里，三两个人挤在一个小房间。房间能小到什么程度？七八平方米的房子，放上一张桌子、两张床后，余下的空间，就是一个人才能过得去的狭窄的过道了。

这些人被单位老资格的同事称作新来的“大学生”，多是名校毕业，有些还是研究生毕业，从小到大，一路上读书可谓顺风顺水。本以为参加了工作，到处阳光明媚、莺歌燕舞，不少人对住这样的宿舍心理准备不足。参加工作后和在学校读书时住宿舍的感觉又是大不一样的，生活内容、风格和习惯的差异性不小，每个人的隐私也会相对多些，两三个人住在一个房间，不适应、不和谐甚至大大小小的矛盾会时时显现。比如，有人爱看电视，看起来没个完，直到屏幕上出现“再见”才肯关机作罢；有舍友则喜欢安静，看看书、独自琢磨个事儿。间或谁的女朋友、或结了婚没地儿成家的妻子来了，只好想办法动员同宿舍的兄弟，到外边去找个地方、“帮帮忙”给个方便。这样的事大家相互间能理解、配合，但偶尔为之还行，要是三天两头有这样的情况，帮忙不成结下怨气，也有的是。这不单单是哪个人的问题，环境有时逼得人很无奈、容易上火。

从办公室回到这样的宿舍，心理的落差只能靠各自调节了。有人走到宿舍附近就烦躁，后来下班了就不愿意回去，待在办公室，看看书，或约上一两个小伙伴聊聊天、下下棋；有人下班了就跑出去，找同学、老乡或朋友，约个饭局、看场演出。实在无趣或没辙的，骑自行车穿大街走小巷，到处逛游。各种调节或逃避的方式，就是想尽量晚点回到闹心的宿舍、少在宿舍待。

当然也有人能够以宿舍为家，自得其乐。有的在楼道里支起灶台，下班后柴米油盐地干起来，过上自食其力的小生活；有已经结婚生子还没能分配到住房、混迹于集体宿舍的，那一两岁的孩子，就成了楼道里大家的大玩具，时而把孩子哄得嘎嘎大笑，时而惹得嗷嗷哭个没完没了，孩子的哭声和小伙伴们的笑声混合在一起，充盈在整个楼道里；有的趁室友躲出去不在，难得房间就一个人，随自己意愿干点什么；有的到别的宿舍串串门儿，几个人天南海北、国内国外地侃一个晚上。时间一长，小伙伴就有了相对的分化，秉性相投的经常在一起，这一拨儿、那一伙儿的，十分明显。个别不大合群的，形单影只，也在自己的世界里充实着、享受着自己的生活。总有几个相对固定的“牌友”，一到周末就早早地招呼到一起，拿出扑克牌，或铺开麻将桌，“开练”起来。经常是围看的人比打牌的还多。

3. 机关同事打简历的背后

年初邓小平南方谈话的巨大冲击力和持续的影响力，在年底的北京都还能时时处处感觉得到。十分明显的表现是，突然多了许多名头不小、各式各样的公司，并且大多都是冠以“国”字头的、“国际”头的，“贸易集团”的、“工商贸有限”的，等等；多了许多见面就分发名片的董事长、总经理，带着三两个随行；多了许多档次不齐的饭店和酒楼，档次高的一个比一个装修得豪华、气派，并且越是豪华气派生意越好。人流和车辆的增多、市场的丰富、经济的活跃、社会的繁忙，用现在的话讲，是肉眼可见。

人们的价值取向也明显地有变化，更趋于务实、注重物质生活和享受了。以前人们大多习惯于物质上短缺、不敢有过多的生活奢求，安于简单朴素的生活，这会儿眼看着生活环境变得繁华热闹、光怪陆离，眼看着周围的人衣食住行各个方面变得越来越好，自己与之相比明显落伍，心里不再淡定、没法平衡，开始自我反思、改变原有的观念，也想向“先进”看齐。人们渐渐地现实起来，改善现有生活状况的愿望更加强烈，追求物质生活的欲望和举动就多了起来。从个人到社会，原有的平静、平衡受到冲击，有了不小的变化。

这种变化是由小到大、由里到外、方方面面的，是整体性的，影响巨大。面对社会上突然而至的纷繁复杂、眼花缭乱的种种新局面、新现象，大家很难无动于衷、很难安静如初。办公室、宿舍里，在一起交流遇到、看到、听到的新鲜事儿多了起来。比如，谁的同学一笔买卖就赚到了七八万元。要知道，当时刚参加一两年工作的年轻人，月工资也就一百来块。一笔生意就挣到了自己一辈子挣不到的钱，同龄人这样的成就，对听者的冲击力可想而知。再比如，某个司的一个处级干部跳槽，到了一个做海外贸易的国有大公司，工资立马涨了十来倍，马上西装革履装模作样了。总有人能够谈到读书时远不如自己的某个同学，如今在商界混得风生水起、同学相聚时志得意满、霸气侧漏，谈者心里那个不平衡、憋屈，难以言表。感慨、牢骚之后，有人就开始盘算、琢磨，自己是不是还要这样朝九晚五、安于现状，是不是也要有所行动、有所变化。有人则开始发动关系，找老乡、同学、老师，甚至刚熟悉不久、感觉待自己还不错的单位领导，厚着脸皮，能求的都求、能用的都用起来，打听外面有没有合适的机会。当时所说的“机会”，收入可能是主要的考虑因素。

个人简历，便粉墨登场、大行其道了。

在此之前的大学生就业，是计划体制下以国家分配为主，毕业后到什么地方和单位、做什么工作，由国家根据总体需求计划统一分配。二十世纪九十年代初，开始实行国家分配和个人选择相结合。所谓个人选择，大多是通过熟人介绍等有限的信息，到用人单位聊聊、挂个名等候通知，一些单位则需要考试或考察。当时的公务员考试还处在试点阶段，不像现在这么规范，也没这么多的程序、这么激烈的竞争。由于观念的束缚，就业后再次“跳槽”的机会也很少，社会上对此还会有些微词。能够“跳槽”换个工作的，也多是通过各种关系介绍而成，用不着“简历”这种东西。当时，打简历、送简历的意识不太强，做法还不普遍，更见不到现如今简历打印十分精美、附件周全，乃至包装都无微不至用心的情形。

那个时候，悄悄打简历一时风行。这应该是以后相当长一个时期社会热议的“下海热”或叫“下海潮”的一个方面的缩影。在当时，机关、企事业单位和科研院校的公职人员，纷纷离职或兼职下海经商，短时间内形成了一个引人注目的现象。这一现象，缘于人们对追求美好生活热情的极大激发、人干事创业积极性的极大提振，和由此汇集而成的社会活力的极大迸发。

那个时候互联网还没有传入中国，计算机是早期的“286”“386”等型号，体量很大、屏幕很小，样式比起现在来是既丑又笨，功能更是简单，主要被当作打字机用。

想找个单位、送个简历，不能是手写的吧，否则印象分就会减去不少。要打印出来，就得费些周折。和同事交流中发现，打简历在机关里不是个别现象。继而留心观察，结合南方谈话大半年来的积极反响和人的改变，觉得有些意思，从打简历这一现象中，可以折射出社会的一些变化、感受到时代发展的一些脉动。工作之余稍加思考，就动笔写了小稿《到处在打简历……》（见文末附 1），投给了《经济日报》。

没有想到，第二天《经济日报》在头版就给刊登了。

《经济日报》关注现实生活，贴近读者需求，积极介入热点话题，刊发了很多引发社会反响甚至轰动的好作品，在新闻界可谓独领一派风气，在社会上的影响很大，很受读者欢迎。比如，这一时期先后刊发的关于河南开封怎么改变不断衰落状况的通讯

《开封何时开封》、时任总编范敬宜关于安徽铜陵的《醒来和起来》、詹国枢的长篇述评《市场赋》等重头报道，每一篇都引起极大热议，都是现在所说的现象级作品。

《到处在打简历……》是我参加工作后除写作公文之外第一篇自己的东西，也是工作后在报纸上刊发的第一篇稿件。能够在《经济日报》这样的报纸发出，尽管只是一个“豆腐块”的小稿子，还是挺幸运的。但没有料到，由于经验欠缺，刊发文章时用的是真名，这下在同事和小伙伴面前多少有些尴尬了。有好友直截了当：“你小子，就这么一点秘密还给捅了出去”；有集体宿舍的个别同事表面上客气如常，实际上有了避开的心理、一时走得没那么近乎了。这些都是题外话。

4. 下海潮：务实追求、价值体现与选择多样性

1992 年还有一件大事，党的十四大在 10 月召开。十四大在党的历史上第一次明确提出，把社会主义基本制度同市场经济有机结合起来，建立社会主义市场经济体制。这是年初邓小平南方谈话的一大成果，也为其后中国经济社会发展定下基调。

了解中国当代史的会知道，自 1949 年新中国成立之始，中国学习、借鉴苏联的经济理念和模式，实行计划经济体制。到八十年代提出市场是计划的补充、发展商品经济，为经济活跃和发展探路。对于如何处理好市场与计划的关系，怎么找到一个发展的模式和路径，人们在认识理念上思考、实践上不断尝试、探索，邓小平的南方谈话，对这些尝试和探索定了调。

建立社会主义市场经济体制的目标和模式确立了，下一步就是怎么建立、怎么发展，围绕这一目标和模式往什么地方改革、怎么改革的问题了。党的十四大的决定，是具有历史意义的大事，既有理论上的、更有实践上的意义，影响深远。

计划经济模式下的人们，可能受束缚的多些、思路不够开阔和活跃、效率不高，但守规矩的意识强、行为规范；市场经济模式下的人们，可能突破旧有框框的意识强、思想活跃、办法多样、行为方式灵活、效率高，但起初规矩意识淡一些，可能随意的多、不愿受约束的多。当然，体制对人的理念、行为方式的影响，只是面上的现象、相对简单的说法。不同的人，经历、学识、修养、能力素质不尽相同，对于新理念、新事物的接受和反应有快有慢，很难一概而论。什么时候都有勇于创新者、稳健守成者，也都有安于现状不愿改变者。

社会的大势是要发展，特别是要突破旧的体制束缚，要有改革或革命式的巨变，坚持方向和目标是第一位的，需要义无反顾、坚决果敢的勇气、气魄和定力。在这个过程中，很多东西在不断改革和突破，不断推进、完善和健全。顺应这种潮流、适应这种大势，是每个人要面对、无法躲避的。

人们活在历史当中，自觉或不自觉地，以各自的方式见证历史、参与历史。

市场经济体制的目标一旦确立，人们认识更清楚、心里更踏实了，不再左顾右盼、犹豫徘徊。大多数人很快“把自己摆进去”，思索如何适应新的形势和要求，提升自己的能力和水平，跟得上趟、不至于落伍。不少人开始各种方式的“充电”“恶补”

相关知识。只要是与市场经济有关的书籍，如财务、会计、金融、商业管理、国际贸易等，一时都很好卖。与这些专业相关的讲座、培训班，社会上很快多了起来，都很热门。学这些专业的人，在单位成了“香饽饽”；从事这些专业教学或研究的学者，甚至刚毕业不久的年轻老师，都很“吃香”，被各个地方、各个单位争相请去讲课。近三十年来高考招生中热度不减的金融、财经等专业，应该都是从那个时候热起来的。

从当时的社会背景来看，人们从原来相对固定的工作安排、相对简单的价值追求，一下子变换了环境、思路和方式，头脑活泛了，想法多了。主观上价值取向开始多元，客观上选择的机会增多，“下海潮”“经商热”自有其产生的时代条件和现实逻辑。

现代经济社会是一个系统构成、综合概念，各行业各领域于其中各得其所、相互促进，没有谁高谁下、谁贵谁贱、谁轻谁重之分。但在中国传统社会发展中，可不是这样。比如经济领域的农业与商业，在社会认识、统治政策、具体实践上，近乎对立，重农轻商甚至抑商的观念可谓根深蒂固。从商者常常有不好的形象，“重利轻义”等，大抵就是有代表性的说法。从商者的社会地位和经营环境，可想而知。就社会职业而言，学而优则仕，几千年来是一个主流理念，深入到国人的血液里、骨髓中，为入仕历经千辛万苦而矢志不渝的案例比比皆是。传统观念中的商人和官员，其地位和社会形象的差异，天壤之别，更遑论相提并论、相互“跳槽”和转变了。

二十世纪九十年代头几年，全国各地大开发、大开放，经济异常活跃、发展迅猛。各种开发区遍地开花，其中也不乏如海南、广西北海这样的地方，“声势浩大”、热钱汇聚，不少人以为就是发大财的天堂，有一些人也利令智昏、盲目跟进。各地房地产公司风起云涌，好像是个人就能赚到大钱似的。机会多多，诱惑多多，有想法的人也多多。北京有比其他地方更多的信息资源、人脉资源、经济要素资源，选择的机会更多、更便利些。所以，北京的下海潮一度显得更热闹、影响更大些。

也有一些人下海，是“听从内心的召唤”“换一个活法”，这也是当时生活理念多元化、个体意识“觉醒”的一种表现。照他们的说法，在一个单位待得太久，天天见同样的人，天天做同样的事，每天都是一种节奏和方式，没有一点新鲜感，就想换个地方、有所变化。有的觉得自己就是机器上的一个螺丝钉，整天跟着转，没有一点自主性。“不能老在一个地方吊着”，下海或跳槽，就为了挪个地方，换个环境、经历和体验。

当时下海者中，不少人是有情怀、有追求的，并不仅仅是想发财，或者不仅仅是为了发财。从以前争来争去要不要搞市场经济，到南方谈话、党的十四大后吃下定心丸，思考要怎么去搞市场经济，怎么去干、去实践，时代大潮已至，许多敏感者有了不能再贻误时机的冲动，投身于创业实践，踊跃加入市场经济的洪流里面去，要在某个领域成就一番事业，一些干部、知识分子纷纷辞职，主动奔向市场。

若干年后看到的资料说，有专业研究者称那些年体制内的下海者有几万人，也有材料说有 10 多万人。现在看，当年下海或跳槽的人，有大家耳熟能详的成功人士，大多数的结局是“混”得还不错，或者说还行。当然，不能指望人家做出了不一样的抉择，就都应该做出不一样的成就、不能失败或者有偏差，那样也未免太苛刻了、不现实。再进一步想，任何时期、任何环境、任何选择下的芸芸众生，是不是都这样，特别杰出的终是少数，各个方面都谈得上成功的为数不多，平平常常、安安稳稳做着日常工作、过着平凡日子的，终究是绝大多数。

与“下海潮”紧相伴的一个现象是，流动人口逐渐增多。经济活跃，行业丰富、产业链延伸、拉长，工作种类也比以往繁多，用人需求量增加，就业机会多了。不仅是大学毕业生，对各层次、各类型的用人需求量都增多；社会的活跃逐渐打破了原有户籍的制约，城市的聚焦吸纳性、包容性充分显现，很快带来人口的急剧扩张。只要有一技之长、只要肯吃苦用力，有无学历、有无户口，都不太重要，总会有合适的工作可做。可以在高档写字楼里开堂皇的公司，也可以在街头巷尾收购废品，各得其所。后来大家所说的“北漂”，就是这个时候开始出现的。

历史的不断变化有时很有趣。与当年的“下海潮”形成对照的是，若干年后出现了“考公务员热”，其热度之高、参与规模之大、影响之广之深，除了高考之外无以能比，被大家称作“国考”，热度延续到现在。有人将两者联系起来，认为又转了回去，“考公务员热”是当年“下海潮”的一种“纠正”或“回归”。其实，并没有那么简单。社会的发展从来不是直线的、单向的，而是有着多向重叠、相互交织的复杂因素。就像当年的“下海热”一样，现在的“国考热”也是人们面对各种现实因素的理性选择。经济发展到一定程度后，收入不再是以前选择工作时突出的考虑选项，综合的、长远的设计会成为主导。当下的公务员，激烈竞争环境下工作相对稳定，多元价值取向下社会地位和形象相对积极，尽管收入不高但相对适中、稳定。在独生子女为主要择业者时，就业的目标取向会以稳为主，不确定因素多发背景下相对确定的发展预期就成了最大的优势。所以，一个时期以来的公务员热，就像当年一度出现的“下海潮”一样，都是特定时期特定社会背景下的正常现象。社会条件的发展变化、现实环境的复杂多变，构成了历史现象的循环往复，但肯定不是简单的重复。

5. 那个年代机关的单身年轻人

有潮流就会有常态，有喧嚣就会有平静。认定了最好在机关待着的年轻人，不再为外面喧闹的世界所迷惑，心态逐渐稳定下来，开始踏踏实实面对每天的工作和生活。

国家部委机关的工作规范性、程序性和规律性更强些，早上几点到办公室，下午几点下班才能走，大家都按规定来，有事情请假，很少有迟到或早退的现象。不像县城的单位，相对容易变通些，临时有个什么事儿，和领导打个招呼，晚来会儿或早走会儿，大家心照不宣，谁也不会多说什么。

参加工作不久的年轻人，会自觉地早点赶到单位，吃过早饭后到办公室，打水、扫地、擦桌子，这些事儿在领导来之前就做好了。这些情景在老电影里都见到过，机关工作的人，一代一代都是这么过来的。在老同事手把手地帮带下，根据自己岗位的要求，态度谦和、一丝不苟地把日常的事情做好。比如，会议安排、文字综合、档案整理、司局内部联络、对外联系等。有时会按照领导的安排，随时做些补缺填空、应急处置的事儿。下班了，有家的同事会提前收拾一下，急忙赶坐机关的班车回家——当时极少人有自己的车子，上下班要么骑自行车、乘坐公共汽车，要么按时坐机关发往家住小区附近的班车。同事走后，年轻人主动做好办公室的清理、善后工作，也难得地放松一下紧张了一整天的心情，听听音乐、看看书。

机关食堂对单身的年轻人来说，省了不少事儿。但不久大家就发现，早上、中午吃饭的人多，饭菜还行；晚饭大多是把中午剩下的饭菜加热一下。小伙伴们不想吃食堂。有办法的，弄个煤气罐，买些锅碗瓢盆，在集体宿舍的楼道里自己操练起来。那个年代整个北京市通煤气管道的地方不多，煤气罐得有相关的证照，不是家家户户都能有。没办法的，要么在食堂里凑合一顿，要么约上三两个人，在周围的小饭馆里改善改善。所谓改善，无非是点上盘花生米、拍黄瓜，炒上一两个家常菜，一人弄瓶啤酒，再来碗面条或米饭。尽管挣的工资不多，但这样的饭馆价格也不高，一次三块五块也能下得来，大家轮流坐庄，一个月来一两个轮回，还能承担得起。几个回合下来，单位和宿舍附近有什么餐馆，哪个是什么风味，哪个相对实惠些，大家都门儿清。有的去得多了，连服务员都熟悉了。

参加工作不久的年轻人有一个尴尬事儿，就是怕连续有同学或朋友来京。本来是高兴事儿，有朋自远方来，好好聊聊、开心玩玩，求之不得。但现实是，就那么点收入，偶尔来一次、来一个两个还可以，如果赶上哪个月来了三两拨儿，就该发愁了。周日赔工夫到处转转看看还是小事，几天吃住行一条龙下来，口袋里的银子就紧张了。有时候越是怕，越是接二连三地来。你在北京工作啊，到北京不找你找谁啊。面对这种信任和依赖，只有硬撑着回报、应酬了。送走客人，发工资前得紧巴上一阵子，省吃俭用对付过去，实在不行就得东借西凑了。当时的小伙伴，相互间没有借过钱的真不多。

人的生存能力、适应能力很强。工作紧张、忙碌起来，就会冲淡生活上的艰苦和烦恼。有的小伙伴眼力见儿好些、头脑灵光些、手脚勤快些，很快得到同事的喜欢、领导的认可，存在感有了，自信心也就强了，其他的不如意、小苦恼就会淡化不少。如果文字基础好些，或办事考虑周全、表现出的态度和能力强些，忙的事会更多，甚至紧张得顾不上其他七七八八的事儿了。毕竟是年轻人，爱上进、有追求，如果得到了鼓励、看到了期许，就心中荡漾喜悦、生活充满阳光。于是，工作起来愈发积极主动，投入愈发卖力。年轻人有的是精力和干劲，经得起折腾，领导分配的任务，加班加点也要完成好。有小伙伴为了起草一篇文稿、做好一个方案，能干到深夜，事后在办公室并上几把椅子，凑合着睡一会儿，早上起来洗把脸，依然精神抖擞地上班。后来同事在一起聊天，许多人都经历过，说是经常的事儿。

部委机关的平台、层次不一样，工作的起点不一样，发展机会相对会多些。另外，部委优秀人士聚积，身边很多的处长、司（局）长，体现出良好的修养、出众的能力和较高的水平，正是小伙伴们学习和效仿的榜样。有这些优秀的人言传身教，和他们在一起耳濡目染，年轻人会受益很多。

年轻人还是感性多些，对外面世界的丰富性、复杂性，有的可能应对不足，有时面对诱惑的定力要差些。地方的同志来单位办事，哪怕是局长、厅长，见了部委的同志都是谦逊有礼，对年轻同志也是客客气气，小伙伴们如此被尊重，有的小小的虚荣心得到了满足。有的小伙伴跟着处长甚至司长出了一两次差，感觉很不一样了。到了地方，特别是到了市、县，国家部委的同志下来了，往往就会称作“部里来的领导”，甚至夸张地直接叫“中央来的领导”。同行者还出来解释，都是部委的工作人员，不能这么叫。怕的是有个别人昏昏然，心里还真把自己当“领导”了。跟着出差的小伙伴，也“水涨船高”，被“科长”甚至“处长”地叫着。

没有出过差、还没这种体验的小伙伴，有的听其说说、冷眼旁观，有的则是眼睛放光、羡慕不已。好在早几年参加工作的同事中有明白的、负责任的，看到这种情况、发现了不好的苗头，会善意地及时提个醒，打个预防针：可别头脑糊涂，人家尊重的是你所在单位的牌子和影响，离开了单位，我们什么也不是。小伙伴们大多真听进去了，从此冷静下来、小心谨慎，再也不敢膨胀、嘚瑟。

也有的貌似听进去，在别人面前收敛不说了，内心其实仍在“享受”那种被人捧着的感觉、陶醉于其中而不愿梦醒。有个别同时入职的同事，因为工作关系与一些权力部门、一些经济发达的地方联系紧密，很快“人缘”奇好、交际圈子越来越大，平时要么在外地出差，要么在京时也是经常外面有应酬，集体宿舍里很少能看到他们的影子。一到周末，个别人就悄悄跟着有“能耐”的朋友或老板，跑外地“潇洒走一回”，后来越走越远、越走越把持不住，慢慢找不到自己了。若干年后，这些人中有的进了监狱，经常被拿来当作警示教育的例子。每每提及他们，大家都惋惜、唏嘘不已。这些是极端的个例吧。

除了极个别人以为进了机关就高枕无忧、该喘口气歇歇脚了，不再愿意吃苦磨炼、看书学习，绝大多数的年轻人还是清醒的，珍惜工作的岗位和机会，自重自律、守规矩，要求自己严格，都还成长得不错。很多人在入职当初就开始了新的规划、新的出发，踏踏实实地边工作边学习，向领导学、向同事学、向实践学、向书本学。有的小伙伴自我加压，在职读了一些研究生的课程，平时认真上班，周末到高校上课，把自己搞得很紧张很辛苦。更多的人是自己学习、和同事交流。不少人真心感到，做好工作离不开学习，不多读些书、多拓宽知识面，在知识和信息爆炸、社会发展越来越快、对人素质要求越来越高的形势下，就会跟不上趟儿，有时刻被甩掉的危险。这种持续学习的习惯坚持下来，对成长善莫大焉，不少人获益匪浅。

6. 京城的外省年轻人：家的向往与漂泊的苦乐

现在年轻人到了三十来岁没有结婚甚至不找对象的，很常见。但那个时候，到了二十四五岁还没对象，就是少有的，会被家人急着催婚、被周围的人热心撮合。男大当婚、女大当嫁的观念，在那个年代人的头脑里更牢固些、社会上影响更深些。

国家部委的年轻人，多是名校毕业，相当一部分是硕士研究生毕业。那个时候研究生招生的数量很少，还远没有现在的博士多。在全社会都看重学历的当时，这些人很有优势，工作稳定、体面，又有不错的发展前景，在同龄人中，自然会被认为“条件”要好些。但不足的地方也很明显，收入低，成家的基本条件都不具备，这些问题是“硬伤”。加上父母在外地，如果家庭经济条件一般，可能负担还比较重。优势和不足都很突出，小伙伴的相亲路、婚嫁路注定要曲折、复杂一些。

作为来京的外省人，最迫切、最基本的愿望是稳定下来，之后再谈发展、谈其他的，一般不会也不敢有太冒险的举动。但如何稳定，也不是那么简单。有的人左掂量右思量，顾虑颇多，生怕迈出的步子错了收不回来。纠错的成本太大。

在外地的家人可不愿再等再拖了，着急的心情表现得淋漓尽致，各种方式地问、催，不管你高兴不高兴。有人被家人催急了，就不愿往家里多打电话。当时手机是极少数大商人才有的“大哥大”，连固定电话都是奢侈品，除了办公室，私人装电话得有一定级别、一定条件，单位还要出证明，之后在邮局排队等着。集体宿舍只有一部电话，安放在楼道的中间。一到晚上，电话的使用率就高了，常常你没打完，旁边早有人等上了。一个经典的故事是，一小伙伴被从牌桌上叫出来接电话，本来聊得好好的，没过多久，这哥们儿开始明显地不耐烦了，听口吻像是家人又在催问找女朋友的事儿，也不多解释，对着电话直嚷嚷：皇帝不急，你太监急什么。随后，“啪”地把电话给挂了。旁边等电话的几个同事先是一愣，继而反应过来、哈哈大笑。

其实，“皇帝”内心不是不急，有时也急不可耐，但他自有他的难处，电话里又不方便和家人多说。几个要好的同事、朋友私下聊天，才有可能掏出肺腑之言。周末小聚，几杯酒下肚，有哥们儿满怀内疚、又颇为无奈无助地说，二十六七了，还光棍一条，愧对父母啊；大学同学的孩子已经满地跑了。其言之切，其容之酸，其情之惨，听的人当时就要落泪，非经历者难以真正体会和理解。

小伙伴们大多来自外省的小城镇或农村，对中小城市的生活比较熟悉。当时处于经济转型、城镇化开始快速发展的时期，传统文化受到冲击，但中国人情社会的特点在中小城市体现得还比较充分。城市或县城本来不大、人口不多，工作、生活于其中的，总会有一些同学、亲戚、战友，工作中打交道不断结识的，会像滚雪球似的越来越多，用不了多长时间，几乎在整个城市或县城都能找到想找的人。如果有一些难处、想办一些事情，总会有办法找到一些能帮上忙的人。那种生活的天地虽然小，但自有其方便、舒适的地方。

与此相对比，尽管在部委机关有了稳定的工作，不少年轻人仍然有漂泊在京城的感觉，立足未稳、根底不牢，许多事情得一人扛；北京城太大，举目无亲，身处其中渺小、无助的感觉是刻骨铭心的，遇到一些困难更是孤立无援。在单位忙碌时，或到外地出差了，可能还会好一些。平时，一到周末，集体宿舍的小伙伴各有各的事、各有各的去处，落下三两个无事、无趣可寻的，日子就不大好过。有同事回忆起当时的情景，说在周末常常厚着脸皮，到已经成家的老乡、同学那里去蹭饭。有一次在回宿舍的路上，看着幢幢高楼、万家灯火，竟没有哪怕一间小屋是自己的居所，心中凄然不已，七尺男儿潸然泪下。

生活是多层次、多类型、多样式的。有时是这种色彩和曲调，有时变成了那样的色彩和曲调；同样的环境和条件下，有的人过得不舒心、不如意，有的人则自得其乐、津津有味。

有小伙伴就很享受单身的时光，把自己的闲暇生活安排得张弛有度、井井有条。比如，周末的晚上，穿上百十块钱的西装，简单打扮一番，骑上破自行车，兴致勃勃到大学去蹭舞会。那个年代流行交谊舞，各个高校周末的舞会是常备项目。把餐厅的桌椅往四周一撤，就是舞厅，简易的收录机放上当时的流行歌曲，舞会就张罗了起来，男女大学生们自是相约而来，放松一把。后来社会上的年轻人知道有这好事，也想办法混进校园混进舞厅。

北京的高校多，又相对离得不远。有的小伙伴这周末去这个大学，下周末去那个学院，总有新鲜感，跑得不亦乐乎。后来，还真有人在学校的舞会上如愿以偿，找到了自己心仪的伴侣。

多年以后回忆起当年的这些经历，有感慨、有唏嘘，更多的是坦然和平淡。不管什么时期、什么背景下，人的生活都是由酸甜苦辣咸组成的，只是“勾兑”的比例、表现的形式不同而已。和现在毕业不久的年轻人谈起当年的高校舞会时，他们竟然惊愕：还有这样的事！我们怎么没赶上。

除了大学中的周末舞会，社区、公园中的交谊舞会也从无到有，后来星罗棋布、到处都有。起初是周末的晚上，后来不管什么日子，大小公园、立交桥下，凡是稍微开阔的空地，一到晚上，音乐响起，标准的和不协调的各种姿势扭动起来。起初周围看的人比跳的人多，有的人是开眼看新鲜，有的人是来观摩学技，当然也有人看有没有机会找个合适的伴侣。机关单身的小伙伴们偶尔也光顾光顾。由于人员太过杂乱、参差不齐，“光顾”一两次后，就退避三舍了。这种交谊舞形式持续了数年，逐渐式微。后来日渐热闹的广场舞，大概就是从这里演变而来的，只是主角由年轻人换成了大爷大妈们。

生活从来都是丰富多彩的，喧闹中也有闲适。上下班路上的小伙伴，也会在街头巷尾的象棋摊、扑克摊旁停下，心无旁骛地看上一会儿。在这里，好像社会的烦杂与自己无关，对身边的车辆往来也熟视无睹，人们在自己的简单世界里自得其乐。这种精神的放松是对生活的回归，无异于都市中的田园牧歌，令人感动。特别是普通人率真、质朴的言谈举止，生活味道浓厚，相互玩笑中的那种人情味，令人陶醉。(见文末附 2《西直门的扑克摊儿》)。生活的幸福需要物质的支撑，但幸福感并不是完全取决于物质的富裕程度。快速发展阶段，人的心灵也需要经常调整、平衡，才能够踏实下来。

现在看二十世纪九十年代，因贫穷而求发展、由相对封闭到自觉开放、从传统沉闷到改革创新，社会活力进而极大地迸发。这种迸发，体现在经济的多样性和井喷式的快速发展上，体现在社会各行各业的全面扩张和日趋活跃上，也体现在人的生活意识的觉醒、生活内容和形式的丰富多彩上。民以食为天，仅从吃上看，当时的北京城饮食业迅猛繁荣兴旺，高中低档次应有尽有，东西南北风味全面开花，各国风味的餐厅也先后开张。想吃些什么，只要有钱，没有找不到适合的品种和口味的。汽车开始走入家庭，汽车时代一拉开帷幕就很快进入高潮；住房改革，家庭住房由分配制开启市场化，极大地调动了人们“居者有其屋”的满足感，同时极大地推动房地产市场的发展、带动相关行业的发展和繁荣；互联网一经引入便深度融进中国的文化和中国人的生活，“地球村”由以前的想象和概念，完全成了现实。经济发展、社会变革和人的转变的快车道，有了互联网技术的加持和赋能，变化更加快速复杂，令人眩目。

这是少有的极速变化的时代。这是从各个方面改变了很多人的时代。赶上这个时代的人，无疑是幸运的。

附 1

到处在打简历……

小孙是一个司里的内务兼打字员，平时在办公室里谈不上有多忙，无非是通知开会、传送文件、打个材料。但这些天来，却让她有些烦了：司里接二连三地有人缠着她要学打字，甚至连年近五十的处长老王也兴趣盎然，常常在打字机前就来了精神，一坐就是半天。

“他们似会未会，上来打的都是简历。现在部机关里打‘简历’，简直成风了。”小孙迫不及待、低声但有力地和要好的同事宣布着她发现的秘密。

这是一个“纯行政”的部级单位。前一段时间，有人或向往经济大潮想“下海”、或因耐不住“清贫”工作转而投奔公司挣钱去，就接连走了好几个。

这几天，部机关里风传，要与另一部委合并的方案已经出台，便更有不少的人，基于各种考虑想赶紧“换换地儿”。到公司去，是其中一些人想乘机实现的目标。

“像我这种年纪，再在机关里待着也没多少意思了，不如就此换换环境吧。停几年再想‘下海’，怕就晚了。”老王处长似乎早已考虑成熟。

同在一个部里，二十七八岁的小李是经济硕士，平时就觉得自己所学的专业，在这样的机关很难发挥出作用来。他打出自己的简历后，复印了十来份备用。每天的报纸来了后，首先找《北京日报》《北京晚报》，搜寻上面的《招聘启事》。“多留心些，遇着合适的，换个地方也行。”他并不想让单位里的同事知道自己想走，并且也很矛盾，家在外地，“下海”去总归心里没底儿。

（《经济日报》1992年12月10日第1版）

附 2

西直门的扑克摊儿

以前北京人爱玩儿，是出了名的，“玩儿”像是成了北京人，起码相当一部分北京人，特有的秉性的一个有机部分。北京人会玩儿，花样繁多，也是众所周知。老舍的一部《茶馆》，在深刻地反映社会问题的同时，以各种方式把旧北京那些玩儿的花样几乎都给写到了，数起来还真不算少：泡茶馆、侃大山、听戏、养鸟、下棋、打麻将、抽大烟……也可以说，老舍正是通过对这些各式各样玩法的有意无意的描写，深刻地描绘出那众多人物惟妙惟肖的神态和情感，描绘出当时的社会“世相”。

时代不同了，现代的北京人自然有了现代的新玩法：跳交谊舞、唱卡拉 OK、扭秧歌、钓鱼、打台球、看球赛、洗桑拿、敲游戏机，如此等等。有条件的人，养宠物、打高尔夫、旅游；没条件的人，也可以去逛商场、游公园。但旧有的玩法，并没有完全消失，相反，其中的一些反而被拿来古为今用、推陈出新了。比如：“搓麻将”，老少咸宜，历久不衰；养鸟，独钟于斯者，在各个公园、在大小的胡同口，随处可见，有名的几个鸟市常常是人头涌动，非常兴旺、热闹。至于打扑克，由于其独有的雅俗共赏的特性，自打有了这种玩意儿之日起，便“青春永驻”、花样翻新，遍受青睐。

“敲三家儿”，是北京最普及的扑克玩法之一，六个人，三人一拨儿，两拨儿对打。和打桥牌有些相似，但相对来说，又不完全是一回事儿，一个俗一些、热闹，一个雅一些、相对安静。长年累月地专玩“敲三家儿”这一种的，怕是也并不多见。西直门立交桥的东北角，便常有一帮这样的“铁杆儿”玩家，乐此不疲。

玩扑克简单易行，人多有人多的玩法，人少有人少的玩法，对场地等条件要求也不高，有那么一片地方就行。现如今大都市越来越膨胀，普通人的居住地儿倒是越来越见小。话说回来，即使家里有那么一片地方，不能干扰孩子做功课，也不能影响老人休息，少有用来经常供一帮人吆五喝六地敲三家儿的。西直门桥这边儿正好，地铁站的大门常年锁着不用，门口有一片空地，闹中取静，正是有空之时、下班之后用不着着急回家的人，玩一玩、乐一乐的好场所。

看得出来，来这儿玩牌的，不见得相互间都认识；经常在一起玩儿的，也不一定都知道你叫什么，他是谁，也不必清楚我是哪单位的，你家在哪儿住，只要看着面熟就行。面不熟，人手不够了，常在旁边观看的也可以来填填空儿，只要能受得了“刺儿”、听得进去责骂就行。稍一不小心出错了牌，北京特色的骂铺天盖地地就来了，自己一拨儿的人骂，对方也会骂。即使打了回大家公认的好牌，夸奖中也有骂。有戴着眼镜、面白脸薄者，斗胆上去玩了两把后，实在承受不了这直来直去的交流方式，便会主动起身让出位置，马上旁边就有人急切地补了上去。打牌者中可能会有人抬头看上一眼起身者，便什么事儿也没发生过似的，又沉浸于下一轮的战斗了。能承受得了这种圈子里习以为常的粗言粗语，当然是北京“土著”，或者在北京生活了多年的人居多，如果是新来的“外省人”，适应性强了当然好，一回生，两回熟，日后慢慢就会“融”进去的。条件当然有，除了心理素质够好、能承受以责骂为主的批评，牌技要得到认可，实在太差的，立马就会被勒令开拔。

不用说，这儿玩牌的还是地地道道的老北京多，且大多是性格直率豪爽者。单位下了班，或是收了摊儿空出手来，骑着车子便直奔这儿来了。人凑够了就开张，来得晚了没有了自己的位置，只好先站在一边看着，耐不住性子的也会给人指点上两招儿，至于人家听与不听就由不得自己了，弄不好还会给呛上一句：“别瞎指挥。”运气好了，马上就可以补上一个空缺。

当然，也不能白玩儿，要不，就“没劲”了。他们既不赌钱、赌东西——仅这一点看，绝对纯洁，也不是像学校学生通常所玩的那样钻桌子、顶枕头。处罚方式很特别，经过一番厮杀，累积计分达到事先约定的杠杠之后，输的一方就什么也别说了，赶快起身去绕着地铁站或者立交桥的几个大桥墩，转上那么一圈，时间不长，大概走上两三分钟。如果运气实在不好，就会接二连三地转上好几回。每当这个时候，赢的一方总算出了口气，老到沉稳者，点上支烟，从刚才那种紧张的争斗中缓口气，轻松轻松；年轻气盛者也会借机出出“恶气”：“看你还牛不牛！老老实实转圈儿去。”输者中肯定有不服气的，边走边回击：“先别神气，待会儿回来再收拾你！”有时候，别人还没说什么，输的一拨儿人就先内讧起来：“真臭，怎么也不该那么出”；“我也实在没办法”，如此等等。

也不难看出，这儿的玩家，要么是没有什么“后顾之忧”、相对清闲的，要么就是可“忧”的太多，“想起来就头痛”，索性什么也不去琢磨、什么也不管不问，出来痛痛快快玩上一通拉倒。可以想见，除了少有的一两个20来岁的年轻人之外，凡是有拖家带口之累的玩牌者，少有通常意义上的“模范丈夫”。但也有例外。有一个被大家伙儿尊称为“老大”的男子，大概四十七八岁的样子，个头儿不高，但挺富态，见谁都是满脸的和气，不急不吵。“老大”的人缘挺好，只要他一来，马上就会有人起来给他让地儿。另一个使“老大”显得与众不同的地方是，他打牌的时候，一个应该是其媳妇的中年女人，总是默不作声地坐在他的身后，像是观看，更像是享受。那文静娴慧的神态，像在欣赏丈夫在做很有意义的事情；那“小鸟依人”的样子，使人想到豆蔻年华初涉爱河的情景。

遇到坏天气，这儿的牌摊儿就要受影响。要是真想玩儿，立交桥的桥洞里也能凑合。到了冬天算是彻底没辙儿。天寒地冻、刮风下雪倒也罢了，天也太短，玩不上几把天就黑了，太不尽兴。这个季节，在这里就少见他们了。

有这么一句俗语：富有富的活法，穷有穷的过法。这多半儿是就物质生活而发的感慨。若套用到精神生活方面，也很恰当。是啊，各有各的玩法，各有各的乐处。物质生活上的贫富差异可能会显而易见、容易判断；但精神上的乐趣谁又能轻易说得出孰高孰低、孰优孰劣呢？从这个角度看，幸福与否、是否快乐，生活质量的高下，可能不完全取决于物质财富的多少，它与人的心理感受更有关系。

——最起码，这些玩扑克的人是真诚的，实在的，踏实的，那投入劲儿、快乐的劲儿，像是谁也比不过。

（《中国纪检监察报》1996 年 4 月 20 日第 4 版）

二 反腐败：常谈常新、常新更需常谈的话题（1993年）

当代中国与改革开放、发展稳定一样重大的话题

时代背景和相关话题

在发展社会主义市场经济的条件下，中共中央坚持把党风廉政建设和反腐败斗争作为关系党和国家生死存亡的大事来抓。

1993年，中共中央作出加大反腐败斗争力度的重大决策，以后每年都对党风廉政建设和反腐败工作进行专门研究，通过中央纪律检查委员会全会向全党作出部署。

——《中华人民共和国简史》，第262页

各级党委、政府和纪检监察机关不断加大反腐败斗争力

度，严肃查处违纪违法案件，特别是对一批大案要案的查处，产生了较大震慑作用，维护了党纪国法的严肃性。党风廉政建设和反腐败斗争取得了阶段性成果。但是，党内存在的一些消极腐败现象依然屡禁不止，有的情况甚至还日趋严重。一个重要原因，就是一些党组织程度不同地存在软弱涣散、治党不严的问题，对党员干部特别是领导干部疏于教育、管理、监督，在纪律和制度贯彻执行上失之于宽、失之于软。实践表明，党风廉政建设和反腐败斗争既是攻坚战，也是持久战。反腐倡廉必须常抓不懈，拒腐防变必须警钟长鸣。

——《中国共产党简史》，第 329 页

1. 不为人注意的“反腐败方略研讨班”

应该说，二十世纪九十年代，中国经济社会开启了高速发展的阶段，并且发展的成就巨大，世人瞩目。与此同时，一些腐败问题产生、蔓延，不断侵蚀发展的成果和社会的公平正义，日益演变为全社会关注的重大问题。

1993 年五六月份，合署办公后不久的中央纪委监察部，举办了一次“反腐败方略研讨班”。研讨班之初没有引起外界太多关注，当时参与其中做服务保障工作的我们几个年轻人，对待办班工作认真倒是认真，但对这一研讨班举办的意义并没有很清晰的认识，也仅仅是当作办一个研讨班看。等几个月之后，才真正知道举办这个班的用意，知道它有着不小的作用和影响。

这次研讨班的举办，是缘于前一年召开的中国共产党第十四次全国代表大会，在工作报告中明确提出开展反腐败斗争。现在大家都知道了，这一重大观点的提出，也是标志性的、有重要历史意义的。它与明确建立社会主义市场经济体制的目标一样，都是党的十四大重大的理论成果和实践成果，后来成为中国特色社会主义建设的重要内容，影响到其后中国几十年乃至更为长久的发展历程。

中国共产党了不起的地方有很多，最有别于其他政党的一个鲜明特征是，在领导人民群众进行伟大社会革命的同时，坚决彻底地进行自我革命，具有自我净化、自我完善、自我革新、自我提高的强大能力。自我革命精神是其执政能力的强大支撑和与时俱进的不懈动力，对存在的问题，都毫不避讳、毫不含糊，坚决纠正、处理。其中，对腐败现象和腐败问题，一直以来都在做坚决的斗争，这也是自我革命的重要内容，更显现出其革命性、先进性和磅礴生命力的独特之处，为世人所称道。

改革开放之初，党的自身建设特别是作风建设就被提到了关系党和国家生死存亡的高度。二十世纪八十年代初的整党、打击经济领域的犯罪活动，之后根据不同时期的情况，清理“官倒”，治理腐败现象、解决人民群众不满意的一些问题等，中国共产党一直在认真地抓、努力地解决作风和廉洁方面存在的突出问题，探索防范不纯洁和腐化风险的方式方法。旗帜鲜明地提出开展党风廉政建设和反腐败斗争，党的十四大则是首次。

前后半个月的研讨班，在北京张自忠路七号院，也就是当时的中央纪委招待所举办。招待所原来是一个清代的公主府，条件简陋，主要用于接待纪检监察系统的工作人员，承办中央纪委机关的一些会议。深宅大院的最里边，有一幢五层的小楼，就是招待所的主体，在市区中心闹中取静，很适合开会、办班。

研讨班由来自 20 多个省（区、市）纪委监察厅（局）的同志参加，他们多是从事理论政策研究、法规制度制定、宣传教育工作的负责同志，不少省（区、市）来了分管副书记或监察厅副厅长。

中央纪委有关领导很重视这个研讨班，从筹备方案、办班过程等，都过问、指导。开班时领导同志动员讲话，中间去座谈听取意见，鼓励大家围绕研讨的主题和内容，放下包袱、直奔问题，实事求是、畅所欲言，讲实情、说意见、提建议，研讨要取得实实在在的效果。研讨班安排得周全、紧凑，围绕主题设计了十来个专题，每天讨论什么专题，循序而进。有的专题大家讨论得很充分，原来安排的时间不够用，就利用晚上继续讨论。

参加研讨的同志来之前都有充分的准备，大多做了调研、收集情况、征求意见。在十多天的研讨中，大家都很认真。接触下来看，参加研讨班的同志，有的理论水平高、研究能力强，有的了解实际情况多、实践经验丰富；有的温文尔雅、条分缕析，有的耿直率真、直抒胸臆。大家对研讨班寄予厚望，表现出强烈的责任感和紧迫感，对现实中的腐败现象和问题都是忧心忡忡，很急切地想反映干部群众的意见和呼声、建言献策，希望尽快拿出办法、采取措施，甚至用大力气下重拳解决问题，对于研讨的每个专题，大家讲起来总是有的说，常常是滔滔不绝，有时大半天全是一个人在讲。研讨班也尊重大家的积极性，没有限定个人发言时间，讨论得很充分。我们按照要求，每天将大家讨论的情况，记录下来整理成简报，报送领导。

印象中，那一年的夏天比往年来得要早些，进入 5 月份就已经很热了，人们早早穿上了短袖衫。大家在没有空调的会议室里，经常是汗流浃背。但一进入话题，沉浸其中或发言，或倾听、交流，似乎不知道热了。

研讨紧紧围绕党的十四大报告提出的“反腐败斗争”，聚焦对腐败问题怎么看和反腐败怎么办，既要有理论思考，又要有实践的思路建议。先是从“腐败”的概念研讨起，确定研讨的主题和大致的边界。当时关于腐败的定义，理论界从政治、经济、社会、纪律和法律、古今中外等各个角度和层面，有不同的解释。社会上更是有多种认识和说法，有的把党员干部存在的各种问题都说成是腐败，连不是党员干部的基层工作人员的一些工作作风方面的问题也当作腐败，甚至只要自己觉得不正常、看不惯、有意见的事，都往腐败上说。这反映了当时社会上各种问题和乱象之多、群众的不满意，也说明在认识上很有必要廓清概念、引导干部群众区别腐败问题、腐败现象和不正之风，有助于集中力量惩治腐败、分类解决和纠正各方面的问题。

研讨的专题有：腐败问题和不正之风的现状和表现，干部群众对腐败问题和腐败现象的看法和反映，腐败问题产生的原因，各级党委政府对问题的认识和态度，纪检监察机关工作的现状，如何全党动员起来一起反腐败、如何督促各级党委政府扛起反腐败的责任，现阶段应该采取的措施，如何加强对反腐败任务和形势的宣传，如何形成长效的反腐败机制，如何借鉴国（境）外反腐败经验，等等。

谈到理论性强的问题时，大家往往比较平静，旁征博引，引经据典，娓娓道来。讲起现实问题时，则结合不同的经历和感受，结合了解到的具体问题和现象，结合干部群众的各种反映，就很难淡定了，常常是说着说着情绪就激动起来，甚至难以自已。经常是一人主讲，众人补充，感受和意见惊人的一致，大都有一吐为快的感觉。当时边旁听边记录，也边感叹，我们党内有一批这样赤胆忠诚、头脑清醒、为民请命、敢于直言的干部，实在是一大庆幸，这样的人会聚起来就是力量、就是希望，不管有什么问题终会得到解决。

在讨论中，经常会有真知灼见令人叹服，有精彩的表述大家一致赞同、叫绝。有时也对一些问题各持己见、争执不下，有时则相互补充、幽默调侃，一时会场轻松有趣。比如，关于腐败的主体范围，有人说限定为党员干部，有人说公职人员，有人说以党员干部为主的公职人员。你一言我一语，各有各的道理，有人说出理由、提出大多数人都赞同的意见后，大家收住话题，继续讨论。比如，谈到群众对作风不好、形象很差的一些基层单位和干部的看法时，来自不同地方的人会讲起各地的有关顺口溜、各种形象的比喻和说法，相互比较、相互映衬，一时哄堂大笑，继而沉默深思，忧虑之心之情很沉重。

大家就开展反腐败的方式方法深入思考、反复讨论，焦点集中在既要开展反腐败斗争，又要避免搞“运动”的思路模式。讨论中大家一致认为，反腐败决不能搞“运动”式的，既要充分重视、态度坚决，又不能情绪化、盲目急躁；要有组织、有节奏，讲政策、讲规则，一切按纪律和法律办；不能一阵风，要长期抓下去，否则问题反复起来更难以解决；既要有决不手软、坚决把腐败问题遏制下去的坚强决心，又要有坚持不懈抓下去的耐心和毅力。

有幸参加这次研讨班的记录和整理简报工作，听取大家对每个问题的发言，既梳理各种情况的反映、对相关问题的分析、意见和建议，又观察、比较不同人对问题关注、思考的不同角度和观点，工作的过程也是极好的学习过程。参加研讨的同志既有实践经验、了解各方面情况，又有理论水平，有自己的思考和见解，讨论时常常举的例子中新鲜事很多，生动形象，讲意见真知灼见满满，令人脑洞大开。对于参加工作才两三年的年轻同志来讲，这样的机会无异于头脑风暴，真是难得，自觉地珍惜，记录和整理也很用心，收获不小。白天记录，晚上整理、打印、校核简报，每天很紧张，干到夜里一两点是常事，但我们几个乐此不疲，工作起来精神饱满、兴趣盎然。简报是第二天一早就送到领导那里。一想到个人参与的劳动能够有一些作用和价值，工作起来不觉得劳累，更有了劲头。

天天听大家的热烈讨论，听得多了，自己对腐败问题和反腐败工作也有了一定的认识，同时对这些参加研讨的地方领导愈加佩服。随着工作中的不断接触，慢慢相互熟悉，有了更多向他们学习的机会。遇到空隙，如研讨中间休息的时间、饭后散步的时间，只要碰到一起，就会主动就一些问题请教，加深对研讨内容的认识和理解。

根据这些观察，结合参与研讨班工作时的学习和思考，梳理、写出了一篇文章。现在看，文章的体例有点四不像，开头是对中央有关领导关于反腐败讲话和社会舆论的时事观察，之后是谈对腐败问题的认识，然后结合研讨班的收获谈对反腐败方略和措施的一些思考。由于几个月的浸染，感受较深，文章很短时间内就写成。但写好后，一直没有想出合适的题目，一段时间为此犯了愁。后来，聚焦到腐败和反腐败问题上，基本的思路是，这是一个“老”问题，不单单是现在的中国，古今中外，概莫能外；越是老问题，它能一直存在甚至发展到现在，其顽固性和破坏力越不能轻视，越有对其思考研究的重要价值；这一老问题在新的形势下凸显出来、引起各层级的重视，到了要坚决解决、非解决不可的地步；如何解决，不是一个部门、一个方面、短时间内的问题，需要统一的组织和谋划、全社会的重视和共同努力，需要综合的、长期的、持久的办法才行。循着这一思路，对起什么样的题目苦思冥想、反复琢磨，就是想在题目上怎么能准确地表达出这样的想法，又能有些新意、能够引起大家的注意。后来想出个《反腐败：常谈常新、常新更需常谈的话题》（见文末附 1）。

文章投给了上海的《文汇报》，很快就在其理论版上刊登了。《文汇报》是当时的一张全国大报，一份有历史底蕴、有新闻传统、在全国有一定权威和独特影响力的报纸，它的理论版围绕人们关心的热点问题，经常刊发一些有理论思考、又有现实针对性的文章，在当时很有特点，很受欢迎。

几天后，9 月 5 日的《人民日报》在其每周一次的文摘版上，作为头条摘发了这篇文章的主要内容，题目改为《反腐败——长期化、制度化的系统工程》（见文末附 2）。当时没有网络和手机，更没有自媒体、聚合分发平台之说，除了一些专门的文摘报刊外，很多报纸都定期有一个文摘版，某种程度上讲，起到类似今天在新媒体平台转发、传播的作用。

2. 反腐败“三项工作格局”

讲到改革开放后的反腐败，很多人就会联想到 1993 年 8 月召开的十四届中央纪委二次全会。在当代中国共产党的建设发展史上，特别是党风廉政建设和反腐败斗争的历程中，这个“二次全会”是个重要的时间节点，也是有着标志意义的重要会议。

我们知道，邓小平在此前一年的南方谈话中，一方面强调加快改革开放的步伐，抓紧发展经济，不能停滞不前、坐等“死路一条”；同时强调两手抓、两手都要硬，在整个改革开放过程中都要反对腐败，廉政建设要作为大事来抓，“说到底，关键是我们共产党内部要搞好”。现在来看，这些观点和论述是对当时形势的敏锐分析和判断、对影响全局发展的重大问题极其深刻的思考和清醒的认识。即使在三十年后的今天，这些论述仍然切中要害、一语中的，说其高瞻远瞩、有远见卓识，再恰当不过。

中国共产党之所以有别于其他政党，是从诞生之日起，就肩负起拯救中国、发展中国、为最广大的人民群众争取利益的历史使命，其性质和宗旨决定了本质上与腐败现象水火不相容、势必要作坚决的斗争。一路走来如此，在二十世纪九十年代，面对新的腐败现象和腐败问题也是如此。所以，1992 年 10 月召开的党的十四大，明确提出开展“反腐败斗争”，强调“在改革开放的整个过程中都要反腐败”，并首次把“从严治党”“党坚持不懈地反对腐败”写入了党章。

随后，在1993年年初召开的全国“两会”上，“反腐败斗争”一词进入政府工作报告，腐败问题和如何反腐败，在两会上引起代表和委员们的热议。

除了国内的腐败问题在一些领域蔓延引起社会强烈反应、引起党内外的深切担忧和高度重视，此前不久国际上发生的一系列重大事件，也是党和国家领导人思考和研究反腐败问题的重要因素。这就是，二十世纪八十年代末九十年代初，国际局势发生深刻的变化，原来不管是数量上还是实力和影响上足以与资本主义国家分庭抗礼的社会主义国家阵营，在很短的时间内支离破碎。东欧原来的一些社会主义国家发生剧变，共产党相继失去执政权力，这些国家又被拉回到资本主义阵营之中；苏共一夜之间失去长期执政的地位，苏联解体为十几个国家后也失去社会主义的性质。这些国家发生变化之突然、剧烈，令人震惊，促人反思。原因很复杂，当然与外来势力长期挖空心思、无所不用其极的侵蚀、分化、瓦解有关，更与其执政党自身的腐化变质有直接关系。腐败问题日趋严重，一方面极大损耗执政党自身的正面形象和力量，执政者丧失原有的先进性、纯洁性，另一方面引起这些国家人民的强烈不满，共产党执政的基础逐渐动摇，公平性和合法性受到质疑和冲击，给反对者以更致命的进攻口实和把柄。这些问题日积月累，发展到一定程度，随便一根稻草，就会引发多米诺骨牌效应，发生颠覆性的变化。

学习能力、自我纠正能力极强的中国共产党，面对发生在眼前的这些活生生的惨烈教训，面对苏联和东欧一些国家出现的悲剧，结合中国当时的现状、结合自身存在的问题，不得不认真思考，如何引以为鉴、未雨绸缪。在发展好经济的同时，解决好当时已经趋于严重的腐败问题，就摆在了重要位置。作为执政党，能够把腐败自觉地当作影响自身肌体发展壮大的最大毒瘤，当作危害其执政基础的因素、影响其执政的最大风险，充分认识到了其危害性、危险性，就不是一般的重视了。

中央纪律检查委员会作为党内的最高监督机构，在党风廉政建设和反腐败斗争中肩负重要的组织协调职责。贯彻党的十四大精神，特别是贯彻落实好关于开展反腐败斗争的重大部署，是党的十四大选举产生的新一届中央纪委的重要任务。

党的十四大召开后不久的 1993 年 1 月，党中央决定中央纪委与监察部合署办公，实行一套工作机构、两个机关名称，履行党的纪律检查和政府行政监察两项职能。纪检监察合署办公后，中央纪委明确首要的任务是以党风廉政建设为重点，深入开展反腐败斗争。

党内监督与行政监督是高度重合的工作。中央纪委与当时的监察部合署办公，整合党内监督和行政监察的资源和力量，进一步理顺领导机制和关系，形成工作合力，能够更好地发挥党政监督的整体效能。这样合署办公，在开展党风廉政建设和反腐败斗争中，更有利于加强统筹和组织协调，增强组织优势和体制优势，提高工作效率、质量和综合影响。

中央纪委监察部先后举办研讨班、座谈会，开展各种形式的调研。与此同时，省（区、市）及以下的各级纪检监察机关，按照中央纪委监察部的要求和部署，有序地合署办公，进行组织机构和人员的有效整合。这些都是为十四届中央纪委二次全会的召开、在全党部署开展党风廉政建设和反腐败工作，作出的充分安排，在思想舆论、组织力量、工作谋划等多方面的积极准备。

十四届中央纪委二次全会主题重大，时任党的总书记江泽民同志出席会议并发表讲话，对反腐败斗争进行重大部署。全会作出“消极腐败现象在有些方面呈蔓延、发展趋势，反腐败斗争的形势是严峻的”这一科学的重大判断，作出加大反腐败斗争力度、坚决制止腐败现象蔓延势头的重大决策，提出着重抓好的三项工作，即领导干部廉洁自律、查处违纪违法案件、纠正部门和行业不正之风，认为这是一个有机的整体，具有深刻的内在联系，必须协调起来、统一来抓。这就是反腐败“三项工作格局”。全会提出“惩治腐败，要作为一个系统工程来抓，标本兼治，综合治理，持之以恒”，这标志着标本兼治的反腐败斗争方略形成。按照全会的精神，在其后的实践中逐步建立和形成了反腐败的领导体制和工作机制，在1997年党的十五大明确为“党委统一领导，党政齐抓共管，纪委组织协调，部门各司其责，依靠群众的支持和参与”。所有这些理论的和实践的重大成果，奠定了其后相当长时期反腐败斗争的基础，发挥了重要作用。

从这次全会开始，中央纪委每年部署工作的全会上，党的总书记都会出席会议并发表重要讲话。

现在大家可能对“党风廉政建设和反腐败”的说法已经习以为常。但为什么要把“党风廉政建设”和“反腐败”合在一起讲？认真分析，这也是有原因和深意的。首先，这两个概念是既有区别又有密切的联系。党风廉政建设，字面上说得很清楚，指加强党的作风建设和廉政建设，重在“建设”上，主要通过正面教育引导、树立清风正气、倡导廉洁从政，处理违背纪律要求的有关问题，避免和防止作风和廉洁方面问题的产生。反腐败，也就是常说的查处案件惩治腐败分子，重在“反”上。腐败问题相对作风和廉政上的问题来讲，是严重的违纪违法问题，对这样的问题，是要坚决惩处、决不能手软。其次，这两个概念所描述的两项工作是相辅相成、相互促进的关系。党风廉政建设是基础、是前提，是常态性的工作，抓得好了，防止小问题酿成大问题，腐败问题产生的几率和可能就会小很多。反腐败，则是对重点问题重点处置、突出问题突出解决，针对一个时期各类腐败的问题，通过纪法综合手段，严肃查处涉腐案件，惩治和打击相关人员，形成声势和震慑，遏制腐败现象的蔓延；当然，案件查处后的警示教育、查找管理漏洞整改、制度建设等工作，也是党风廉政建设重要的内容。反腐败工作抓得好，会为党风廉政建设清扫阻力和障碍、创造好的氛围和条件，促进党风廉政建设的有效开展。

把党风廉政建设和反腐败合在一起讲，意义重大。首先是突出地、鲜明地体现了党对这项工作的坚强领导，表明这是有组织有领导有部署的重要工作；其次是体现了整体考虑和统筹推进，既重日常建设又重坚决惩治，彰显既打持久战的恒心又打攻坚战的决心，突出强调党风廉政建设和反腐败是一体的目标指向和综合工作，追求的是综合治理和综合效果、长期治理和长远效果。

有这么一个因这个“二次全会”引发的事情。党的每次中央全会的称呼一直比较固定，即多少届的几中全会。而当时的中央纪委全会，没有多少届的说法，只是说几次全会。后来，每五年一届的中央纪委都有几次全会，没有标明哪一届，说起来很容易混淆，比如说起“二次全会”来，还得解释是哪一年召开的。为了有所区别、便于表述，从2008年起，也循着每届中央全会的称呼，把中央纪委的全会，称作第几届中央纪委第几次全会。

3. 不正之风与腐败现象

在二十世纪九十年代谈到腐败，从其内涵、外延等各个角度，理论工作者之间、干部群众之间的看法不尽相同。就工作层面而言，当时把腐败问题大致归纳为两类或分为两个层次：严重的称为“腐败问题”，或“违纪违法问题”；轻一些的称为“不正之风”或“消极腐败现象”。有时候两者也统称为“消极腐败问题”。当时讲“不正之风”，更多的是用“部门和行业不正之风”。到了党的十八大之后，“不正之风”，主要是指违反中央八项规定精神，以形式主义、官僚主义、享乐主义、奢靡之风等“四风”为代表的各类问题，“侵害群众利益的腐败问题”常常被单列出来。

这么区分是相对的。腐败问题和不正之风两者有轻重之分、性质不尽相同之别，但也有着相互交织、相互依存、推波助澜的联系。简单地说，腐败问题很大程度上来源于不正之风，或者说是不正之风严重化的结果，反过来又助长了不正之风；不正之风是腐败问题滋生、蔓延的温床，如果纠治不力，社会风气被严重污染，小问题也可能会演变为大腐败。所以纠正不正之风的工作，一开始就被作为“三项工作格局”中的一项来抓，是有着整体上、战略上的考虑的。

不正之风在不同的时期有说法上的变化，强调的重点不太一样。在二十世纪九十年代，领导干部的吃吃喝喝等问题更多被说成“廉洁问题”，“不正之风”主要是指部门和行业性较普遍的违纪违规问题，即大家所说的“靠山吃山，靠水吃水”，各部门和行业依据各自的权力和资源，搞特权耍威风、谋取个人私利、为难甚至刁难群众。特别是那些拥有行政审批权、司法权、执法权，掌管公共资源支配权的部门和行业，不仅仅是“门难进、脸难看、事难办”等工作态度、工作作风、工作效率的问题，更普遍的是“不给好处不办事，给了好处乱办事”，也就是廉洁上的问题。所以，当时这方面的工作称为纠正部门和行业不正之风。

不正之风和腐败问题大致的区分，只是用于一定环境下工作表述上的便利，对于两者处理起来性质不同，方式也不一样，简单说，一个重“治”，一个重“惩”。如上所说，这两者之间是量变到质变的关系，并没有严格的清晰界线。一个基本的认识应该是，腐败问题绝不能当作不正之风，但有些严重的不正之风，实质上就是腐败问题。

当时的不正之风还是相当严重的。在基层表现得更具体、更严重，群众深受其害，反映很大。有关部门、行业在乡镇的派出机构，即当时所谓的“七站八所”，各用其权，各显其能，各得其利。老百姓想办点事，正常程序和路径走不通，得想办法、找路子，要么找关系去“打招呼”，要么得拿点好处去“疏通疏通”。这种现象如传染病一样，传播很快，吃拿卡要各种奇怪的事儿都出来了。这样的不正之风泛滥开来，比如，办个营业执照，跑上许多天、要盖上几十个部门的印章；一时没侍候到、或不小心哪个地方惹得相关人员不高兴了，企业的用电、用水说断就给断了。

与老百姓打交道多的一些基层司法机构，在当时形象和口碑比较差。办关系案、人情案，随意执法、执法不公，利用执法权司法权谋取私利、侵犯群众利益的事情比比皆是。当时流传的一些顺口溜，如“吃了原告吃被告”等，反映了一些部门的乱象、群众对他们形象的挖苦。因为工作的性质，这些部门最应该坚守纪律和法律、维护社会的公平和正义、维护人民群众的利益。它们的不正之风，不仅仅违反职业道德和社会公德，很大程度上触犯了纪律甚至法律，绝大部分演变为司法的腐败，影响更为严重和恶劣。

有实权实利的部门和行业如此，一些被称为“清水衙门”、或者说大家认为应该纯净的部门和行业也不甘寂寞，围着实际利益或好处想法子、乱折腾。比如，有的学校早丢下了斯文，孩子上学、升学、转学，得托关系、写条子、交“赞助费”，后来发展到向学生收取不应该收的这种那种的费用、借各种事由向家长摊派一些不合理的负担。比如，有着“社会良心”之称的新闻行业，也随波逐流，谁给的广告费、赞助费多，就替谁宣传、替谁说话。记者、编辑对“红包”，给了就收，甚至没有就不高兴、不发稿；相互间比较跑哪个部门或行业“肥”、跑哪些没“油水”

没意思，如此等等，有偿新闻一度花样百出、屡禁不止。

如此有“好处”可占，不少人陶醉其中自得其乐，久而久之麻痹到习以为常，就应该这样、天经地义似的，完全失去了正常的判断和良知。有人受到这些不良风气的影响，不甘于被动坐收其利，开始主动出击、浑水摸鱼。比如，到企业或商户“检查”的名目繁多、批次频繁，上午一拨下午一拨，这伙儿还没走另一伙儿又来了，企业主和商户如见瘟神，苦不堪言。比如，一时间有十多个部门能上公路检查过往的车辆，不管货运客运，总能找到这样那样的毛病，各种罚单满天飞。有这么一个荒唐的故事：一站（所）人员夜里打麻将输得太多，就告诉对方，明天上路检查的“活儿”给你、算是输给你的了。

当时有许多描绘这些现象的专有名词，比如“七站八所”，比如治理“三乱”（各种面向群众和企业的乱收费、乱罚款、乱摊派）、公路“三乱”（在公路上乱设站卡、乱罚款、乱收费），形容某些行业的“电老虎”“路霸”，等等。随着持续治理、综合改革等，这些专有的名词很多已经成为过往、埋进了历史。

中国社会本来就是人情社会，重感情、讲关系。这个时候，与不正之风的泛滥相关联的是，变了味的“关系学”如鱼得水、大行其道，“活动活动”“跑跑”“勾兑勾兑”的理念和行为盛行。不管什么事，正常的不正常的、合规的不合规的、合法的不合法的，诸如孩子上学、家人看病、毕业找工作、工作调动，乃至职务提拔、职级晋升、刑期减缓、“捞人（从司法机关设法‘捞取’违法者，以逃避惩处）”等，都去“跑”“活动”。起初的“活动”，是找到关系人送上两条烟、给瓶酒，或者请吃一顿饭。随后仅此就不够了，“活动”的方式升级换代，送红包成了风气，从一两千元开始，不断加码，一两万元乃至几十万元、上百万元。价码逐渐升高，问题越来越严重。

这种风气和行为不仅在民间蔓延，也渐渐渗透到了一些党政机关和企事业单位。本来正常的工作关系、业务交往，也要“打点打点”，事情才可能办得顺利些。与上级部门的沟通，要向有关领导和办事人员“意思意思”，否则就“不够意思”，结果就是“没意思”，不要说办理审批、协调事情，往后见面、打交道都难了。逢年过节，以单位的名义给上级机关和部门送上“福利”“年货”“慰问品”。单位负责人用公款给上级领导送个“红包”，公私兼顾，或者说以单位之名行个人之实，自己也拉近了与领导的“感情”。以致后来，还出现了“跑部钱进”的现象，“跑部”搞指标要项目，成了一些地方公职人员公开的工作和“业绩”。

只要“活动”，就有效果、能成事、有效益；不去“活动”，谁会主动想到你、去为你或你单位的事考虑？这种错误观念更加助长不按规则、不守规矩的风气。要“活动”，还得会“活动”、会“来事”，否则就被视为没“门路”、没本事，或者被讽为太老实、不灵活。在一定范围内“老实人”被当成了不会变通、窝囊的同义词。

重现实利益，重实权、实惠、实用，这样的价值观、这样形成的风气，影响到当时的公职人员。在有些人那里，有实权、有本事、有能力、会做人的表现，就是看能不能利用职权帮人办事，继而在一定程度上演变为能贪能占能收就是“本事”，清正廉洁就是不谙世事、不通情理。不以贪腐为耻、反以贪腐为荣的理念在一些人中悄然滋长。

社会上的不正之风如此嚣张、混乱，根源就是权力冲出了笼子，失去了约束和监管。在十四届中央纪委二次全会的部署中，反腐败工作的重点是“三机关一部门”，即党政机关、行政执法机关、司法机关和经济管理部门。为什么拿它们作为重点？一是权力集中，产生腐败问题的可能性大；二是这些部门出现腐败问题，对党和国家形象损害更大、人民群众意见大。坚持这些重点领域的反腐败，是有根据、有针对性的，也是工作策略的安排。

中国传统文化中有一个很有趣的现象：对于贪官，是普遍的憎恨心理，巴不得赶快杀掉、除之而后快。在文学作品特别是传统戏曲中，贪官污吏就如过街老鼠，人人喊打；相应的是，对清官的赞扬也是众口一词，一些诸如包公等清官形象，在不同年代、不同地域、不同人群中，都是称赞、歌颂，可谓妇孺皆知，“当官不为民做主，不如回家卖红薯”，当成了为官优秀品德的口号，大家耳熟能详。但与此相矛盾的是，在现实中，一旦拥有了权力和机会，不少人又会践行“有权不用，过期作废”的“实用”理念，能捞就捞、能贪就贪，甚至“一人得道鸡犬升天”。以传统教化为主规范人的行为，人的素养和社会风气整体协调的条件下还行，否则作用可能有限。如果没有制度的约束，对错误行为进行有力惩戒，教化面临社会现实和利益的冲击时，往往效果减弱不少，甚至苍白无力、不堪一击。

腐败问题直接挑战的是纪律规矩和法律制度，扰乱经济社会正常发展的秩序，更因侵犯广大人民群众的利益、破坏了社会的公平和正义，危害到党的执政基础和国家的稳定。如果腐败现象、腐败问题得不到及时、有效的解决和治理，法律的尊严和公平正义得不到有力维护，人民群众的意见和不满不断地聚积，可以想象会面临什么样的局面和后果。

对于腐败现象和腐败问题，到了必须有坚决的态度和有力有效的行动的时候。

4. 腐败蔓延的现实与历史文化因素

面对腐败问题日益泛滥的状况，当时大家在忧虑、焦虑的同时，也在思考和分析“为什么会这样”。比如，从外在监督的原因看，对公职人员教育管理监督的缺位和不力、权力的滥用和失控、制度和法律的不健全、执纪执法不严以至惩治不够等；从行为主体内在的成因看，部分党员干部理想信念的丧失、社会道德的滑坡、对纪法应有敬畏的缺失、拒腐防变意志的不坚定和防线的不牢固等。当时很多人还讲到，改革开放后资产阶级腐朽思想和生活方式的侵蚀，几千年封建主义特权思想、不劳而获思想、享乐主义思想等沉渣泛起和共同作用，使一些党员干部思想意志衰退、价值观扭曲、行为沉沦等。这些都有其道理。

从另外一些角度看，经济社会迅速发展，对部分人形成了强烈的心理冲击，一些人产生了急功近利心态，社会上功利主义开始泛滥。谈到二十世纪九十年代的腐败问题，不得不考虑当时的经济社会状况和人的生活理念、生活方式变化。这些状况和变化，活力充盈、积极向上是主流，但一些消极的因素也不容忽视。

经济社会的快速发展成就斐然，提高了人民群众的生活质量和水平，极大地改变了中国的面貌，提升了中国的国际地位和形象。这些成就举世瞩目、令人自豪，完全可以光荣地载入史册。经济发展的正面影响之外，对部分人的一些其他影响不可忽视。应该看到，在二十世纪九十年代以及后来一段时期，有些地方、在有些方面可能过于急切了些，对可能产生的急功近利思想、进而可能引发的功利主义倾向关注不够。比如，很多人受时代环境的影响，有经商发财、快速发财的冲动。通过个人正当合法的劳动各展其能，能够致富乃至快速致富，当然是好事，应该得到鼓励和保护。但有的人恨不得一夜之间暴富，为快速发财不讲方式，甚至饥不择食、不择手段，就是问题了。如果这种心理和行为得不到及时、有效的引导和纠正，那就可能演变成大的问题。能否挣钱、谁挣得多，在相当的范围成了评判一个人能力大小、成功与否的标准，或者重要的标准，功利主义甚至拜金主义大行其道。比如，一些地方为招商引资提供各种优惠政策，相互竞争的氛围下，有些就动脑筋沿着政策、纪法的边界打“擦边球”，如果得不到提醒和制止，就不再是“擦边”，而是有意无意地越界了；有的只顾眼前发展的数据和样子好看，搞些短期行为、造假现象，后来所讲的“形象工程”“政绩工程”，就这么产生了；有的为了发展，忽视了社会的一些公平，比如天天围绕着大老板、大项目、大工程转，老百姓的社会服务等切身利益问题就被放在了一边，有的干脆不管不顾，造成了客观上以牺牲老百姓的利益而照顾个别人的利益、局部的暂时利益；有的不管社会和环境的承载能力，强干硬干，一些一时见效的项目上了，长期污染的问题留给了后边的人，成了许多年要处理和解决的难题；有的地方甚至突破了国家政策甚至法律的底线，为了引资、上项目，随便就能决定多少土地和资源无偿划拨、多少年的税收就能减免。这种氛围下，有些人会因急切忽视甚至无视规矩规则、纪律法律，部分人则重利轻义，甚至见利忘义，为一时一地一己的私利，以身试法、铤而走险。

一些人囿于对市场经济认识上的不足或偏差，一些不正确的价值取向产生了不好的效果。当时有一个较为普遍的现象，对市场经济最应该讲规则、讲法制的特征还认识不到位，讲竞争、讲灵活、讲效率多了，讲规则、讲法制、讲公平少了，认识上一度失衡。再加上经济社会快速发展，原有的规矩、制度约束力不强，甚至人为地不被重视而失去效力，应该与之配套的法规制度、管理办法和措施，没有及时跟上，管理、制约一定程度上失效，也成为各种腐败现象一时泛滥的一个因素。

许多国家在快速发展阶段都会遇到腐败这个问题。大力发展经济的背景下，人们追求财富积累和多方面发展的积极性空前活跃和高涨。经济整体上快速发展，多形态多元素经济形式相互竞争发展，一时资源的缺乏与掌握资源的行业和权力部门的任性现象相伴相生、同时存在，权力寻租的机会猛然增多、寻租的空间日益放大。这确实是个难题。

欲望的唤醒与节制的不力。二十世纪九十年代后，中国经济的快速发展是与对外开放的不断扩大相伴而行、相互促进的。外来资金、技术、管理经验引进的同时，外来的流行文化也以不同的形式涌入、灌输、渗透，其中以美国为代表的西方文化影响最大。外来文化的内容和形式丰富了人们的生活，但冲击是多方面的，一些消极的、负面的价值理念和生活方式的影响也很快显现。有些以个人主义、及时行乐为主题的好莱坞“大片”的引进，一度占据各级各类影院市场，美式流行音乐等消费文化成为许多年轻人的追求和爱好。人们眼界越来越开阔的同时，比较原来物质匮乏基础上相对简单纯朴的生活，不由得惊奇：原来生活还可以这样，原来还能这么玩儿，还能这么折腾……

随着社会经济的发展、收入的不断提高，人们由贫穷到富裕，生活内容和方式在不断地充实、丰富。这种改变的同时，也不断吊高向往更好生活的“胃口”。比如，当时几乎每个城市，最招眼、最眩目的都是豪华的歌舞厅、洗浴桑拿楼，甚至满城都是、随处可见；高档饭店越来越奢华，人们相互攀比，好像不去最贵的地方请客，就显得没有诚意、“不够意思”。连最该纯真的孩子，也受到了污染，在相互比较谁过年收的压岁钱多、谁的父母官儿大、谁家怎么怎么富有。

人的欲望与教化等外在的约束，从来就是一对相生相伴的矛盾，不能指望有了约束所有不当的欲望问题就全部解决了，或者一时的教化约束就会长远地解决；也不能因此说对这些问题就没有解决的办法，否定人的不断改造和进步的作用。正因为这样，人的存在就是不断地、反复地、长期地与自身各式各样的问题纠结、斗争，螺旋式地上升。

市场交换原则影响整个社会生活。毋庸置疑，市场经济的理念和实践，极大地改变了中国经济社会的状况。伴随着社会的开放、经济的活跃，商品意识、交换理念影响到社会生活各个方面，影响到人们的生活理念和生活方式。

最直接、最明显的就是，市场交换原则渗入社会生活进而影响政治生活，影响一些党员干部的思想和行为。上面我们说过，中国本来就是人情社会。在最具中国特色的人情氛围中，人与人之间讲究相互帮助、相互尊重，在人际交往中特别注重礼尚往来、“知恩图报”。如果这种传统的“礼尚往来”习惯，和此前提到的注重实际利益的价值取向、现代的市场交换原则，嫁接到了一起，并且不愿受纪律法律的约束和管制，那就危害极大了。在有些人那里，本来就谙熟“为人之道”，人情网里如鱼得水，现在既给人“帮忙”办事，又有人能得到好处，“两全齐美”。久而久之，办事收钱成为想当然的“应该”和“正常”。

一些掌握公权力的人一旦陷入这种思维的误区之中而不自省，自己给自己找“合理的解释”而难以自拔，权钱交易、权权交易、权色交易等便成了“合理”，这便成为产生腐败问题的一个主要原因。比如，一些干部和开发商曾经的关系。当时有传说，大部分开发商，都有掌握相当权力的干部在“罩着”；而一些有实权的干部的背后，都会有一两个开发商的影子。一方靠手中的权力和人脉，给工程、给项目，帮助搞贷款、协调社会关系解决难题；另一方则靠手中的金钱，从每天的吃喝埋单、全程服务，到送票子、送房子、送家人所需。双方绑在了一起，各凭“优势资源”合作无间。当前，针对这些现象，提出政商建立“亲”“清”关系，直击病灶、切中要害。

另一个典型的现象，就是一度为人诟病、深恶痛绝的买官卖官问题。起初这一问题只是民间在传说，后来相继查处的一些案件，不少都涉及这一问题。在有些人那里，提拔谁不提拔谁，成了一方面培植个人势力、一方面捞取经济私利的“自留地”，成了“发财致富”的机会。一些人想要职务有所调整，就得去“活动”、下够一定的“本钱”。有人将这样的“活动”美其名为有时代气息的词汇——“投资”。演变到后来，即便不愿有所调整、进步，但为了保住原来的位置，也要去“活动”，并且是经常不断地活动，逢年过节要给领导送“红包”，遇到领导及其家人婚丧嫁娶、生病休假，也要争先恐后去送个“红包”。一度我们看到不少对违纪违法者的通报里，多了一项“巨额财产来源不明”的情节，其中就有收的“红包”难以算清的因素。有“投资”，就得有“回报”，除了谋取或保住的职位外，经济上的“投入”也要有“效益”，于是往自己的下属那里再谋“投资”，或自己分管的领域里捞“好处”。本来极其严肃的组织人事问题，事关党和国家事业发展兴旺的政治问题，也是事关公平公正、人心向背的大问题，被有些人用来当作商品来交换、买卖，影响之深之恶劣，无以复加。

执政党面对权力的多重考验。有一句老话，“创业容易守成难”。其实，不管创什么业、干什么事，都不会很容易，很多是要经历千辛万苦、艰难曲折才可能成功。之所以这么讲，是要突出强调，“守成”相对“创业”来说更不容易、更要百般用心用力才行。创业时没有太多的牵挂，一心为了成功，向上奋斗的动力会更足、生命力会更强些，比如，目标指向直接，方式方法灵活管用，对自我各方面的要求和管束都会很严格。守成时情况完全发生了变化，人的思想和言行也会相应地有变化，比如，有了一席之地后可能会产生松口气的念头，有了一定的地位和条件可能会产生享受的思想，有了权力和资源后可能习惯于支配他人，满足于支配过程的快感而忽视实际效率和目标价值的实现，等等。

在新中国成立前夕，毛泽东提出著名的“两个务必”，要“进京赶考”，警示全党不能学李自成。这是他深邃历史眼光和彻底斗争意志下，对共产党人保持革命精神进而长期执政的深刻思虑、严肃告诫。

执政党是由具体的人组成的，在拥有政权、特别是在长期执政的环境下，党内一些人也难免产生松懈思想、麻痹思想、享乐思想。特别是个别人的特权思想，是许多问题产生、恶化的根源。中国几千年传统文化中，官本位思想、特权思想可谓根深蒂固，渗透在社会生活和人的意识行为的方方面面。在当今的现实生活中，其影子依然时隐时现，在追逐实利和权力随意扩张的一些时期、一些地方、一些领域，其表现可能更为明显、更加肆无忌惮。常言说的“有权就威风”“得势便张狂”“一人得道，鸡犬升天”等，就是形容特权思想的具体表现。一些人的意识里，权力就意味着地位，意味着实惠、方便和好处。在有些人那里，一旦当了干部、拥有了地位，权力的行使，对人事、资金等资源的支配等，好像都是“应该的”“当然的”，甚至天经地义的。无形之中，有的人个人膨胀、随意性增加，想做些什么没有了顾忌。有的不情愿有组织和别人的监督，把监督、约束视为麻烦和啰唆。特权思想往前多走一两步，以权利己、以权谋私的事情就从小到大、从任性就到了腐败。

权力本身没有好坏之分，如果说它有双重性，是体现在用权人的双重性，即对权力的正当性、边界和权责关系是否有清晰的认识，用它办职责范围内应该办的正事，就是用得好、就是对的；如果对它没有敬畏之心、把它当作满足私心、谋取私利的工具，就大错特错了。通常所讲的权力的腐蚀性，也是与此相关、因人而异。二十世纪九十年代开始的经济快速发展时期，干事的氛围浓厚，鼓励积极性、自主性、开拓性的多，客观上权力不断地扩张，而监督制约的机制没有及时跟得上，限权、治权的措施和氛围很不够，权力的滥用现象多发，它的腐蚀性表现得更为突出。

5. 那时的反腐败工作

二十世纪九十年代开始的党风廉政建设和反腐败斗争，是在复杂的环境中发起，在曲折中推进，边查处、边建设、边改革，一路走来披荆斩棘，很不容易。

一方面，中央领导重视，亲自谋划、部署、推动；各级党委和政府积极响应，层层组织发动；执纪执法机关全力投入、狠抓查处监督等各项任务；广大干部群众热心支持，并寄予很高的期望。从宣传报道可见一斑。当时的媒体形式只有报纸杂志、广播电视，新闻传播的速度和效率、覆盖面和影响力远不如现在的媒体。但在反腐败的宣传上，齐发声共呐喊，营造的声势和氛围还是很可观的。这些都为反腐败工作的开展创造了很好的社会条件。十四届中央纪委二次全会之后，各地的积极行动和紧锣密鼓的工作，很快就有了具体成果，并且相继在媒体上向社会公布出来。除了开展各种形式的对领导干部的教育、以增强其廉洁自律的意识外，纠正部门和行业之风工作的力度不小，相继出台一些制度和办法，公布了一些查处的不正之风典型案件。当然，人们最关注、社会影响最大的还是对腐败案件、对腐败分子的查处。一时间，县处级、厅局级到省部级干部被调查的案件先后公布于世，引起社会的广泛议论、提振了党员干部和群众的精神。

另一方面，来自方方面面的干扰和阻力不少，反腐败工作的社会氛围有喜有忧。反腐败本身就是触动一些人利益的斗争，势必引起一些抵触、对抗和冲突；当时人们对腐败问题的危害和反腐败的认识不一，群众的期待和部分领导干部的行动之间有不小的差距，在有的地方、有些方面甚至形成对比。

比较典型的表现是，一些党员干部特别是个别领导干部，对反腐败嘴上跟着赞同，内心不见得完全认可，实际工作中就表现得跟不上趟，有的甚至不支持。这其中有复杂的客观原因，也有很强的主观因素。

一是以重视经济发展为由，有意无意地忽视或抵触反腐败。客观上经济发展有压力，思路要拓宽，打破旧的观念的束缚、旧的方式方法的阻碍是对的。但有的人可能无意甚至有意的就会“过”，突破禁区，有的人要把纪律和法律也突破，提出走捷径甚至“闯红灯”，好像只要地方或局部经济上去了，什么都可以干、可以闯。急于干事、干成事、出效果，一些地方、一些人甚至急于求成，不管方式、不择手段，“捡到篮子里的都是菜”。一些地方提倡“能人经济”就是很好的例证。这种背景下，有个别领导干部就可能会“选择性”地暂时不去强调或者有意“忽视”纪律和规矩，有的干脆不把纪律和规矩当回事。有的由于一时一地因违纪而得了“好处”，就说腐败是经济发展的“润滑剂”。有的怕在自己主管的地方或领域反腐败，局部利益就会受到影响。有的地方党委或政府的负责人甚至公开讲，反腐败会“影响经济发展”。这完全是从根本上对经济发展和反腐败的关系认识不清，把两者割裂开甚至对立起来看。有的则讲，“经济越发展，腐败问题就越多”。这其实是“反腐败影响经济发展”或“腐败是经济发展的润滑剂”论调的另一种版本。经济发展和腐败不应是必然的因果关系，更不应是什么“正比例”的关系。经济的发展，为社会的全面发展奠定基础，促进管理的规范、制度的健全、法治的完善，促进预防和惩治腐败工作的加强，相应地会促使腐败问题减少而不是增多。同时，经济发展需要良好的法治环境、社会的公平有序，这些正是反腐败才能推动和保障的。发展经济和反腐败，应该是良性的互动，相互促进、相辅相成。

二是源于与被调查者相互间千丝万缕的关系、联系，以出问题有损地方或单位的形象等借口，以各种方式干扰或阻挠对问题人员的查处。犯错误和出问题在先，是既有的事实，执纪执法机关只是履行职责把这些错误和问题查出来，不是查出来后才愿意不愿意“看到”，更不能因“不愿看到”而不支持或干扰查处。同样，地方或单位的形象是要维护，是要靠正面的工作和成绩去维护，但不是简单地靠“捂问题”、掩盖事实去维护。“捂”只可能捂一时，并且会像脓疮一样越捂越坏、传染和毒害最终越来越厉害，那时又谈何维护形象呢。

三是源于自身存在这样那样的问题，甚至就是严重的腐败问题，怕引火烧身，反来反去，反到了自己。这种现象很典型，也是一些人从内心不支持甚至反对反腐败工作的真正原因。一个典型的例子就是广西壮族自治区政府原主席成克杰。堂堂党的高级领导干部，公开讲怕反腐败影响经济发展，其实后来我们都知道了，是其自身有不少问题。在中央有关机关和部门的直接过问、参与下，不仅查出玉林市委原书记李乘龙贪污受贿及财产来源不明等严重腐败问题，而且，这个“萝卜”还真的带出了“泥”。顺着李乘龙这根线索，先后发现、查出了前后几任玉林地委书记的有关腐败问题，最后，“泥”也带出了更多更大的“泥”，带出的竟然就是成克杰自己。

中国传统社会是人情社会，在查处腐败问题上，这一社会特点的影响也无处不在，对工作造成很大的麻烦。办案人员和被查处对象之间，可能相互认识，有的可能很熟悉。这一情形越到基层越突出、越明显，大家在同一个城市、县城或乡镇工作，要么是同学、战友，要么是以前的同事、老乡，有的则是同学的同学、老乡的朋友、亲戚的亲戚、家属的同事，等等，直接或间接的，总有某种关系能连到一起。即使没有这些关系，天天开会或办事碰到，低头不见抬头见，各种机会相遇，也早成了熟人。可以想见，在这样的人际关系环境中查处腐败案件，各种打招呼、说情，软的硬的干扰，会给执纪执法工作带来多少、多大的阻碍和困难；具体工作人员能够做到坚持原则、秉公执纪执法，该有多强的政治素质和意志力、心理承受和调节能力。

于是，我们就看到，当时社会上绝大多数声音对反腐败有期待、有支持，这当然是正义的党员干部和广大群众为主导；但也出现了对牵头组织协调反腐败的纪检监察机关工作的一些杂音。

处在反腐败斗争第一线的纪检监察机关，其工作氛围的复杂、环境的尴尬和困难，可想而知。社会上不理解倒也罢了，来自一些党员干部，特别是一些领导机关、领导干部的不认可、不支持，甚至冷嘲热讽、各种阻碍，是特别挫伤工作积极性、损伤感情和人心的。当时一些地方的纪检监察干部，就是在这种“夹缝”中工作，受累的同时也受到不少委屈，有一种无奈的说法，是“既流汗又流泪”。有一些纪委书记讲，同样是为党和国家工作，就是因为分工不同、就是因为从事反腐败，就可能会被另眼相待，甚至被划为另类。1995 年七八月份，在北戴河召开的全国纪检监察案件检查工作研讨会上，领导同志针对地方纪委同志反映的影响办案工作的一些困难和问题，要求大家要敢于坚持原则，有困难可以向中央纪委反映，由中央纪委出面解决。这给同志们吃了一颗定心丸。

越到基层，党风廉政建设和反腐败工作面临的问题和困难越复杂、越具体，有些矛盾和斗争更尖锐。更有甚者，一些纪检监察干部因为工作遭到来自方方面面的打击报复。有些是侧面的、半公开的打击，如相关领导干部给纪检监察干部“穿小鞋”，被查处者及其家人恫吓、辱骂和各种小动作；有些则是公开的甚至明目张胆的恶意报复，如对纪检监察干部本人及家人生活环境和人身安全的公开威胁等。后来被树为全国纪检监察系统先进典型的杨正超、姜瑞峰等，都曾有过多次这样不该有的痛苦经历。他们是忠诚于事业、坚持原则、敢于斗争、敢于牺牲和奉献的典型代表，同时在很大程度上，也是为了正义的工作忍辱负重、饱受委屈和磨难、坚毅不屈的典型。

在这样复杂的环境和条件下，开展党风廉政建设和反腐败工作，确实不容易。一些同志可能因为困难和委屈，工作受到影响；个别同志心灰意冷，放弃了纪检监察工作，另谋出路。但更多的纪检监察干部，选择的是对党的忠诚和对事业的担当，不辱使命，知难而上，坚持在反腐败的第一线艰苦工作，用工作的实绩和成效争取到各方面的支持、争取社会氛围的逐步转变。这种精神，令人崇敬，可歌可泣。

随着工作的深入开展，一些大案要案被公开曝光，反腐败突破重围、打开局面，取得了不俗的成绩。成绩的取得，赢得社会的认可和支持，不断改变一些人不正确、不全面的认识，逐渐减少干扰和阻力，也改变了工作的社会环境。当时常用的一句话是，有为才能有位，用于这种局面，再恰当不过。

当时，还有一些论调，影响人们的认识，影响反腐败工作的开展。比如，“腐败越反越严重、越反越厉害”。如果是老百姓这么说，体现的可能是焦急、忧虑；一些有这样那样问题的党员干部这么说，用心可能不一。实事求是地讲，这一说法产生的很大原因可能在于，在没有大力开展反腐败斗争之前，一些问题没有查处、没有公布，人们只是感受、猜测、传说，知道、了解的有限；但随着查处的各种案件的公布，各个地方、各个层级都在公布，一时间被暴露出来的腐败问题增多，甚至短时间内集中增多了，相关信息叠加，相应地人们能知道的腐败问题就多了。稍加分析，就能明白，这个说法其实是个伪命题。很简单，如果不反腐败，腐败问题不仅仍然“在那儿”，而且会更加肆无忌惮，滋生蔓延得更加厉害，恶性循环下问题会更多，状况和结果难以想象。如果再不去“反”，局面更难以收拾；在“反”的情况下，腐败问题还依然存在，说明其滋生蔓延的势头和惯性猛烈，一时难以遏制，只有下更大的力气、花更大的功夫去“反”才行。如果非要从反腐败工作上找原因，只能说，对腐败反的力度、惩治的力度，还需要进一步加大，震慑的作用还要进一步加强。

附 1

反腐败：常谈常新、常新更需常谈的话题

一、不仅仅是旧话再提，细心的人们不难发现

——党的十四大之后半年多的时间里，江泽民同志的讲话都必讲党风廉政建设和反腐败。华东三省市和随后的西北五省区经济座谈会上，在部署安排经济工作的同时，江泽民同志反复强调：必须遵照邓小平同志的指示，坚持两手抓、两手都要硬。在纪念党成立七十二周年座谈会的讲话中，他更是明确指出：“消极腐败现象严重干扰改革开放，群众是很不满意的。如不采取坚决措施加以克服，任其发展，就会葬送改革开放大业，最终也会危及党的执政地位”。

——合署不久的中央纪委监察部，经过紧锣密鼓的调查研究，接连推出一系列廉政措施，旗帜鲜明地提出要围绕贯彻党的基本路线、建立和发展社会主义市场经济的中心工作，坚定不移地反对腐败。最高人民法院、最高人民检察院一再强调，以查处大案要案为突破口，增大打击力度，严厉惩治贪污贿赂等经济犯罪，推动反腐败斗争深入开展。

——其他一些中央部委相继出台一些新的规定和措施，加强包括纠风工作在内的廉政建设。各大新闻单位不约而同发表文章，昭示党和政府的态度和主张，倾吐广大人民心声，为反腐败斗争呐喊……

反对腐败，作为社会系统工程的一个重要组成部分、现代化建设大业中的一个重要方面，也作为主动适应现实生活客观要求的有力举措，绝不仅仅是旧话再提，而是实实在在地列入了重要议事之中，并且作为保证经济健康发展、社会正常进步的一个有力武器，越来越被重视为一个长期化、制度化的综合工程。

二、腐败现象：终究是经济发展和社会进步的大敌

以以权谋私、权钱交易为基本特征的腐败现象，其本身就是对社会公共权力的滥用和亵渎，对以公正和平等为要旨的合理经济秩序和社会制度、社会公德的破坏与践踏。不少国家和地区在经济发展的过程中，都不同程度地受到这一问题的困扰。在由不发达到发达，亦即经济体制大变革或加速发展时期，这一困扰往往尤其明显，如十八世纪至十九世纪前叶的英国、近期的东南亚国家和地区、一些拉美国家。面对这一社会问题，如果能够果断地采用得当的措施，将腐败遏制在最低限度，经济发展和社会进步受到的阻力也将随之减小（如新加坡、中国香港）；反之，如若陷于这一恶性圈中，不仅经济发展难以言及，正常的社会秩序和社会规则都难以保证。

在以经济建设为中心，大力发展社会主义市场经济的关键时期，不论主观上或是客观上的哪个方面，都丝毫不允许我们对腐败问题掉以轻心。我们应该注重这一客观现实：从计划经济体制向社会主义市场经济体制转换，难免出现一些“空档”。旧有的一些弊端尚未完全革除，时不时地仍在起作用；新的制度尚未形成，法制尚不完备，一些问题的政策界限乃至于是非尚未厘清，监督管理上的薄弱环节也还很多……

对于腐败的现状，即腐败的严重程度如何，不同的人从不同的角度观察，可能会得出不尽完全相同的结论。但一致的看法还是存在的：腐败问题相当严重，有些还呈现蔓延和发展的趋势，“已经到了非下大决心解决不可的时候了”。

首先从面上看，以权谋私的消极腐败现象实在令人发指。从党政机关到事业单位，从领导干部到一般工作人员，不同方式地都有所存在。不正之风有的纠而复生，有的变本加厉，“靠山吃山，靠水吃水”，“有什么权谋什么私”，明目张胆地损害国家和群众利益的事情可谓屡见不鲜。其次从其发展趋势上看，重大恶性案件不断升级，犯罪金额从几十万元发展到几百万元、上千万元；腐败的主体从以前的个人发展到有组织的团伙甚至于部门；发生的空间由一地区向跨地区乃至跨国（境）发展。再从形式上看，打着发展市场经济的旗号，千方百计钻政策法规不完善的空子谋取非法暴利的问题屡屡出现；为了小团体或局部利益不惜损害国家的全局利益和长远利益的行为也时时发生。

三、反对腐败：关键还在切实有效的行动

作为一项社会工作，反腐败斗争有其特有的艰巨性、复杂性和长期性。这就首先要求我们必须给予应有的重视，要始终把它作为关系改革开放成败、关系党和国家生死存亡的大事摆在重要议事日程，始终坚持“两手抓、两手都要硬”的方针。只有全党动手，党政一起抓，一级抓一级，层层负责，才能使反腐败斗争有效地落到实处。

其次，反对腐败要在两个方面下功夫：一是要加强打击力度，坚决惩处各种腐败分子，尤其要着重查处领导机关、领导干

部和经济管理部门、执法监督部门及其工作人员以权谋私的违纪违法案件。如果不从这方面抓起，反腐败斗争很难有所进展。惩处腐败分子是从严治党、严肃党纪政纪和法纪的中心环节，是惩治腐败行之有效的重要措施。当前应该坚决纠正执纪执法中不严肃、不严厉等突出问题，应加强各监督部门之间的协调配合，把党纪、政纪、法纪等手段结合起来，发挥监督机关的整体威慑作用，使违法违纪者无机可乘。二是要坚决纠正各种不正之风，克服消极腐败现象，切实解决广大人民群众所关心的热点问题。凭手中的权力和工作、业务之便，为本单位、小团体及个人谋取私利的不正之风，可谓愈刮愈烈，渗透社会生活各个方面。它直接侵害了广大人民群众的切身利益，危害到群众的衣食住行等生活各方面，完全背离了党和政府全心全意为人民服务的宗旨，使群众对党和政府产生不满而失去信任，严重影响到党和政府同人民群众的关系，挫伤了人民群众深化改革和建设经济的积极性，同时也破坏社会公德，污染社会风气，毒害既大又深，怎么说也不过分。纠正不正之风，一方面要围绕群众所关心的热点问题有重点地抓，另一方面要树立长期思想，有计划、有步骤地长期抓下去，年复一年，坚持不懈。

作为标本兼治的另一个重要方面，应加强对广大党员干部的教育。我们党绝大多数党员是廉洁奉公的，他们在现代化建设中兢兢业业地工作，真正发挥着先锋模范作用。由于市场活动的一些消极方面，如拜金主义、享乐主义及极端个人主义也不可避免地会侵蚀党的肌体，对广大党员干部不断进行党的纲领、宗旨、理想、纪律、作风的教育，显得极为必要。

另外，反腐败应紧密结合重大的改革措施和行政、经济决策的实施去进行，这样有利于找准主要问题，取得反腐败的主动权；有利于更好地服从和服务于经济建设这一中心，及时为改革和发展经济排除各种干扰和障碍。

四、根本出路：改革和发展

作为社会系统工程的一个重要方面，消除腐败现象有赖于改革的深化和社会的进一步发展。现阶段所存在的消极腐败现象，从根本上讲，是改革不深入、不配套，市场经济体制不完善的结果。随着改革的深化，社会主义市场经济体制的建立和完善，民主和法制建设的进一步加强，将为从根本上遏制各种腐败现象的滋生蔓延创造越来越多的条件。

没有监督的权力必将导致腐败。作为民主和法制建设的一个重要方面，加强和完善各种监督机制迫在眉睫。除了执纪执法等专门监督部门外，还应充分发挥人民代表大会和政治协商会议的监督作用，发挥新闻舆论和广大人民群众的各种监督。如果这些监督能够形成合力发挥整体作用，腐败现象的产生会受到越来越多的限制，反腐败斗争也将会更为深入地开展。

在完善各种法规、制度，加强监督制约的同时，提高全体公民的素质，使党和政府的工作人员面对腐败的诱惑，真正能做到“不愿为、不能为、不敢为”，将有利于将腐败现象减少到最低限度。

深化改革和发展经济任重而道远，反腐败也异常艰巨，不是一蹴而就的事情，应该贯穿于整个改革开放和发展的全过程，时时不忘综合治理，力争做到标本兼治。

（《文汇报》1993 年 8 月 28 日理论版）

附2

反腐败——长期化、制度化的综合工程

反对腐败，作为保证经济健康发展、社会正常进步的一个有力武器，越来越被视为一个长期化、制度化的综合工程。

以以权谋私、权钱交易为基本特征的腐败现象，其本身就是对社会公共权力的滥用和亵渎，对以公正和平等为要旨的合理经济秩序和社会制度、社会公德的破坏与践踏。面对这一社会问题，如果能够果断地采用得当的措施，将腐败遏制在最低限度，经济发展和社会进步受到的阻力也将随之减小；反之，如若陷于这一恶性圈中，不仅经济发展难以言及，正常的社会秩序和社会规则都难以保证。

在以经济建设为中心，大力发展社会主义市场经济的关键时期，不论主观上或是客观上的哪个方面，都丝毫不允许我们对腐败问题掉以轻心。我们应该注重这一客观现实：从计划经济体制向社会主义市场经济体制转换，难免出现一些“空档”。旧有体制的一些弊端尚未完全革除，时不时地仍在起作用；新的体制尚未形成，法制尚不完备，一些问题的政策界限乃至于是非尚未厘清，监督管理上的薄弱环节也还很多……

反对腐败要在两个方面下功夫：一是要加强打击力度，坚决惩处各种腐败分子，尤其要着重查处领导机关、领导干部和经济管理部门、执法监督部门及其工作人员以权谋私的违纪违法案件。二是要坚决纠正各种不正之风，克服消极腐败现象，切实解决广大人民群众所关心的热点问题。

作为社会系统工程的一个重要方面，消除腐败现象有赖于改革的深化和社会的进一步发展。现阶段所存在的消极腐败现象，从根本上讲，是改革不深入、不配套，市场经济体制不完善的结果。随着改革的深化，社会主义市场经济体制的建立和完善，民主和法制建设的进一步加强，将为从根本上遏制各种腐败现象的滋生蔓延创造越来越多的条件。

（《人民日报》1993 年 9 月 5 日第 8 版）

附 3

领导干部要廉洁自律
做反腐倡廉的带头人（节选）

（一）

随着中央纪委二次全会的召开，切实加强党风廉政建设、深入开展反对腐败的斗争，已作为一项重要的政治任务摆在了全党的面前。“如果我们掉以轻心，任其泛滥，就会葬送我们的党，葬送我们的人民政权，葬送我们的现代化大业。我们的党、我们的干部、我们的人民，是绝不允许出现这种后果的。”

反腐败斗争，既要坚决，又要持久；既要坚定不移地常抓不懈，又要在一定的时期根据具体情况不断地抓出阶段性的成果来。作为直接负责各自系统、地区、部门的领导工作的各级党政领导干部，在这一反对消极腐败现象的斗争中，应该怎样摆正自己的位置、拿出什么样的举措呢？

古人说得好：“己不正，焉能正人？”各级领导干部能否廉洁自律，能否真正严格地从自己做起，会直接影响到反腐倡廉工作的进程，影响到阶段性工作的开展，继而也就影响到整个党的建设和社会主义现代化事业。

历史经验也表明，党政领导干部自身的廉洁状况，不只是一人一时一地的小事，它事关党和政府在人民群众心目中的威信和凝聚力。正因为如此，在新中国成立前后，毛泽东同志一再告诫党的高级干部，要继续保持艰苦奋斗的作风，“决不能当李自成”。改革开放初期，邓小平同志就说：“为了社会风气的进步，首先必须搞好党风，特别是要求党的各级领导同志以身作则。党是整个社会的表率，党的各级领导同志又是全党的表率。”“现在需要全国的干部，首先是高级干部起模范带头作用，把我们的艰苦朴素、密切联系群众的传统作风很好地恢复起来，坚持下去。”

（二）

十一届三中全会以来，我们党能够领导人民取得社会主义现代化建设举世瞩目的成就，是大多数领导干部兢兢业业、奉公守法、廉洁自律，与人民群众一起团结奋斗、艰苦创业分不开的。对此我们必须有一个清晰的认识、正确的认识。但毋庸讳言，在少数的领导干部中，也确实存在着各种消极腐败现象，其中有的还相当严重，引起广大正直的党员、干部和群众的忧愤和不满。

由于受资产阶级腐朽思想和封建残余思想的影响和腐蚀，一些党政干部自觉不自觉地放松了警惕，陷入拜金主义、享乐主义及极端个人主义的泥潭。更为甚者，个别领导干部竟把市场交换原则引入到了政务活动中，径直堕落为腐败分子。少数领导干部中的消极腐败现象具体表现为：1. 一些人利用职权搞以权谋私、权钱交易活动；执法机关的少数领导干部执法犯法，利用职权徇私舞弊、贪赃枉法，如有的大量收受企业、外商或下属单位的礼金、物品或有价证券；有的在自己的权力范围之内，对有求于自己的人和单位讨钱讨物，甚至待价而沽；有的以权入股，从中进行违法乱纪活动；有的违法违纪建私房、利用职权用公款超标准装修住房；等等。前几年查办的河南省洛阳市委原书记武振国受贿案，青海省人大常委会原副主任韩福才受贿案，铁道部原副部长罗云光、张辛泰受贿案等，都是这方面的典型。2. 严重的官僚主义失职、渎职。有的领导干部工作不负责任，对党和国家的方针政策，不传达贯彻，不检查督促落实，或擅自作出错误决策；有的在经济建设工作中，违反科学决策程序，盲目决定施工、投产，或盲目批准签订合同，购进不合格或不适用的设备、技术，给国家造成重大的损失。有的则弄虚作假，欺上瞒下。3. 严重的腐化、堕落。个别领导干部参与封建迷信活动，有的参与嫖娼、赌博等行为。4. 利用权力消费，挥霍浪费，奢侈腐化。如大吃大喝、公款旅游等行为。另外，利用职权帮助子女或亲友经商、组织人事关系中的裙带风等，也是人民群众很不满意的不正常现象。

上述这些现象，有的属于不正之风，需要认真纠正；有的则是已构成违纪违法的行为，应该受到纪法的严厉制裁。这些消极腐败现象，虽然只是发生在少数领导干部身上，其影响和危害却甚大。

（三）

在革命战争年代，人民群众正是从共产党人的一心为民、清正廉洁与国民党政府的腐败的对比中，加深了对共产党的认识和信任，从而坚定不移地跟共产党走。现在，我们党是执政党，人民群众对党的认识和信任，在很大程度上是看党的各级干部怎样掌权、用权。共产党员只有为人民谋利益的义务，而没有任何为自己谋取私利的权力。“一个共产党员，应该是襟怀坦白、忠诚、积极，以革命利益为第一生命，以个人利益服从革命利益；无论何时何地，坚持正确的原则，同一切不正确的思想和行为作不疲倦的斗争，用以巩固党的集体生活，巩固党和群众的联系；关心党和群众比关心个人为重，关心他人比关心自己为重。”革命战争年代如此，和平建设时期也应该如此。作为各级领导干部，对于这些立党为公、掌权为民的原则更应该有着十分清醒的认识。

加强思想修养，其中重要的一条就是保持和发扬艰苦奋斗、密切联系群众的优良作风。艰苦奋斗，是中国共产党人的光荣传统，也是我们党保持同人民群众密切联系的一个法宝。我们党的老一辈无产阶级革命家，无论是在战争年代还是在建设时期，都是身体力行艰苦奋斗的楷模。我们党也正是凭着艰苦奋斗的优良作风，凭着与人民群众同甘共苦的革命精神，才赢得广大人民群众的信任、拥护和诚心诚意的支持。加强艰苦奋斗作风的修养，在当前反腐倡廉工作中，更有深刻的现实意义。事实告诉我们，不少党员干部正是因为完全丢掉了艰苦奋斗的作风，贪图安逸的思想作怪，追求享乐，讲究排场，挥霍浪费，导致“舒舒服服”地蜕变，最后陷进了违纪犯罪的泥坑。

自觉地遵纪守法，自觉地接受监督，自觉地从各个方面严格要求自己，是加强思想修养的题中应有之义。各级领导干部首先都是普普通通的公民，其在人民群众中的威信和号召力，很大程度上源自身先士卒的模范作用，要求别人做到的，首先应该自己先做到，在一切工作中如此，在反对消极腐败的斗争中更是这样。如果作为领导干部都不愿自觉地接受来自党纪、政纪、新闻舆论和人民群众的各种监督，不仅他个人的形象在群众的心目中受到影响，我们的党纪、政纪和法纪的严肃性也受到很大的破坏，我们的各项工作都难以正常开展。

“上梁不正下梁歪，中梁不正倒下来。”各级领导干部一定要有忧患意识，一定要从党和国家生死存亡的高度来认识廉洁自律这个问题。

在反对消极腐败的斗争中，“上梁”、“中梁”和“下梁”是相对而言的。一个党政干部，对上级可以称为“下梁”，对下级和党内群众而言却是实际上的“上梁”。每一级干部都要带好头，都应该从我做起，清正廉洁，严于律己，在反腐败斗争中发挥表率和带头作用。

（《半月谈-时事报告》1993 年第 11 期）

附 4

正义，永远不容侵犯

——写在《关于采取有力措施保护执纪执法办案人员合法权利的通知》发布之际

近日，中共中央纪委、最高人民法院、最高人民检察院、公安部、监察部联合向各级党委、政府和有关部门发出通知，要求采取有力措施，保护执纪执法办案人员的合法权利，保证反腐败斗争尤其是查办大要案工作的顺利进行。

由党和国家的最高执纪执法机关联合下发这样的通知，还是第一次。确实，《通知》背后，有着太多让人深思的话题……

近两年来，随着反腐败斗争向纵深发展，人民群众深恶痛绝的一批腐败分子被揭查出来，各种腐败现象在国人的讨伐声中和执纪执法机关的强大攻势面前受到不同程度的遏制。民主与法制的观念越来越深入人心。

然而就在这时，另一种极不正常的现象逐渐抬头，打击报复执纪执法人员的事件屡屡发生：

一些违纪违法分子对执纪执法查办案件人员进行辱骂、殴打、威胁、恫吓……这些事件在不同地区都不同程度地存在。而发生的恶性事件，更是骇人听闻。

——内蒙古自治区兴安盟科右中旗巴彦淖尔苏木（乡）党委委员、专职纪检委员春香，被调查对象害死于家中。

——几乎与此同时，四川省武隆县巷口镇纪委书记杜家华被亡命之徒报复致死。

打击报复事件大多发生在基层，尤其是县、乡（镇）。同顶一片天，共踏一方土，“抬头不见低头见”，有限的生活空间使得企图打击报复者有更多的机会向身在明处的执纪执法人员投掷“黑砖”。更为复杂的是，在这有限的生活空间里，缠绕着家族、朋友等各种关系网。执纪执法人员也是人，也要生活，也脱离不开这么个“圈子”。于是工作安排、家庭生活乃至子女上学等都有可能成为受人羁绊、刁难的“把柄”。湖北省某县执法部门对该县教育局乱收费情况进行查处后，教育局局长指使校方对该部门几位干部的子女“提前放假”，赶出校门！

一个值得我们注意的现象是，有些打击报复事件，已由被查处者的个人行为，成为团伙行为。被查处者的亲属、朋友乃至同事等都涉入其中。他们或为报复者提供情报，或为其作掩护，有的则利用职权对其进行包庇乃至纵容！血缘亲情、哥们义气以及家族帮派、小团体的利益，成为刺激他们公然向党纪国法挑战的“兴奋剂”。浙江省温州市某局纪检干部在局长办公室里被调查对象殴打，局长不仅不制止打人凶手，甚至在事后有关部门对此事进行调查时，还为其作伪证，成为报复者的“帮凶”！而另外一位领导在处理此事过程中也百般庇护打人凶手，原来他们是故交。

打击报复事件与社会中存在的一些不正常的现象不无关系，社会生活中的道德“滑坡”；一些人面对各种诱惑，价值观念畸变、法制观念淡漠；一些地方或部门政治思想工作薄弱，致使问题积重，正气被压、邪气肆虐；某些舆论传媒的一些错误导向不辨是非……这些都表明，对执纪执法人员的打击报复行为一方面是反腐败斗争在某些地方、某些时候趋于激烈化、尖锐化的反映，是“焦点中的焦点”，另一方面也是社会普通问题的集中反映，具有一定的社会性。

当然，打击报复事件在我们的社会中仍属少数，是暗流，但它的危害和恶劣影响却不能不引起人们的高度重视。

执纪执法办案人员，是处于反腐败斗争第一线的前锋战士，针对他们的打击报复行为，不仅直接侵害了一部分执纪执法人员及其家属的合法权利，更会伤害广大执纪执法干部的感情，挫伤他们的积极性，也无疑会严重影响周围群众对反腐败斗争的信心和热情。查办案件，是开展反腐败斗争的重要环节。一些打击报复行为的目的，就是企图干扰、阻碍查办案件的进行，从而掩盖某些重大违纪违法问题。如果这种现象得以扩延，势必严重干扰整个反腐败斗争的深入、顺利开展。

法制建设，首先要确立法纪在社会纲常中的至上地位，并使执纪执法机关在规范社会行为中具有权威性。执纪执法人员在查办案件中，代表的就是这种权威和尊严。如果连他们的合法权利都不能得到有效保护，任打击报复行为得逞，那么法纪的尊严何在，社会主义法制又从何谈起！

这不是夸大其词，危言耸听。现实已经为我们提供了典型的反面事例：湖南某县法院干警执行公务中，遭受违纪分子围攻殴打，却迟迟得不到公正处理，在社会上造成极坏影响，致使该县发生的许多起本该对簿公堂的案件却被暗地里“私了”。执纪执法机关的权威就这样被严重损害！

当前腐败现象仍在蔓延，反腐败斗争也在继续深入开展，并会在某些方面有集中、激烈的表现。采取有力措施，保护办案人员的合法权利，这一严肃问题也便现实而长远地摆在人们面前。

我们看到，已经发生的一些打击报复事件，有的得到了公正处理和解决。尤其是春香和杜家华同志的遇害，更引起了中央有关领导的高度重视，杀人凶手受到了法律的严厉制裁！使人们更为欣慰的是，在中央有关领导的直接关注下，中央纪委等党和国家执纪执法机关迅速拟定并联合发布了《关于采取有力措施保护执纪执法办案人员合法权利的通知》。天理昭昭，法网恢恢，任何对于正义的侵犯都将受到迎头痛击！

（与马东伟同志合作）

（《中国纪检监察报》1994年12月14日）

三 胡长清留下的话题（2000年）

腐败分子有各自的特点，也有共同之处，
现在看胡案也有典型意义

时代背景和相关话题

反腐败斗争取得重要阶段性成果。1992 年 10 月至 1997 年 6 月，全国纪检监察机关共立案 73.1 万多件，结案 67 万多件，给予党纪政纪处分的 66.93 万人，其中被开除党籍的 12.15 万人，被开除党籍又受到刑事处分的 3.7 万多人。1997 年 10 月至 2002 年 9 月，全国纪检监察机关共立案 86 万多件，结案 84 万多件，给予党纪政纪处分的 84 万多人，其中被开除党籍的 13.7 万多人，被开除党籍又受到刑事追究的 3.7 万多人。

——《中华人民共和国简史》，第 263 页至第 264 页

胡长清的可耻下场值得我们深思：对领导干部来讲，首

先要有正确的人生观、世界观和价值观。是千方百计为人民谋利益，还是不择手段追求权力、金钱、地位？如果身为领导干部，整天想着打自己的“小算盘”，那就很危险，很容易利用手中掌握的权力去搞以权谋私、权钱交易，就必然损害国家和人民的利益。

——《惨痛的教训　深刻的警示——江西省原副省长胡长清受贿及腐化堕落剖析》，2000 年 4 月 13 日（新华社）

1. 做“大片”的曲折和痛苦

二十世纪九十年代开始的党风廉政建设和反腐败，成果是多方面的。打开局面、赢得声望和支持，在社会上影响最大的，还是对涉及领导干部重大贪腐案件的查处工作。

各级纪检监察机关在查处案件上下了很大的功夫。中央纪委监察部直接组织查处和指导查处的案件，由于涉及问题人员的级别高、案情复杂、影响面广，社会反响更大。如在九十年代前期，查处了海南省政府原副秘书长李善有案、贵州省国际投资公司原董事长阎建宏案；从江苏无锡集资案中，牵出了北京的一些局级干部违纪违法问题，由此又查到北京市原副市长王宝森、继而带出陈希同案。陈希同不仅时任北京市委书记，还是中央政治局委员，震动全国，轰动一时。到九十年代中后期及二十一世纪初，一系列高级别的领导干部相继被调查，如广东省原副省长欧阳德、于飞，山东省泰安市委原书记胡建学，广西壮族自治区原副主席徐炳松、刘知柄，海南省政法委原书记韦泽芳、副省长辛业江，江西省原副省长胡长清，全国人大常委会原副委员长成克杰，中信集团嘉华银行原董事长金德琴，云南省原省长李嘉廷，湖北省原副省长孟庆平，河北省原副省长丛福奎，河北省税务局原局长李真，青海省委原常委、政法委书记唐正人，浙江省委原常委、宁波市委原书记许运鸿，等等。此外，中央纪委还组织查处了一系列的窝案串案、区域性腐败案件，如湛江特大走私案，厦门特大走私案，辽宁省慕绥新、马向东系列腐败案，黑龙江省政协原主席韩桂芝案引发的系列腐败案，等等。

这些案件，陆续公布后引起一时轰动，多个案件“创造”了当时腐败问题的“纪录”而让大家记忆尤深。胡长清是改革开放以来第一个因腐败问题被判处死刑的省部级干部，不久后被查处的成克杰成了第一个因腐败问题而被执行死刑的“副国级”领导干部。辽宁慕绥新、马向东案和黑龙江韩桂芝案，实际上是开了查处区域性腐败问题的先河。在案发地引起“地震”的同时，也引起全国各地广大党员干部和群众的警醒和忧思。

当时，我先后从事一些案件调查的服务工作和纪检监察的新闻宣传工作，有幸参与组织了一些重大案件的新闻发布和宣传报道。

一开始工作，就发现这不是一件简单的事情，不是轻轻松松就能完成得了的。在与办案人员沟通、策划和做方案的阶段，小伙伴们就有了压力。随着对情况的深入了解和熟悉，各级领导对案件查处如此重视，各方面投入了那么多的人力物力，案件的查办过程如此艰辛曲折和不易，案件办得这么漂亮和圆满，社会各个方面对案件的关注度如此之高……所有这些因素汇在一起，责任和压力就更大了。不把宣传报道工作做好，发挥出应有的作用，怎么说得过去、怎么好交代？

随着工作的进展，自以为善于组织协调、联系沟通的小伙伴，也对接二连三出现的麻烦事儿开始头疼了。首先，由于媒介载体和形式的特点不同，各媒体记者朋友想要的东西不完全一样，想法不同、风格不同、需求不一乃至人的性格各异，要做到满足大家的所有采访愿望，甚至还得同时满足其愿望，以免有厚此薄彼的误解，困难不小。其次，协调采访相关办案部门的领导和工作人员，得不厌其烦地联系、沟通。更难的是，对涉案人员及其相关人，如何做通工作，让其愿意接受采访、能够接受采访，这是考验一个人的沟通能力、耐心和毅力的事情。

另一个不可回避的问题是，与新闻记者的关系，既是合作，一起把工作完成好，又时时可能有各种各样的矛盾，需要稳妥审慎地处理好。有人总结为，大的原则不退让，小的问题求平衡。比较难的是，所有工作的谋划和统筹开展、关系的协调、具体事务的处置、节奏的掌控，这些环节、细节的背后，都要体现对政治、政策、纪法要求的准确理解、把握和落实，最终要落在宣传报道的政治效果、纪法效果和社会效果上。稍有偏差，一个报道引起不同的说法或争议，进而引起对党风廉政建设和反腐败工作的不同声音，宣传工作会受到来自各方面的质疑或批评。这无疑是一个极大的考验。

每次做到后期，对案情越熟悉、对涉案人越了解，心情就会越复杂、越沉重。一方面对他们的堕落感到惋惜。这些落马的腐败分子，原来大多是各个地方、各个领域有些本事的人，不少也曾经做出过成绩，优秀过、辉煌过，怎么一步步地就到了这般田地？他们毁了自己，也毁了家庭和家人的幸福。另一方面，更让人痛恨的是，他们个人的行为，对党和政府的形象造成太多太大的损害，这些损害需要多少党员干部的进一步努力工作才能得到修复？脑子里总是会出现很多的“为什么”：这些人为什么会这样，为什么能够这样？难道他们“犯事儿”之初，就不知道会是什么样的结果、该得到怎么样的惩罚？前面已经有人因相似的或同样的问题受到惩处，后面还有那么多的人要飞蛾扑火、“前腐后继”，难道就没有一丁点的警醒和理智？

现在回过头来看，这也是不断观察、分析、思考、学习和锻炼的过程。其中一些曲折、磨难和痛苦，本身也是经历和体验的一部分，是很难得的经验和财富。

2. 胡长清案件的典型性

当年查处的一些腐败案件，特别是涉及省部级领导干部的大案要案，可以说是五花八门，各有特点。梳理这些案件的案情脉络、涉案人的演变过程等，粗粗概括起来，也有一些共同的东西可以总结。比如，都是从纪法意识淡漠、缺乏敬畏意识、放松自我要求开始，从占点小便宜、小贪小污到越来越胆大，后来什么都敢要、什么都敢做；自我的放纵和周围环境的放松、客观上的怂恿有直接关系，把不规矩、极不正常的事情，造成“大家”都以为“正常”的假象，以至于从小错到大问题；经济上的贪婪都是和不正常、不健康甚至扭曲的心理有密切关系，事后反省时连他们自己都认为“怎么会这样”“不可思议”，等等。

腐败问题的主要特征是以权谋私、权钱交易，以经济上的贪污受贿为主要表现。但经济问题又不是独立的，它与政治、生活作风等问题密切相关，混为一体，互生互长，共同发酵、恶化。从当时查处的腐败案件看，这一特点就很明显。所有腐败分子都有经济问题的同时，又不同程度地有政治、生活作风等其他方面的问题，只不过有的这方面的问题表现突出，有的那方面的问题暴露得比较明显。海南省政府原副秘书长李善有，主要问题是搞政治投机，在当时的书记和省长中间“选边站队”，为讨好一方而诬告另一方。这种问题在高级干部中是极为罕见、极其恶劣的。随着调查的深入，不仅查实了他政治品质败坏、诬告陷害他人等问题，也查出其经济上大肆谋取不义之财，生活上更是腐化堕落等问题。山东省泰安市委原书记胡建学、河北省税务局原局长李真，都是年少得志、得志便张狂，在当地是不可一世的“风云人物”，他们早早便立下宏大“政治志向”，给自己设计出不断升迁的“路线图”，一直算计着到什么年纪要做到什么“层级”。在他们那里，职级的平台不仅仅是往上走的基石，也是捞取经济利益的舞台，巧取豪夺，随心所欲；经济上有了资本，又为升迁走门路、拉关系铺路搭桥提供了“物质基础”和便利，可谓左右逢源、如鱼得水；有了官场上、经济上的“资源”，生活上奢靡至极，工作中嚣张霸道。

从公布的调查材料可以看出，有不少腐败分子也知道自己罪责不浅，一旦查处不会有什么好的结果，表面上若无其事、故作镇静，私下里却是忐忑不安，惶惶不可终日。他们试图通过多种办法和途径“解脱”“找出路”。比如，有人千方百计“洗白”，称自己是如何清廉、清白，试图蒙混过关；有人则是如抓住“救命稻草”一般，祈求宗教或“神灵”护佑，躲进封建迷信中找“平安”。如果自己都心虚得没有了清醒和自主、没有了掌控局面和自我救赎的能力，把命运和“平安”都交给了“神灵”，到了这一地步，只怕是不会长远、谁也救不了他了。但这种自欺欺人、自我迷惑和安慰的把戏，在被查处的一些有着丰富阅历和生活经验的领导干部那里，却屡见不鲜，被常常拿来使用。如河北省原副省长丛福奎，自知做过的坏事不少，台前撑着样子道貌岸然，私底下却被一个演技简单的类似巫婆的人指使得服服帖帖。如黑龙江省政协原主席韩桂芝，原来分管组织人事时是怎样的长袖善舞，既安排人得到了人缘，又趁机大捞特捞谋取了大量的钱财。但对于自己可能因腐败问题而会受到查处、查处后可能得到的结果，却心虚、害怕得要命，没有了丝毫的主意和章法，于是每天烧香拜佛、祈求保佑平安。事后有人嘲笑说，早知今日，何必当初，都已经做出了那么多无德无义、无法无天的肮脏事情，谁还能保佑她？

2000 年年初，受当时《民主与法制》杂志的编辑同志约邀，写一篇有关腐败案件查处工作方面的稿子。应承下来后就想，不能仅仅就案子写案子、不能简单写具体的案件和案情，要选择一个典型的案例，作一个较为系统、深刻些的剖析，争取找到一些案件发生的共性特点和原因，对大家有所启发和思考、有所警示和教育。经过反复比较、思考，觉得此前一年查处的胡长清这个案件，就很有典型性，应该拿它来好好作一文章。《胡长清留下的话题》（见文末附1）一文便这样产生。

为什么选择胡长清案？应该说，像上面提到的其他任何一个案件也都有其特点，都有剖析、警示的特有价值。胡长清案件的典型性，正如中央纪委当时通报指出的，违纪违法性质之严重，情节之恶劣，社会影响之坏，在我们党内是少见的。新华社的文章则讲道，“这是一个背弃理想信念，政治上与党离心离德，经济上贪得无厌，生活上腐化堕落的典型腐败分子”。这些对胡长清违法违纪行为下的“结论”，措辞之严厉、评判之坚决、定性之准确、彻底，也是前所未见的。

《胡长清留下的话题》一文着重从“傍大款”勾结老板、权钱交易，贪恋女色、生活腐败，贪腐行为产生的个人、家庭因素和外部监督环境的缺失三个方面，分析了胡长清腐化堕落问题的主要特点。这几个问题，既是当时其他案件中反映的腐败问题所共有的典型表现，也是在之后的反腐败工作中，大家一直着重关注、思考、研究的。这么多年来，违纪违法的官员，其腐败问题的表现形式可能有所差别，但绝大多数都涉及和私企老板的权钱交易、生活作风问题、家属共同腐败这几个问题。

胡长清早年的生活、学习和工作经历有一定的代表性。自小生长在农村吃尽生活之苦。后来参军，第二年入党，转业后适逢社会大的转型和发展。参加工作后，凭着聪明和努力一路很顺利，先是在地方很快成长为领导干部，后来有幸被选拔到中央国家机关，在多个岗位上工作，一步步被提拔起来。又被选派到地方任职，成为江西省副省长。这其中，有他个人努力的成分，更多的还是组织培养的结果。

其腐化堕落的轨迹和腐败问题，在查处的腐败分子中，也有一定的普遍性和代表性。随着工作的顺风顺水、职务的不断升迁，胡长清春风得意的同时渐渐迷失了自己，个人“有本事”的自信心过于“良好”，不正当的私心、私欲也越发地膨胀起来。追溯起来，胡长清当年是抱着个人升官发财的想法入的党，动机本来就不纯，如他自己在忏悔书中所说，“对入党的动机和目的没有真正搞明白，带着入了党就有了个人政治资本的想法”。入党之后，这种错误的动机没有改变，又没有主动去接受思想改造，“完全放松了学习，平时学习一点，也是应付工作之需，装点门面”。到江西任省长助理，尤其是当了副省长以后，胡长清地位升高，权力增大，其个人私欲更是恶性膨胀，党性观念荡然无存，“党的观念淡化，入党誓词几乎忘得精光”，“除了每月形式上交纳一次党费，头脑里再也没有‘共产党’这个概念”，“追求个人的东西太多，总想地位更高一点，工作单位再好一点，名望更大一点，家庭还要圆满一点。一句话，追逐个人的享受和安逸，因而，个人私欲恶性膨胀”。这种成长初始根子就不正、后来长期改造不够，个性欲望野蛮生长，是胡长清日益腐化堕落的重要因素。

政治上不纯不正，胡长清在谋求个人仕途和经济利益上更是挖空心思。事后调查发现，在去江西工作之前，他为“发财致富”已经做过不少的“尝试”：参与过倒卖钢材、柏油，用权力影响为自己出版、推销台历、挂历，利用关系为银行揽储拿回扣，参与企业入股分红等，通过各种方式捞取钱财，为谋取一己之利不遗余力。到了江西，胡长清官职越做越大，捞起钱来就显得更“轻而易举”。他对钱财的贪心也越来越膨胀，按他的说法，“有了不少钱，还要囤积”。事发后他忏悔说：“也不知要那些钱是为了什么？现在，才真正认识到，钱财是身外之物，害人太狠。”“钱多了，就容易走歪门邪道，将你葬身其中。这种个人主义、享受主义的东西对我及一家带来了极大的灾难。”

不管在北京还是在江西工作期间，胡长清热衷于和老板打交道，习惯于和老板在一起吃吃喝喝。在他看来，“谁不吃喝？吃一点、喝一点算不了啥”。他后来反思说，根本没有去思考吃喝之中大有文章，今天在一起吃喝一顿，明天就有可能给你拉上关系，很快就会有事找你。“他跟你拉上了关系，再千方百计找到你的住处，送上些钱和物品，说是关心你，给你零花钱，自己的钱，没关系，其实背后藏匿着要你办事，今日不找你，总有一天要找你。”这种反思，当然是他的一面之词，其中有很多为自己开脱的成分。如果没有私心杂念，没有从私人老板那里捞些好处的想法，又明知道他们事后会要自己“办事”、给自己找麻烦，干嘛非要去一起吃喝？他何尝不是自己乐于去吃喝、陶醉于别人围着自己推杯换盏的感觉？“给我拉上关系的、送钱的人大多都是请我出来吃顿饭而联系上的。时间一长，接触的次数就多了，也就无所拘束了，违法乱纪的事也就干起来了。明知送的钱不能要，但又觉得是朋友相送，也就收下不感手烫。拿了人家的钱，人家请你打个电话，出面办个事情，也就自然的了。这次找你，下次还可能找你；这次办的事情不多也不大，下次很有可能更多更大。这岂有不犯错误甚至严重错误的？吃了、喝了、拿了，你就必然被他牵着鼻子走，陷入深重的泥潭而不能自拔。”胡长清意识到这一步时，早已事过境迁、为时太晚了。

从农家贫穷子弟成为高级干部，又从高级干部堕落为腐败分子，胡长清这一演变轨迹本身就有一定的戏剧性，因此他常常作为“忘本”的典型而被提起。他自己讲道：“也曾是一个苦孩子。放过牛，种过地，砍过柴。为了上学，不仅每天要跑七八里路，并且还要天天挑上20斤萝卜卖了钱才能交上学费，一双球鞋整整穿了五年。”“从小城市来到大城市，上上下下都接触一些有钱人和做生意的老板们，看到他们生活得很自在，开着小轿车，出入高档酒店，穿的是名牌，喝的是洋酒，身边还带着陪伴‘小姐’，心里有几分羡慕。可想到自己从政，身份不允许，条件也不具备，思想上只能先忍着。”看得出来，这种“忍着”，也是经不起各种各样的诱惑的冲击和考验的。一时不具备的那些“条件”，随着职务的升迁，如果他愿意要，是会有人为他改变、创造，让他“具备”的，就像后来有老板为他做假身份证、拉他到外地吃喝嫖赌一样；如果“条件”具备，他是不愿“忍着”的。“现在我犯了严重错误，真正体会到了保持艰苦奋斗优良传统和艰苦朴素的作风是多么重要！它是一剂十分难得的良药，可以教育挽救人们的性命。”

这里有一个小花絮。针对胡长清等一些腐败分子出身贫苦家庭的现象，曾经有研究者提出，是不是贫穷出身的人更容易“忘本”，或者说更经不起诱惑、经不起腐化的考验？这种说法当然引起不小争议，出身贫穷家庭并且清正廉洁的官员是占大多数的。有人就提出不能以出身论清廉，谁的问题就是谁的问题，不能简单“归类”，让无辜者背“黑锅”；更有人提到，

“出身论”早已被批驳，在新的时期不能换个“马夹”、变换方式再大行其道。后来，一些出身家庭不一般的，如中国石油化工集团公司原董事长陈同海等人的腐败问题陆续暴露后，这些说法和争议渐渐平息。

至于具体的奇奇怪怪的事情，发生在胡长清身上的还有很多很多。比如，找人弄到几个假身份证，常常到澳门等地嫖娼、赌博；在一个街头小摊上，从小贩处购买假的大学文凭，用以装点身份；附庸风雅，处处标榜为书法家，甚至对办案人员还要炫耀一番，试图以写字为由诱惑、拉拢。问题暴露后，南昌街头他原来到处题写的牌匾很快被摘除、铲掉……胡长清身上被人们记住、谈论的“新闻点”太多，可供挖掘、总结的问题太多。

胡长清最后在法庭上的陈述，也是他对自己腐败问题的总结：“由于一些极端错误的东西在头脑里作怪，我在思想上成了脱缰的野马，丧失了应有的警觉；在交往上成了江湖来客，丧失了应有的原则；在行动上天马行空，丧失了应有的约束，导致今天的恶果，教训是极为惨痛的！思想上的堕落，经济上的犯罪，生活上的腐败，使我自己都觉得变成另外一个人了。”他就是这样一步步地与应有的要求越差越远，与党和人民的利益背道而驰，最后走向了深渊。

事后有办案领导在接受新闻媒体采访时对胡长清的评价是：“这个人五毒俱全，无恶不作。”“这样的坏人留在党内就是一个祸患，对这样的人，不从严、从重处理，何以平息民愤？”

3. “全家腐”不可能全家福，反倒可能“全家覆”

我们曾谈到过权力对党员干部的考验问题。中国几千年传统文化中官本位思想源远流长、根深蒂固，渗透在社会生活和人的意识行为方方面面，特别是一些人的特权思想，是许多问题产生、恶化的根源。权力本来是有边界的，用权应该受约束。失去监督和制约的权力，被一些公职人员特别是领导干部滥用、私用，有的进一步当作谋取个人不当利益的工具，最终导致腐败问题产生和蔓延。

不少违纪违法的人员，贪腐的动机或自己找到的理由就是“为家人”：如为家人买房子、买车子，一处房子不行，得有第二处、第三处，仅有楼房不够，还得有别墅，房子越来越大、越来越豪华；车子一辆不行，得有第二辆，换车越来越频繁，国产车得换成进口的，进口的要换牌子最响亮的、车型要最新的。如为孩子上学，在小城市的，要想办法送到大城市；在国内不行，要千方百计送到国外去。当时出国留学费用高昂，一般的工薪家庭是难以担负得起的。当然，其中很多学生成绩优秀，自有奖学金的资助；也有不少家长为了子女，东拼西凑甚至砸锅卖铁也在所不惜的；一些家庭富裕者不在话下，对花费不当回事。但一些涉案的领导干部，为送子女出国而得到企业老板“大力帮助”的，也大有人在。至于给家人看病、家人的婚丧嫁娶等受贿理由，也被一些人屡试不爽，有的竟然反复使用，成了敛财受贿的惯用“招数”。

权力这么“好使”，有这么快的来钱“门路”，一些缺乏纪法意识的领导干部的家属们尝到“甜头”，按捺不住充分使用这“门路”的冲动，也要一起上阵发挥一番、操作几把，享受这“权力的盛筵”。于是，有的利用有家人担任领导干部的影响，自己成立公司、或与他人一起做生意，业务当然与政府有或明或暗、直接或间接的关系；有的帮助别人牵线搭桥，从政府那里要工程、拿项目，中间可以“轻松自然”地吃到回扣、得到“好处”；有的对工作施加影响，帮助他人谋取职务或工作调整，收取钱财，全家人对此心知肚明，默契配合。典型的案例，如云南原省长李嘉廷，儿子想捞钱快些，就和个别私企老板联手做生意。李嘉廷知道其儿子没有一技之长、没有做生意的能力和本钱，就利用当省长的方便，背后替他们介绍关系、拉工程项目，其儿子坐享其成拿巨额利益。这样的“儿子靠老子、老子为儿子”是腐败的典型表现。当时还有一种说法，一些领导干部妻子的“枕边风”管用，走“夫人路线”更能奏效。于是，个别腐败分子的太太被人重视、“抬举”起来，社会上地位奇高，说话办事更加神气，在其丈夫的管辖地区或领域，有的名气响亮的程度，不亚于干部本人。只要提到这个“大姐”，或那个“阿姨”，无人不知无人不晓。后来，有的地方或行业，这个“公子”，那个“小姐”的，如雷贯耳，甚至有的小舅子大姨子、姐夫妹夫、儿媳女婿什么的，也各显其能、大行其道。典型的像原辽宁省某副省级干部的妻子，离婚后仍不甘心、不罢手，还要以“市长夫人”的名义和派头，张罗着帮助别人招揽工程项目、调动工作、提拔干部，从中收受巨额贿赂。对权力和钱财的贪婪到了这种地步，也是奇葩绝顶了。

有这样的家人，这么无所顾忌地折腾，无异于是推波助澜，将涉事干部的问题扩大到极致。那些违纪违法的人员自己有私心贪心、家人又用各种方式“发扬光大”，到后来事情越闹越大，即使怕了、自己想收手，也很难了。

反过来，那些行贿者也正是利用这种特有的家庭关系、利用一些干部及其家人的这种贪婪心理，以帮助其家人解决各种困难和问题为理由，打开警惕的缺口，送上钱财，逐步拉近与干部的关系、取得信任，然后套得越来越紧、越来越牢，最后裹挟他们成了为自己办事的工具。在胡长清一案中，企业老板周某，就是这方面的“高手”，他很明白，胡长清与他交往，图的就是他送上的钱财；而他要图谋的，按照他的说法要“钓”的，就是胡长清手中的权力。

有的行贿者知道这其中的奥妙，直接接触不上干部本人，就采取迂回的路线，首先拿一些干部的家人作为“主攻目标”，打破家人这个“缺口”。相对来说，有的家人的警惕性、纪律意识和防范意识可能要弱一些，可能更容易接近。行贿者想尽种种办法、通过各种途径靠近他们，用拉拢、腐蚀的手段，取得好感和信任，然后利用他们施加影响，为自己的获利提供帮助。在广东省原副省长欧阳德和于飞案、湖北省原副省长孟庆平等案件中，这一手段就很典型。

也有一些违纪违法干部的家人，并没有太多的利用权力影响胡作非为的情节，但对于这些干部的钱财明知来路不正、取之不义，对其行为睁只眼闭只眼，有的不仅不提醒、不劝阻，反倒乐在其中、共同享受这样来钱的乐趣和快感。这样眼看着问题越来越大，全家人却熟视无睹、共同麻木，这无疑是在默许甚至纵容、助长违纪违法的行为，往不可救药的境地越走越远。一派歌舞升平、祥和幸福的氛围中，家人有意无意地也成了涉案干部的掘墓人。

有人说“官员是一个高危职业”，这里多少有戏谑的成分。试想，有些人有权力在手，众人前呼后拥、说话办事呼风唤雨，有不少企业老板千方百计地拉拢和“围猎”，有那么多金钱、美色的诱惑和腐蚀，还有家人、亲朋好友如此地推波助澜甚至兴风作浪，不出事才怪。

古人已经看得很明白：“子若强于我，要钱有何用，贤而多财，则损其志；子若不如我，留钱有何用，愚而多财，益增其过。”这里的钱财，如果是靠违纪违法得来的不义之财，囤积下来留给子孙，恐怕不仅仅是“损其志”“增其过”的问题，而是要把子孙、把家人带成什么样、带到什么地步的大问题了。李嘉廷的儿子后来在忏悔时说道，父母纵容让他欲壑难填，“每次与父母团聚，我们谈论最多的话题就是钱；我每次离家远行，父母送给我最好的礼物也是钱”。由于钱来得容易，糟蹋掉也不心疼。“从本质上讲，我的父母虽贪婪，他们所做的一切都是为了我，但他们的行为超越了政策和法律的底线。在父母的安排和纵容下，我也疯狂捞钱。实际上，父母毫无原则的关爱，使我的灵魂变成了钱袋。”“我深知是父母的关爱扭曲了我的人生，贪婪笼罩下的亲情，既毁灭了我，也毁灭了一个幸福美满的家庭。”

很多涉案领导干部，如成克杰、胡长清、王怀中、慕绥新等，都有利用职权为子女捞取不义之财，或纵容子女和其他家人利用自己的权力和影响大发横财的行为。他们为此已经得到惨痛教训，案发后，家破人亡的有，妻离子散的有，家人不愿在原来熟悉的环境中生活而四处搬迁的也有。另外，以如此“关爱”的方式，“教育”“培养”出来的子女，很少有离开了父辈的影响在社会上能独当一面、成才成器的。有这么一个真实例子：某银行行长 70 多岁时被调查，违法金额巨大、罪不在轻。这个涉案的行长写出信件，委托办案人员交给其儿子，动员他交出巨额赃款，以有利于减轻惩罚。不料这儿子压根儿不愿交出，说出来的理由就是：他那么大的年纪，也活不了几年了，减不减轻处罚的无所谓。可以想象，等待审判的老父亲如果得知儿子竟然说出这样的话、对自己竟是这样的态度，不知道该作何感想。

后来有了“坑爹”一词，用来形容我们所讲的这些子女的行为，再恰当不过。有这么一个令人啼笑皆非的事儿，某省级干部的儿子，在省城开着豪车违反了交通规则，面对前来处理的交警，这位公子哥摇下车窗玻璃，质问交警：没看出来我像谁吗？交警一时愣了，真没看出他像谁，更稀奇的是处理过这么多的事故，还没有见过这样的主儿。公子哥反倒教训起警察来：平时怎么不看电视，晚上看看省台的新闻联播，看看我像不像×××。这件事情马上被当作笑话传开，人们都惊奇什么样的领导干部能够教育出这样的儿子。数年后，这位曾经的省级领导还真出事了，并且，违纪违法的问题能追溯到多年以前。这样炫爹实乃“坑爹”的事情多了。比如某领导的女儿直接找到一些大企业拉广告，大大方方地直奔主题：“我是市长的女儿，给你们做个广告，开支票吧。”她的这种直白能把厂长经理们吓得目瞪口呆；后来“坑爹”的方式不断升级、演进，诸如“我爸是某刚”“我爸是什么书记、什么长”等，这样的例子不在少数。

中国传统文化很重视家风家教，在一般的家庭中都非常讲究，为官者的家风家教有着更高的标准。九十年代开始的实用主义风尚，一定程度上冲击传统道德、原有的价值观，道德滑坡问题一度严重。一些干部的家风家教问题被淡化、弱化，因趋于实际利益的诱惑和追求，完全扭曲、变异，甚至不顾纪律、法律的严肃，屡屡突破底线，铤而走险。这其中的教训太深刻。

那时的腐败案件大都有这么个特点，家庭成员参与腐败、共同贪腐的特征很明显，并且有相当的普遍性，“全家腐”这个词语就是在那个时期产生的。这是个悲剧色彩的词语，一些腐败干部试图通过“全家腐”达到“全家福”，可能一时一地如愿了，但肯定长久不了，最终不可能有什么幸福可言，“全家腐”很多成了“全家覆”，结局很惨。试想一下，如果哪个家庭出了一个贪官，其家人在所工作和生活的环境中，如何面对异样的眼光，有多长的时间能够抬起头来。

4. 腐败形式呈现多样化、复杂性

当时有研究者对披露出来的腐败案件进行梳理，分析腐败分子违纪违法的动机、原因、方式方法及演变的轨迹，归纳出一些典型现象。比如前面提到的“全家腐”的现象。其他比较典型的，有大家熟知的“五九现象”“温水煮青蛙现象”“小官巨贪

现象”“集体沦陷（后来所称的塌方式腐败）现象”等。划分类型不尽相同，版本不一，说法有同有异。这些梳理的归纳，对于进一步了解二十世纪末、二十一世纪初中国的腐败问题和反腐败斗争，还是有所帮助的。

不管用什么方法梳理和总结，考察的视角始终离不开重要因素——权力。对权力情有独钟、总想着利用权力谋取个人的“好事”，又不愿受制约、受监督，总会产生这样那样的问题。

有些人为取得更多更大的权力，挖空心思、费尽周折，如当时出现的买官卖官现象；有些人为了保住权力，要百般迎合，如基层干部逢年过节给上级的各种红包、礼物，不能不送，也不能晚送“落后”了；也有一些人即将退休，面对马上失去的权力，就像快要失去赖以存在的基础，个别人则像到了世界的末日，失去了方寸、乱了章法，以前不敢想、不愿想的事，这会儿也敢想、敢干了。所谓的“五九现象”，就是描述后面这种情况的。一些党政干部、企事业单位的负责人，本来就不太规矩，甚至经常有一些不廉洁的问题存在，在临近退休的时候，知道在职的时间不多，“紧迫感”更强，要为退休后的生活做更多的积累、留更好的“后路”，利用职权捞上一把。有的则是提前几年就开始设计、谋划，处心积虑地寻求一切能贪能捞的机会。他们认为“有权不用，过期作废”，对权力的留恋和贪婪表现得更加淋漓尽致，对“人走茶凉”的境遇有了更急切的危机感。比如，前面提到的成克杰，就是在身边“高人”的指点下，趁在位时有权行使的方便，帮助其情妇李平做生意、多赚钱，等退休后两人有条件能够好好地过上后面的生活。

也有一些人，可能辛苦一辈子、严谨一辈子，本应该在离开紧张的工作时享受晚年的幸福生活，却因为退休前的一时糊涂而晚节不保，或者是因为自己的一些“设计”和“谋划”而被送进了监狱、失去了自由，令人唏嘘。

“温水煮青蛙”的比喻容易理解，更多时候是用来说明由于纪律和法律意识不强，面对各种诱惑不够敏感，失去应有的警惕和防范的意识，由贪占小便宜到大手大脚，由小错误到大问题，逐渐滑入贪污腐败的深渊。有极少数毫无修养和规矩意识、目无法纪、胆大包天的腐败分子，参加工作、有了权力和地位，就肆无忌惮，总想着更多地捞取个人的私利。绝大多数的腐败分子，都有一个从量变到质变、逐步恶化的过程。从吃一顿饭、收两条烟、两瓶酒开始，起初的紧张不敢、小心翼翼，后来的不当回事、习惯成自然；在别人“尊重”“友情”创造的舒适区里陶醉、享受，发展到不断地收钱、收大钱，逐渐升级，不自觉中已经早早地掉进了危险的境地，浑浑噩噩地被腐败的温水煮得麻木了手脚、五官，失去了清醒和理智。等到有所发觉，为时已晚，即使想挣扎、摆脱出来，陷得太深、自己也失去了自救的能力。这样的案例数不胜数，很多腐败分子在忏悔时，都对自己当初失去警惕、违规贪图小便宜后悔不已，对进而违纪违法掉进陷阱、越陷越深感到不可思议。这样的悲剧不断地上演，真应了那句名言“后人哀之而不鉴之，亦使后人而复哀后人也”。

当时查处的一些案件已经有明显的窝案、串案的特征，常常是查出一个人，能上下左右带出不少涉案人员。典型的是辽宁沈阳的慕绥新、马向东案，黑龙江的韩桂芝案，广西玉林的李乘龙案等。慕绥新、马向东二人涉案金额多、违纪违法情节严重、造成的社会影响极其恶劣，而且二人处在当地重要领导岗位，影响、带坏了一大批干部，沈阳市政府多个局、委、办及下面的处室，几乎都有人员涉案。河南省交通厅在不到十年的时间，连续几任厅长“前腐后继”而被调查处理。这些系统性、区域性的腐败很典型，当时对社会的负面冲击很强，对党和政府形象造成的损害也很巨大，教训很惨重。

在现代中国的语境中，领导干部应该是指县处级及以上的领导，省部级及以上的叫高级领导干部。职级越高，权力越大，犯起错来、腐败起来，影响就更大。但这也是相对的。基层干部的腐败，当时一种说法叫“苍蝇式腐败”。这些人职级不高，但所管理的事项都与老百姓的生活、工作和切身利益相关。一些人没有规矩、不顾形象，千方百计贪占些便宜，个别人以为“天高皇帝远”，违纪违法起来更为明目张胆、肆无忌惮。这样的基层干部惹得人民群众很讨厌，意见很大。一种说法叫“小官巨腐”，缘于个别基层的腐败分子，职级虽然小，但实权在握，贪污受贿起来胃口很大，涉案数额惊人。演变到后来，有些基层的腐败分子往往与当地的黑社会势力勾结起来，与基层执纪执法机关中的不法分子结合起来，操纵、垄断某些领域的社会资源，危害一方。这些变化的复杂性，给后来开展的打黑除恶斗争带来很多的困难和挑战。

有被称作“期权式腐败”的现象，即在位时利用职权帮助不法企业主谋取巨大利益，相互间达成默契，不求立马“回报”或变现，几年后违纪违法的人员退休，摇身一变成了这些企业的股东或高层管理人员，领取巨额高薪，把当初的权钱交易变成了后期的回报，试图以此改变问题的性质、可以“巧妙”地规避、躲避相关的调查。有的则是用亲属或他人的名义，在企业中入“干股”，以为是合法地套取相关交易的利益。凡此种种，处心积虑，形式不一而足。魔高一尺，道高一丈。针对这些情况，有关机关和部门制定出应对的相关政策，这些处心积虑的招数很快也被破解。当然，有些人就是要搞名堂、就是要腐败，可能会不断有新的形式、新的手段变换和“开发”出来。比如，有的腐败分子捞足捞够，见反腐的“风声”紧了，提早谋划将巨额赃款转移国（境）外、将子女等家人提前送出去，自己寻找机会也跑了出去，以为就躲进了安全窝。那个时期，外逃的贪官陡然增多。这为以后的反腐败国际合作、大力开展追逃追赃工作埋下了伏笔。

5. 断不了的侥幸心理与镇不住的贪婪念头

我们前面提到过，腐败分子之所以胆敢违纪违法、以身试法，有着多种外在和内在的原因。其中，心理的失衡、扭曲是不得不分析和考察的一个重要因素。

首先，简单的、不理性的攀比心理，在违规违纪之初起了不小的作用。当时经济快速发展、社会财富极大增加的同时，不同人员、不同阶层间的收入水平的差距不断拉大，许多人都感到不适应。有的干部与企业老板比，就很不平衡：这些老板没怎么干，仅靠拿到了一两个工程项目，就赚得富得流油，出入豪车、高级宾馆。自己辛辛苦苦很多年，却不如他们潇洒，“怎么就比他们差那么多”，越想心气越不顺。如果是看着那些企业老板怎么从无到有、从小到大发展起来的，在关键时候自己还曾帮助过他们，有的干部心理的不平衡就更加强烈了：吃他点、拿他一些，“算什么”“还不应该”？有的干部和家人与其他的干部比：看看人家是怎么当的，能跑能活动，上面有人说话下面有人抬举，事儿没怎么干就上去了；和老板打得火热、和下属关系密切，要人有人，要排场有排场，家里也悄无声息地早“发”了。有些甚至和国外比，那么大的别墅、那么漂亮的衣装、那么多顶级的奢侈品牌，那么舒适悠闲的生活……不管和谁比，人只会越比越羡慕、越比越不平衡。这种不平衡如果得不到合理的引导和调解，就会影响他们的认知和行为。一些发生问题的干部和家人，就是各种不平衡的心理占了主导，利用拥有的权力和影响，“不捞白不捞”的念头生发出来，开始了一些违纪违法的活动。

与攀比心理相关，补偿心理、虚荣心理和从众心理不可小视。前面谈到的“五九现象”，与补偿心理就直接有关。另一种情况也很典型，有些人仕途上不顺利或者一时看不到晋级、提升的希望，就试图在经济上有所“发展”，做一“弥补”。“弥补”得快并且来钱容易的，就是利用手中已有的权力和地位影响力，非法寻求个人的利益。一些人就这么去干了。这样的人在查处的腐败案件中为数不少。从众心理，有主动的，就像前面分析的，由羡慕、追求到也要“那样干”，失去自我的章法和定力，随波逐流；也有被动的，大的环境是这样，单位的领导和同事都是如此，不得不跟着走，不然会很孤立、很难融进“集体”。在查处湛江特大走私案中，湛江海关中一些参加工作不久的年轻人，就遇到了这样的情况。海关一些处、室的负责人，从不法商人乃至走私犯罪分子中得到些“好处”，会拿出一部分来，隔三差五地给部门的同事每人一份，大家都心知肚明。有些人不当回事，发了就收，且“沾沾自喜”，部门的“福利”不错；有些人想不拿、不想拿，却没有勇气说出来，更不敢毅然推却。在这样的环境中，年轻人被裹挟其中，有害怕、纠结和痛苦，犹豫忐忑。稀里糊涂下来，到案发时“被分配”的钱的总数已不少。查办案件时有关领导了解到这些情况，作出决定，只要这些年轻人认识到错误，主动上缴相关钱物，并对以后的行为有态度有保证，就给他们宽大的政策。这样的处理，对稀里糊涂跟着违规违纪和迫于无奈被“绑架”到一些违法问题中的年轻人，也是一个很好的警示和教育。

失衡的心理因素中，最典型、最常见的，是侥幸的心理。侥幸心理在违纪违法的每个环节、每个细节都可能存在，它直接助长了涉案人员的贪腐行为，推动他们往违法犯罪的道路上越走越远。有些人一开始吃点喝点、收点拿点，别人说“这点小事，不会有什么问题”，自己也就不觉得有什么问题，慢慢心安理得；后来逐渐收得多了、拿得多了，有了大的问题，自己欺骗自己“不会有事”。如胡长清、慕绥新、许迈永等，之所以越来越大胆、腐败问题越来越多、越来越肆无忌惮，就是侥幸心理下“过于自信”，自以为不会被发现、不会查到自己头上。有些人以周围环境大多是这样的借口、“法不责众”来安慰自己。在沈阳慕、马案中，100 多名涉案干部接受调查，不少人忏悔时就剖析说，“那么多人有事儿，怎么就能发现、查到自己”。

侥幸心理另一个典型的表现是，大多数的涉案人员，相信行贿人对他们的信誓旦旦，内心对他们所说的“你知我知，没有其他任何人知道”，还当真了，相信和自己打交道的手下或企业老板是好朋友、铁哥们，人可靠、嘴严，不会出卖自己。殊不知，这种金钱利益交换、相互“借势”利用为基础的所谓“朋友”“哥们”关系，最不能当真、最不可靠。基本的推理就是，为了获取利益千方百计巴结你的人，也能为了自身的利益而随时出卖你。众多的办案实践，就证明了这一推理的正确，凡是涉案的人员，在接受调查时为了能够赎罪，什么事情都交代。

有一些侥幸心理表现得比较复杂。有些人自以为做得巧妙，执纪执法机关难以发现和查处其问题。还有的人为了规避调查，从贪污腐败的起始，“反调查”的意识就很强，处处用心设计各种“障眼法”，以为凭借这些小聪明、小手段就可以蒙蔽住天下人，自己可以蒙混过关、安稳度日。他们太低估执纪执法人员的专业水平和敬业精神了。岂不知，只要有腐败问题发生，总有它的马脚会被抓住，总有线索会被扯出来，问题也总会被调查清楚。比如，重庆市一涉案官员，挖空心思躲避调查，竟然想出把赃款埋藏到乡下宅院积粪池的底下这样的“招数”，并且自以为聪明，认为纪检监察机关怎么也不会想到这种地方去。办案人员通过种种努力，发现一些蛛丝马迹，还真是找到了地方、起获了藏匿赃款。

有一些人，自以为上面有领导对自己不错，关键时候能替自己说话，有问题时也会给自己“罩着”，不会有事。也有一些人，以为和执纪执法机关的人处好关系、交好朋友，真有了什么“情况”，他们也会放自己一马。如当时号称“河北第一秘书”的李真，自恃“上面”有人，可利用的关系众多，神通广大，行事历来狂妄至极，腐败起来也无所顾忌；在他那里，好像反腐败斗争只是针对别人、与他李某不可能有什么关系。也正是这种侥幸心理的作用，有不少涉案人员想办法找“靠山”、拉关系，拉拢、腐蚀执纪执法机关工作人员和更高层级的干部，更严重地污染了政治环境，也给当时的反腐败工作带来很大的困难和复杂的因素。后来，不少更高级别的领导干部因腐败问题被查处，特别是党的十八大以后，反腐败力度加大，没有什么“铁帽子王”，有腐必反、有贪必惩，这种复杂的情况改变了许多，持这种侥幸心理的人明显见少了。大家都看明白了，只要有问题，什么级别的领导，都能够被查处，还哪有什么所谓的“靠山”？他们连自己都“罩”不住，谁还能“罩”得住你？不要指望这个那个，真要是有问题，组织上没有查到可能是暂时的，一旦深入调查，肯定就能查出来。

在各种各样侥幸心理的支配下，一些人完全忘了“手莫伸，伸手必被捉”“多行不义必自毙”等教训，在自我营造的自欺欺人的氛围中，由少到多、由小到大、由违纪到违法到犯罪，甚至铤而走险、不计后果。马克思在《资本论》中有一段名言：“资本害怕没有利润或利润太少，就像自然界害怕真空一样。一旦有适当的利润，资本就胆大起来。如果有 10%的利润，它就保证到处被使用；有 20%的利润，它就活跃起来；有 50%的利润，它就铤而走险；为了 100%的利润，它就敢践踏一切人间法律；有 300%的利润，它就敢犯任何罪行，甚至冒绞首的危险。”这一论断对一些走火入魔的腐败分子，同样适用。对别人送上门的钱财的贪婪，与侥幸心理的结合，造成了很多严重的腐败问题的产生。

理想地设想，如果每个人在每个环节、每个细节少了些这样的侥幸心理，不至于产生那么多的腐败现象，很多涉案人员的腐败问题，可能不至于发展到那么严重的程度。

说到底，上述种种现象反映出，在欲望与理性的较量、诱惑与自制的争斗、随波逐流与个人信条的抗衡中，加强内在的修养和定力，包括理想信念、纪法意识、道德涵养、心理修养在内的人的综合素养和能力很关键。我们可以换个角度来看这个问题，在当时同样不断变化的社会环境、同样新旧杂陈的文化氛围、同样复杂的从政经商条件下，不少人自觉不自觉地因腐败“栽”了。但同时，为什么更多的人能够抵御住了诱惑、经受住了考验，能够经历风雨、坚守初心一路沉着坚毅地走了过来？当然，除了内在的因素，外部的管理和警示、各种监督、权力的制约，很必要、不可或缺，并且越完备、越严密越好。

纵观二十世纪九十年代初和二十一世纪初的反腐败斗争历程，可以看出，腐败问题和经济社会发展的一些阶段性特点和热点现象密切相关，哪个领域热门、兴盛，腐败现象就可能在哪里滋生、猖獗。如房地产开发热、国有企业股份制改革、企业上市、村镇拆迁土地征用、城市大拆大建、基础设施建设、公用事业单位改制、企业并购与混合所有制改革、金融领域审批与股份制改革、期权期货市场建设等，每个热点现象的后面，都有一些人趁机谋取私利、侵吞国家和人民的利益，啃噬经济发展和改革的成果。随着改革的深入、制度的完善、监管的逐步严格、到位，相关的腐败问题产生的空间才可能被大大地挤压。

附 1

胡长清留下的话题

2000 年 3 月 8 日，随着江西南昌一声枪响，结束了胡长清罪恶的生命。“党内决不容许腐败分子有藏身之地”，不管其职务有多高，权力有多大，只要胆敢违法违纪就会毫无疑义地要被清理出去。我们从胡长清的被处极刑这一事件中也应感受到党和政府要把腐败减少到最低限度的决心和魄力。

新中国成立初期，因贪污问题而被枪决的刘青山、张子善，曾引起极大的震撼和轰动。刘青山、张子善是当时的天津地委书记和专员，那时的天津地区是属于河北省管辖的，也就是说，刘、张二人被处决时只是地厅级干部。对他们的严肃惩治，对共产党人提高执政条件下拒腐防变的能力，产生了十分深远的影响，说教育了几代人一点也不过分。从那时起到八十年代乃至现在，我们一提起腐败问题就会讲到刘青山、张子善，一讲到反腐败力度之大肯定要提起当年在刘、张二人问题上中央领导人态度之坚决、措施之果断。

改革开放以来，党和政府在以经济建设为中心的同时，根据客观形势的变化，不断加大党风廉政建设和反腐败斗争的力度。胡长清作为副省级干部被判死刑，给我们留下了太多太多的话题。

“傍大款”就可能权钱交易

据说，此前在江西关于胡长清有一说法，此人“乐于交朋友”，很“义气”、很“豪爽”，不管大事小事，只要朋友求助，他都肯去“帮忙”。

现在看来，此“传说”不假。只是胡长清交的“朋友”选择性极强，大多是什么大款、企业家，一般的人想攀胡副省长的高枝可是没那么容易。干部关心、支持企业家，企业家需要帮助、支持，个体企业主也同样需要正当的扶持，这应该无可非议。但这种“支持”一旦成了一种心照不宣的“交易”，那就大大地变了味道，就变成了这么一种“定式”：一些大款找干部，看中的是他手中的权，办些不可能办的事情来往往“很方便”；个别干部找大款，则是盯上了他手中的钱，办些事情也不是不可以，你那么容易就得到那么多的好处，用你三两个也应该吧？——这大概就是时下常听到的“傍大款”。

胡长清的所作所为也无疑是在为“傍大款”和“贪得无厌”作图解。交各种大款“朋友”，在胡长清那里“思路”很清楚、目的很明确：我帮你办事，你给我钱财，常来常往，好处均沾。就拿江西奥特集团总裁周雪华与他的交往来讲，周雪华二十六七岁的年纪，早就梦寐以求地想攀上个什么当官儿的做靠山，不想偶然一次机会认识了当副省长的胡长清后，几次“礼尚往来”，就“心有灵犀”，相互成了很默契的“朋友”，以前不大敢想的事情竟是如此的容易——当然，这种容易取决于胡长清的“嗜好”和他周雪华的大量钱财。胡长清在与周雪华仅仅两年的交往中，先后20余次收受周雪华折合200多万元人民币的钱物，平均每个月受贿两次。

吃了人家的嘴软，拿了人家的手短。得了人家这么大的“好处”，为人家办事还能不“义气”“豪爽”？于是，我们多少理解了以前听说的个体业主夸下的怕不是海口而确是有“底气”的“实话”：叫某某市长几点来他就几点来，就是他爹妈什么的死了，他也要准点赶到。周雪华是否也说过这话我们无从考证，但同样的效果我们倒是多少看到了，得到了不小好处之后的胡长清全然不顾什么纪律和法规，没有了是非、没有了原则，不管大事小事，不管违规不违规、合法不合法，只要找到胡某人，一定要当作头等大事去办，能办的办，不能办的千方百计也要去办。于是，一些常人难以理解、不可思议的事情接二连三地出现了：只要是周雪华要求，胡长清能屈尊副省长之身，亲自参加周雪华安排的宴请交管所负责人的活动（能如此这般地深入基层在真正的工作中怕不会那么容易吧）；作为私营企业主的周雪华要的贷款，胡副省长直接批示省有关银行予以“帮助解决”。胡长清这样的做派，与其说是“豪爽”“义气”，倒不如说是被人家的钱财操纵了，彻底成了听从召唤的奴隶。

胡长清乐于交周雪华这样的“朋友”，且乐此不疲；这样的“朋友”对胡长清来说“多多益善”，据说他还真有十几个。从这样的“朋友”手里，胡长清在几年的时间里先后 87 次收受贿赂 540 余万元，另外还有 160 余万元的巨额财产来源不明。从他赤裸裸地对那些给他好处的人话中，可以看出其权钱交易的肮脏心理：“现在我花你们几个钱，今后等我当了大官，只要写个字条，打个电话，你们就会几千万、几千万地赚。”

有了这样的“高见”，胡长清收起钱来便心安理得了。不仅如此，他更是随时随地以各种名义向这些“朋友”要，党和人民赋予的权力被当作谋取个人私利的手段和工具。于是，无论逢年过节，还是访亲会友、出国出差，甚至“办点事需要点钱”，都成了胡副省长公开索要钱财的借口；并且，今天给这个打个电话，明天约那个来住处一趟，胡长清不间断地找张三找李四，伸手捞钱之频繁令人咋舌。胡长清被他的“朋友”们所称的“义气”和“豪爽”，在伸手拿钱要钱方面倒是表现得淋漓尽致。他对钱近于疯狂的贪得无厌在他的“朋友”面前表露无遗：每次给他送钱之后一段时间，就对他们的态度非常之好，也非常热情。但过了一段时间，他就明显会冷淡起来。为了博取他的欢心，一方面与他保持较为“密切”的联系，另一方面让他不断地为自己去办些见不得阳光的事情，一些不法大款只好不断给他送钱送物。

那些给胡长清送钱的人，其实与他胡某人一样清楚各自的用意。周雪华曾对人讲，我是钓者，胡长清手中的权力是鱼。我钓的就是他手中权力。起初不知他的底细，只是请吃个饭，试探性地送一些钱，便看出他对这些毫无顾忌，于是就给他找些妓女，大把地送钱，发现他的胃口很大，大得吓人，“他根本就是政治流氓”。——连被视为朋友的大款们都如此心照不宣地“知根知底”，胡长清“傍大款”之疯狂和痴迷也由此可见一斑。

贪色是腐败“加速器”

胡长清也是人，当然也可以交“女朋友”，只要同其他任何正常的朋友一样没有什么“越格儿”的事情。

要命的是，在胡长清之类那里，“女朋友”完全不是如我们理解的那么回事儿：用贪污受贿得来的不义之财长期包养的情妇可以美其名曰“女朋友”，有过几次“来往”甚至一面之交的失足妇女也是“女朋友”。正常意义上的“女朋友”被彻底亵渎了，成了他顺手拿来做龌龊勾当的遮羞布！

如同一些在经济上大捞特捞的腐败分子一样，胡长清在谋求女色方面也丝毫“不甘寂寞”且不甘落后，并且在有时候更表现出他垂涎于此的“独到之处”。没有了任何道德、纪律方面的约束，抛弃了应有的信条和正当的追求，思想和行动上完全成了脱缰的野马，除了金钱，胡长清自然还要在女色方面赶一下“时髦”，以填塞只有金钱后的太多的空虚。

那么多的人不惜一切代价、千方百计地求着他，想找个“女朋友”，还怕没人不顺水推舟做个大人情？于是，周雪华之类的“朋友”今天介绍一个“本公司的公关小姐”，明天介绍一个很懂事的“女孩子”，交个朋友，陪“胡老板”聊聊天儿，胡长清像收下钱物一样同样大方地一概“笑纳”。至于是不是公关小姐什么的，他当然心领神会，不会去考究。

当然，这种事儿也很需要经办人的默契。不能让她们知道任何底细，介绍时只给她们讲是“书法家”“老板”才行。——此时的胡长清，倒是对自己的副省长身份认识得格外清楚。

在本地不很方便，总有方便的地方。出差开会、招商引资什么的当然是机会，没有这种机会，星期天、节假日也可以坐飞机出去“潇洒”走一回，反正有如周雪华那样的大款朋友随时“相助”。

此外，胡长清还在南昌长期包养情妇。据说在被有关部门正式调查的前几天，此人在广州的一个酒店用一化名及假身份证登记、住宿。——此时的胡长清因自己是副省长不方便，其假身份证及化名用的是广东一农村村民的名字。这位农民怕是现在也还不知道他的身份证被一个副省长拿去冒了名，且干的多是于乡风所不齿的事情！胡长清自己讲，之所以不敢用真名登记，缘于他悄悄来广州，完全是私干：他是亲自为一情妇来找工作和买房子的。

堂堂的一个副省长，竟然如此糜烂、做出如此上不了“台面”的事情，与其背后贪得无厌收受贿赂的丑恶行径可谓“相映成趣”！

那么多的时间、心思和精力去交“女朋友”，还能指望胡长清这样的人去干什么、干多少“正经事儿”？换个角度看，如此飞来飞去又是买房子又是送东西地交“女朋友”，靠胡长清的正常收入有多少够他这般折腾的？不去千方百计地“傍大款”、去受贿索贿能“潇洒”得起来吗？——胡长清式的找“女朋友”，其实是他自我放纵、走向彻底堕落的一种“原动力”，更是一种“加速器”。

腐败产生的土壤和环境

如胡长清之类的巨贪，有人要给他送钱，有人要拉他做不该做的事情，有人在给他示范“不要白不要”“有权不用过期作废”，有人对他的行为该劝告的没有劝告、该管束的没有管束。众多复杂的外因加上他自己本身已有的先天缺陷和后天不服“管教”和监督，最终胡长清成了这样的反面典型。

在这一“环境和土壤”中，其周围人员尤其是家属和子女会起到一种别人难以替代的作用：要么用不同的方式去“促使”、

“支持”或“催生”；要么以真正的爱护去“劝诫”、“阻挠”或“抗拒”。如果很亲近的周围也在催化或助长这种使胡长清们能够成为胡长清的“环境和土壤”，甚至干脆成了这种“环境”和“土壤”的重要组成部分，那他生成任何的样子都不奇怪，最终得到怎样的结局和报应都不可惜了。

从媒介披露的有关案情中可以得知，在诸如“收钱收物”的一些问题上，胡长清的家属不仅知情，而且也存在“帮助”胡长清“收钱”的情节。

在一个人尚未堕落之时，有所察觉，从正面做一些有益的工作，真正地帮助一下，真正地拉上一把，还是要好些。起码，千万别去做那些填几锹土的事儿，别做实际意义上的“掘墓人”。

近几年，深圳等地的纪检监察机关陆续开展了一些“廉内助”教育之类的活动。起初不少人不很理解，甚至还多少有些非议。现在看来，他们抓得还是有一定的道理，有切合实际预防为主的意义：既严格要求家属增强廉洁、守法的意识，千万别去做“贪内助”；又要家属既“廉”又“贤”，帮助或监督干部的配偶们（多的是夫君，也有妻子是为官的）在廉政问题上经得起考验。——在组织监督的同时构筑一道“家庭监督”和“对家庭监督”的防线，多一种监督形式，毕竟要好些。

在被正法的前几天，胡长清似有所悟、很痛心地讲，自己出身于穷山沟，是一个农民的儿子，现在之所以这样，成了人民的罪人，是“忘了本”，丢掉了艰苦奋斗的优良传统。

相似的话，我们似乎听过多次、见过多次——在那些曾经飞扬跋扈一时，受到查处后只好以泪洗面、痛苦悔恨无以言表的腐败者的忏悔中，海南的李善有这样讲过，湖北的孟庆平这样讲过，广西的李乘龙这样讲过。为什么那么多人讲过之后还要有人讲？同样的问题，别人犯了之后一而再、再而三地仍有人要接着去重复？前面堕落者的轨迹依然清晰，为什么有人仍要愚不可及地同样去堕落，且大有“前赴后继”的架势？我们此时真有“后人哀之而不鉴之，亦使后人而复哀后人也”的感慨！

胡长清所讲的“忘本”，并不仅仅表现在他做了高级干部就忘记了他年轻时奋斗的生活环境和追求上进的初衷，也不单单表现在常常自己开着豪华进口车外出、表现在“只喝洋酒，从不喝其他酒”而看不到自己年轻时的艰辛生活在一些人身上仍不同程度地存在。最主要的是，对于胡长清这样的人来讲，入了党、当了干部，像是只需获得的政治资格。他的脑海里，早已忘记了共产党员几个字所包含的严肃意义，早已没有了起码的政治信仰、法纪观念。在其思想深处，“做官”的动机和目的早已变异为个人物欲的贪婪和享受，掌握了权力不再是更好地为人民干些事，而是把人民赋予的权力变成了他自己谋取私利的工具：把心思都用在了怎么捞钱上去了。

现代社会经济多元，社会生活复杂，对于掌握一定权力的领导干部来讲，权力关、金钱关、美色关，可谓关关时时都有、关关处处俱在、关关都是要认真去面对正确去处理的考验。原因很简单，总有人千方百计地要拉你，总有各式各样的诱惑存在。这也就提出一个严肃的话题，如何面对那些种种诱惑、如何才能经得住那些种种考验，确实需要格外地用心、加倍地小心谨慎才是。

胡长清讲，年轻时就想靠个人奋斗出人头地、“光宗耀祖”。落到现在这样的下场，他的“宗”“祖”如有灵知，怕是再也不敢指望他去“光”“耀”什么了。并且恰恰相反，有这么一个在争恶名方面如此“出类拔萃”、如此这般“争脸”，还真不如彻底不要这样的后人好！

更有些讽刺意味的是，在胡长清的书柜里，也赫然摆放有一本编得很好、很有教育意义的《中外反腐败史鉴》。此书在“中国篇”中有一篇专门介绍刘青山、张子善受到严惩经过的文章：《新中国反腐败雷厉风行，刘青山张子善留下臭名》。真不知当初胡长清是否翻看过此书。如果看过，他又是否想到过自己会在腐败方面的劣迹更甚于刘青山、张子善，因而早晚要被补充进这类没有教育得了他自己但可以给大多数人很好的教育的书中。

（《民主与法制》2000年第5期）

附 2

贪恋财色　自我毁灭

——广西壮族自治区贵港市原副市长李乘龙巨额受贿案

在广西玉林地区没有撤地建市之前，玉林地区下属有一个县级市的玉林市，该市虽然级别不高，名气却不小：连续多年的广西第一经济大县，几度跻身全国百强县之列。

自该市出了个“广西第一贪”李乘龙之后，名气就更大了，几乎到了如雷贯耳、妇孺皆知的程度。

1997 年，到贵港市就任副市长才几个月的玉林市委原书记李乘龙，被广西壮族自治区纪委立案调查。到 1998 年，李乘龙被查出在玉林市任职期间，涉嫌受贿、贪污、巨额财产来源不明，犯罪金额高达 1500 余万元。有人曾经作了这么一个计算：李乘龙在玉林市任市委书记不过五年时间，用查获的他的财产总数和他的任职时间相除，李乘龙每天的平均“收入”近 1 万元。

这样的“第一贪”，在全国也数得上离奇了。

“钱遮眼睛头发昏”

李乘龙在身陷囹圄之后，后悔了，后悔得很彻底，甚至很绝望。他在铁窗下写了一首忏悔诗：“钱遮眼睛头发昏，官迷心窍人沉沦。只因留恋名利地，终究成为犯罪身。功名利禄如粪土，富贵荣华似浮云，如君能出赉赦手，脱胎换骨重卧薪。”但此时已经没有人出得了赉赦手，他也没有机会脱胎换骨、卧薪尝胆了。因为他在市委书记岗位上，的确是“钱遮眼睛头发昏”。

翻阅李乘龙的案卷，查看他贪婪的敛财历程，我们发现，在他身上，权力变成了暴敛的工具，人性被扭曲成金钱的奴隶。

作为一个地方党政的“一把手”，求李乘龙的人太多了：批项目，转户口，找工作，图升迁，如此等等。难怪给他行贿的人讲：“他是玉林最大的官，不巴结他巴结谁。”李乘龙对于这种“巴结”习以为常，并且对有油水的巴结，他是待价而沽；对没什么好处的巴结，他是理都懒得理。

李乘龙和玉林市的几个有名的个体业主，关系是不同一般的“亲密”。玉林某水泥集团董事长、号称“水泥大王”的盘某某，通过各种途径找到李乘龙，希望得到他的“关照”和“帮助”，从 1991 年至 1996 年，李乘龙先后出面将盘某某提拔为玉林市企业委副主任、市长助理、市政协副主席，并多次批示帮助盘某某解决贷款、处理征地纠纷、派公安人员到外地处理盘某某的相关经济纠纷问题等，对盘某某的“关照”和“帮助”也算得上不遗余力。当然，盘某某不会含糊，为“答谢”李乘龙，先后 5 次给他送去 70 多万元人民币。

广西某集团公司董事长、总经理陈某，与李乘龙“混”熟之后，为贷款、拆资等事宜先后几次找到李，都得到“圆满”解决。陈某为答谢李的“关照”，先后送上 20 万元人民币、2 万元港币和一辆吉普车。

除了对这些“答谢”来者不拒，李乘龙对那些受了“关照”却忘了或因别的原因还没有“答谢”的，也会放下“书记大人”的架子，主动提醒要过来。玉林市某水泥厂厂长、某建材贸易发展公司经理谢某某，在玉林市也算得上一个人物。谢某某在玉林能够叫得响，一是因为人比较活络，社交广泛，活动能力极强；另一个原因，也是最主要的原因，他与书记李乘龙的关系非同一般。谢某某有一个绰号叫“民间组织部长”，也就是说，有些干部就是靠他的活动和操作得以升迁的，他的话有时比正式的组织部长还管用。当然，谢能有这么大的能耐，也是与李乘龙长期“合作”的结果。但即使是关系如此“亲密”的谢某某，在李乘龙这里也得按“规矩”办事。给别人批贷款，要8%的“好处费”，谢某某来同样不能少；送得少了，得想办法补上。1993年，玉林决定拆迁、开发东龙路，李乘龙主动担任开发工程的指挥长。这件事情刚议定，李便把消息告诉了谢某某：这可是个很有干头、很有赚头的好事情，你赶快找人想办法搞个中外合资的公司，我就可以把这个工程给你，到时大家……谢某某心领神会，当即答应赚钱后分给书记200万元。事后，谢某某赚了钱，但答应的话却没有及时兑现。李乘龙对此耿耿于怀，今天打个电话，说我借了别人几十万元，需要钱还人家；明天又说要买房子，需要十几万元；隔几天再讲，女儿要到国外读书了，需要几万美金。经过这样不辞辛苦、耐心细致的“工作”，谢某某答应给的200万元，陆陆续续被李乘龙主动要了100多万元。

除了与个体业主之间直接或间接的经济关系外，李乘龙横征暴敛的另一个手段，便是通过谢某某这样形形色色的“民间组织部长”，在幕后卖官鬻爵、以权换钱。玉林市工商局原局长陈某某，玉林市外贸局原局长庞某某，为保住自己的位置分别送给李乘龙1万元；玉林市水电局原副局长兼供电公司经理梁某某，为感谢李对他的提拔和关照，先后送上4.5万元；原玉林市供电公司干部陈某某，为了能提拔为公司副经理，给李送5000元，等等。除了盘某某在李乘龙的“关照下”被提拔为市长助理、市政协副主席外，另外几个玉林市有名的个体户也先后被李安排为这样那样的职务。

“‘命根子’都没有了，还有什么”

“‘命根子’都没有了，还有什么！”这是李乘龙在得知自己托人东掖西藏的一个密码箱已经被纪委和检察机关的办案人员找到时，情不自禁的一句哀叹。在这个密码箱子中，装满了他几年来疯狂掠取的钱财（存折、房地产等各种证件）和他荒淫无耻的罪证。是李乘龙视钱财如命，箱子被找出来就等于要了他的命？还是因为罪证被查获，终究会要他的命？两者大概兼而有之。总之，这句哀叹表明，李乘龙知道自己的“命根子”没有了。

东窗事发，李乘龙认识到了自己“头发昏”“迷心窍”“人沉沦”，但发昏、沉沦到什么地步，怕是他一时也难以认识清楚。他早已完全、彻底地沦落为权力、金钱、女色的奴隶和附属品。作为一个共产党员，一个党培养多年的领导干部，他的“命根子”是什么？是珍视自己所承担的使命和职责，尽心竭力地为人民做些应该做的有益的事情，还是肆意亵渎、玷污人民所赋予的神圣权力，使之变成为一己谋取不义之利的工具?!

李乘龙的蜕变、堕落，除了他个人思想观念“裂变”这一主导因素，外部环境的诱导和监督制约的不力也是一个深刻的原因：李在玉林任职期间的直接领导、前后三任地委书记都有受贿行为，都因受贿受到了相应的党纪政纪处理或法律制裁，其中徐炳松（后任广西壮族自治区副主席）、俞芳林（后任广西壮族自治区钦州市委书记、人大常委会主任）二人受到法律制裁。在这种“小环境”下，“监督”“管理”的作用可想而知。

外因通过内因而起作用。李乘龙胆大妄为到如此地步，一切后果都是咎由自取。在狱中，在法庭上，他后悔了。但后悔、认识得太晚、太晚了。1999 年 1 月 27 日，玉林市中级人民法院一审判决：判处李乘龙死刑，剥夺政治权利终身。

无疑，是李乘龙自己毁掉了自己的“命根子”——他的荣誉，他的前途，他的家庭，他的生命，他的一切的一切。自我迷失？自我堕落？自毁前程？自取灭亡？看看李乘龙沉沦的轨迹，怎么说都不会过分。

“‘命根子’都没了”的哀叹的确太沉重、太凄惨、太痛心。面对这样一个活生生的反面教员，每个党员干部都应当多一份痛切、深刻的体验：自重、自醒、自警、自励，不再仅仅是一句箴言，它包含一些人用政治生命、自由乃至生命换来的血的教训。

（《典型案件剖析教育读本》，中国方正出版社 1999 年 6 月版）

四 中国足球的“洋务运动”（2000年）

每个领域都有学习与自立、借鉴与发展的问题

时代背景和相关话题

中国足球队历史性地冲出亚洲打进世界杯决赛圈。

——2001年10月7日（新华社）

回望历史，中国足球并不缺少青训的成功样本。一批扎根基层青训的老足球人，曾用心血和付出，培养出众多进入职业俱乐部甚至国家队的优秀球员。这些老足球人淡泊名利，以踏踏实实的工作赢得了球迷的认可和敬重。

在众多默默耕耘的老教练中，前不久去世的高丰文给球迷留下了深刻印象。从国家队队员到国青队主帅，再到国家队主帅，对足球的热爱与执着与他始终相伴。北京亚运会后，高丰文卸任国家队教练，自掏腰包办起了足球学校。这

位老人生前的愿望有两个：一是培养出国脚，二是延续中国足球冲出亚洲的希望。

1995 年，高丰文足球学校在辽宁沈阳成立，当时这还是新生事物。此后的十几年时间，众多足校经历兴起、繁盛和凋零，高丰文成为当地最执着的坚守者。直至最终在 2009 年因资金难以为继而关闭，高丰文足校累计为中超、中甲俱乐部输送了上百名球员。

——《人民日报》2020 年 11 月 6 日

2001 年 11 月 10 日在卡塔尔首都多哈召开的世界贸易组织第四届部长级会议以全体协商一致的方式，审议并通过中国加入世界贸易组织的决定。12 月 11 日，中国正式成为世界贸易组织成员，中国对外开放进入新的阶段。

——2021 年 6 月 28 日（新华社）

1. 二十世纪九十年代中国足球的沉浮

在二十世纪八十年代读研究生时，曾被同学这么友善地取笑：除了几乎每个人都会的那么几个简单体育项目，其他项目都不怎么擅长，这样的人却偏偏酷爱体育。当时，对体育还真是由内到外地喜欢，省吃俭用，自费订阅了一些足球类的报纸和棋牌类的杂志，图书馆里有关体育的报刊见了就翻，常常是到闭馆时间了，要查看的专业资料还没动，时间全花在了体育报刊上。对体育，欣赏各类项目处处体现的力量、速度、技巧、毅力、智慧和美感，陶醉于蕴含其中的对人各方面的挑战、刺激、不可预知的变化和魅力，也关注一些项目国内外新的发展趋势、新纪录的诞生、老将的持续发挥和新人的不断出现成长。随着看得多了、关注得久了，到了要时时“闲操心”、评头论足的地步。

《中国足球的“洋务运动”》（见文末附 1）一文，便是这样外行看热闹、后来顺手牵羊而来的业余文章。

确实，体育本身就是人的生命力的集中展现，作为生存生活方式的一个重要部分，历来与每个人息息相关。从国家层面看，很大程度上它是经济社会综合实力、国家形象的一种体现；从民族层面看，可以说它是文化传承、民族精神气质和文明特质的一种体现；从时代层面看，它一定程度上能够反映出当时的社会风尚、生活状态和追求、社会活跃的氛围等。和平时期，它是另一种“战争”形式，唤起人们的竞争意识、挑战欲望、争斗姿态和进取精神，满足人们参与或观赏的愿望；在有战争的年代和区域，它是一种调停、和解的共同理由，是缓解争端的契机。现代社会的体育活动被有效整合起来之后，组织和资本深度介入运作、经营和管理，专业化、职业化程度更高，发展更为充分，成了社会生活不可或缺的一个重要部分，被赋予了更多的体育之外的意义。

对于足球，同时代的许许多多国人，喜欢得有些痴迷了。可能和当时娱乐节目太少有关，电视只有那么几个频道，除了新闻和电视剧，综艺节目每周只有一两期。当年没有互联网，没有现在年轻人中流行的手机视频和游戏，耗用时间和精力的方式，远远没有当下这么丰富多样。但主要的原因，怕还不在此，细想起来，应该还是在于足球运动本身的吸引力。二十世纪八十年代中国的普通家庭开始拥有电视机、九十年代初普及，电视体育赛事转播也刚开始尝试经常化，这正与中国男子足球在亚洲范围的短暂崛起和不甘心掉队、逐渐落伍并一蹶不振的过程相契合，与世界上足球运动的此起彼伏、风起云涌相契合。中国足球在二十世纪八九十年代亚洲的各项比赛中，经常是参加半决赛和决赛、争取冠军的角色，很吊国人的胃口；先后几次争取奥运会、世界杯的亚洲出线权，引起国人的普遍兴趣、牵挂和关注，大家随着比赛成绩的起落时喜时忧。恰逢在此期间，1986 年及以后的几届世界杯举办，一众世界级球星相继涌现、各领风骚，激发了人们观看足球、喜欢足球的热情。当年世界杯、欧洲杯、南美锦标赛等各类国际大型足球赛事，与意大利甲级联赛、英格兰超级联赛等，人们对实况转播能兴致勃勃地看到深夜，有时后半夜起床就为看场球，也是家常便饭。至于中国国家队的比赛，只要有，人们总会想办法、找理由看转播。当时球赛的电视转播，收视率可不是一般的高。那会儿一提到球赛，在一定程度上不用解释指的就是足球比赛，如果说其他球类的比赛，就得直接点明是“排球”“篮球”或者其他什么球，可见当时足球影响之大、之广、之深。

现在，别说夜里，就是在休息日的白天，也很少在电视上看球赛，更别说去现场看了。原因不少，比如文化娱乐和体育项目多了，打发时间、享受生活的方式和途径丰富了；比如足球赛本身太过冗长，上了年纪各种毛病开始出现、长时间坐着身体吃不消等。但其中一个最主要的原因，与中国足球本身的水平和吸引力下降有更直接的关系。相对别的国家轰轰烈烈热闹非凡，这边这么多年徘徊不前、沉闷乏味，在各种出线的比赛中屡屡受挫，球迷的热情屡屡受刺激，不少人失去了耐心乃至希望。从希望到失望，再到不去管它、不看也罢。于是，几十年过去，社会在往前发展、生活在继续，不少人对足球的兴趣早已失去。大家发现，没有了当初这一近乎狂热的爱好，现在生活也挺充实、也挺好。

现在回过头来看，大家对中国男子足球之所以从当时的爱之深、情之切，到“哀其不幸，怒其不争”，以至于后来的伤心、失望，既和它本身起起伏伏的过程有关，也可能和这一过程中与之相关的其他体育项目发展状况的对比有关，和社会的综合变化等因素有关。

改革开放之后，中国各个领域、各个行业充满活力，各项事业蓬勃发展，到处呈现出积极向上的勃勃生机和日新月异的崭新面貌。经济社会飞速发展，综合国力极大提高，国家地位从方方面面、各个角度都是日益提升。体育运动本身就被大多数人看作国力和国家形象的体现，在这种大发展时期，更是被国人寄予厚望，总是希望它能像国家的经济、社会、文化等各个方面一样，充满朝气和活力，在水平和成绩上展现形象和实力，给人以相应的满足和慰藉。

对于一些有代表性、影响力比较大的体育项目，大家寄予的期望可能更大、更为特别一些。因此，足球作为全球影响最大的体育项目之一，就不仅仅是一项单纯的体育活动了，它承载着一定的时代需求、社会功能和众多人对它莫大的心理预期。大家当然期盼足球有相应的发展、成绩和表现，对其相对落后的着急、得不到明显改变的状况的不满意、一个时期走不出低谷的失望，这样的心情应该理解。也许现在有人会说，那个时候搞中国足球，压力太大了。没办法，既然搞了足球，就得把它作为一项事业来做，就应该承受这种期望和压力，就应该在这些压力下找到提高水平、发展起来的途径和办法。

“没有比较，就没有伤害。”在男子足球项目长期找不到合适、有效的发展路子，老是徘徊不前的这个时期，我们国家的其他一些运动项目在亚洲、国际赛场上却是异军突起，名声和成绩显赫、争相出彩，凯歌常奏、捷报频传。二十世纪八十年代初中国女排获得世界比赛冠军后，长期独霸世界女子排坛，先后“七连冠”“八连冠”，成了“为国争光”“振奋民族精神”的代表，令国人扬眉吐气、骄傲无比；乒乓球、羽毛球、跳水、体操等项目，常常是“独步天下”，每次参加大型国际比赛，中国就是“强国”“高水平”的代名词，国人提起这些项目就是“放心”“踏实”；即便是男子篮球、男子排球，相当一个时期内也是在亚洲呼风唤雨，在国际比赛中经常有惊艳的表现，时时对世界强队发起挑战、构成威胁，成为引人注目的力量。作为同类项目，起步较其他国家晚了许多年的中国女子足球，一亮相就成为足坛的一道亮丽风景，二十世纪八十年代末、九十年代初在亚洲所向披靡，在几次世界大型比赛中一直名列前茅，数度参加冲击世界冠军的决赛、半决赛，被国人赞誉为“铿锵玫瑰”。这么一个个地比下来，中国男子足球则完全是另外一种面貌、另外一个形象和姿态。自从八十年代中期输给香港队的比赛后，就似乎没有了自信，开始磕磕碰碰，虽也偶有让人眼前一亮的一两场比赛，但更多的是失利，大家甚至戏谑为“屡败屡战”。特别是在国人寄予希望冲出亚洲的关键比赛中，每每失利。这种表现和人们希望的差异、与其他项目和球队的差异，就过大了、太明显了。

大家都明白，足球本身并没有失去它的魅力，是中国足球出了问题。

客观上讲，中国足球当时一些问题，有足球界自身的原因，也和同时期社会上各种现象的影响有关。急于求成、急功近利的氛围，促使一些人产生恨不得一夜之间就抓上去的冲动和想法，缺乏长远的规划、有效的章法和持久的恒心；追逐利益、重利轻义的倾向，使一些人把踢球、搞球队、抓足球，更多地当成了谋取经济利益的方式和手段，偏离了“搞好足球”的初衷；社会上一时流行的个人主义、拜金主义、享乐主义、奢靡之风和道德滑坡，在足球界也无孔不入，并且表现得更加泛滥；价值观迷失、追求政绩工程等影响下，一些人失去了搞好足球事业的远大目标、长远追求，短期行为、得过且过、糊弄一时的现象时有发生；等等。

还有一些因素应该考虑到。比如，当时计划生育政策下的独生子女现象，也可能对中国足球的持续发展有着不小的影响。我们国家有十几亿的人口，几个亿的青少年，喜欢足球的孩子也不少。但真正愿意让孩子从事足球运动、搞职业足球的，数量有多少，还真不容乐观。专业人士有过这方面的统计和分析，我们的足球人才储备少得可怜。另外，社会体育、学校体育、专业体育之间的有效衔接、协同发展，也有一些需要统筹和理顺的地方，球员们从小就被送进专业的足球学校，开始相对简单、机械的“职业”训练和培养，文化学习和专业训练、社会学习与技能学习、全面培育与职业成长等方面难以有效平衡发展；尽管与社会相对隔离，独特环境下形成的生活氛围和个人性格，社会上一些不良东西渗透进来，影响和作用可能有过之而无不及。当时有一些球员出现的极端现象，就是例证。

中国足球的问题并不简单，解决起来没那么容易。

2. 一时的出线与长远发展

当时足球界的人士，特别是男子国家队有关管理层面的人士，大多数也很着急，想过不少办法，做过各种探索和尝试。比如，对国家队的教练员反复比较、挑选，国内各种流派、风格的教练员，谁带队成绩好就谁干；国产的教练员带队成绩上不去，就聘请国外的，当初叫“洋教练”，世界上有名的教练轮番来试；针对国家队内部活力不足问题，就分设为一队、二队，让他们相互之间竞争，哪个队的状态好、成绩好，就让哪个队去打重大的比赛；各个方面向外面取经，远学欧美、近学日本，推出职业化改革，引入资本，将足球推向市场；引进国外队员参与联赛，以激发国内队员的动力、带动他们的技战术水平和比赛的观赏性；国家队的队员在国内打比赛提高慢，就想办法送到国外的俱乐部“留洋”；在国内训练不行，就到国外集体拉练，或选送队员到国外去训练；等等。

在这种背景下，产生了轰动全国的一个举动：当时有一家企业拿出巨资，在国内选拔出几十个少年球员，把他们送到足球王国巴西去“留学”。

请外国教练和球员进来、让我们的教练和球员走出去，向世界足球水平先进的国家学习，这些初衷都是好的，探索也是积极的。大家很快就发现，这热闹的景象，像极了一个世纪前的情形——十九世纪末的洋务运动，“师夷长技以制夷”，引进国外的知识、技术和管理，建立自己的实业和生产机制，举国之力，进行各种探索以救亡图存。二十世纪九十年代中国足球的“洋务运动”，起码从表面上看，与百年前的情形是何等的相似。大家一边观望、一边思考，能否真正学习到国外的技术和管理经验，使“请进来、走出去”的努力，能够帮助足球水平得到有效提高，促使中国足球长期健康地发展下去。对于选派少年儿童出去“留学”，一些具体的问题也回避不了，引起了大家的疑问和担心。比如，这样运作的方式怎样，是一时的权宜之计还是长久的规划；热闹之下能否坚持质量导向和目标导向，减少或避免一些形式上的东西；怎么做好海外“留学”和国内青少年训练培养的衔接，取得实质性的综合效果，促使整体水平有明显的提高；能否有资金筹集、运营管理、长期发展等机制，保障可持续地做下去；等等。

发现这一有趣的现象后，就想“比较研究”，思索后贸然写成了《中国足球的“洋务运动”》。当时的《中国审计报》在做副刊上有特色，搞一些创新、兼容并包，刊发各种内容、体裁、形式、风格的文章，就把这篇即兴之作投给了他们。文章提到的几个点，即使现在来看，还是有些意思。

——通过对中国足球当时的各种尝试与十九世纪末洋务运动的比较，中国足球“洋务运动”这一提法，还是能够站得住脚的。对于能否吸取洋务运动的教训，坚持学习是为了提高的初衷和目的，重视群众基础、重视质量提升和持续发展等，这些质疑后来还是不同程度地应验了。实践证明，我们足球的“洋务运动”，还是重蹈了形式大于内容、一时的举动难以长久为继的覆辙。仅就“留学”一事看，把几十个孩子送出去后，他们在巴西的训练和生活，也是相对孤立于巴西人的，难以融入当地，只是相比国内多了几场和外国人的教学比赛。这些孩子们回来后，有成功的例子，个别的很快成了主力、明星球员，更多的“带回的恐怕只剩下少年身上人为刻画的影子”，他们很快地散落到各个地方，“融入”了国内其他的球员队伍，混迹于一些比赛之中而逐渐没有了声息。再后来，原来喊出的连续选派几批、长期坚持下去的计划，由于种种原因，也很快无疾而终、不了了之。这种思路和培养方式，其实是多年来忽视群众基础、为快出成绩早出成绩而侧重少数精英培养模式的另一个翻版，依然是缺乏系统的谋划、综合的安排和长远的打算。

——关于足球的一切尝试和问题都绕不开世界杯和奥运会的出线之痛。《会有那么一天》是当年流行的一首歌曲，被拿来用在文章的结尾处，表现大家对冲出亚洲、走向世界的各种“出线”的期盼和祈求。“会有那么一天，会有那么一天”……不仅仅是球迷在吟唱，也在暗示，很多从事足球运动、足球管理工作的人，怕是也常常在吟诵、在祈祷。的确，当时在种种压力下，出线，成了足球管理者最急迫要完成的任务。各种计划、方案、改革措施都要围着出线转，各项工作的成效几乎都要以出线为检验，各项长期的工作、日常的安排都不得不随时为出线而让道。能够出线和质量提高、长远发展的关系，就像是鸡和蛋谁先谁后的矛盾，不少人陷入其中，被缠绕得顾此失彼。一些头痛医头、脚痛医脚的权宜之计，是为了出线的目标而做出；这个输了球就试试那个、三天两头换教练的短期行为，皆因为了出线而产生……中国足球出线的压力之大，局外人都能感受得到，直接从事相关工作的局内人，其强烈感受怕是常人难以全面理解、真切体会的。文章中大胆地做了假设，替大家一起幻想：“如果有那么一天，中国也突然冒出几个中田英寿似的明星；或者中国队的分组形势格外有利；或者米卢蒂诺维奇（被称作‘神奇教练’的当时国家队主教练）之类的教练果真继续神奇……或者这几种‘或者’全凑在了一块，中国足球真的冲出了亚洲、走向了世界，球迷的指责完全变成了山呼海啸般的惊奇和赞颂。”

还真有了“那么一天”。文章发表后的第二年，也就是 2001 年 10 月 7 日，中国足球终于在亚洲区的预选赛中出线，获得参加 2002 年世界杯比赛的资格。这在中国足坛上是具有历史意义的大事！几十年追求的梦想得以实现，球迷精神振奋、欣喜若狂，足球管理者如释重负、扬眉吐气。当时各大城市、各个角落以不同的方式庆贺、狂欢，可以说是群情激昂、举国欢腾。以至其后的二十年，一提到中国足球，大家还时不时地回忆起当时激动人心的场面。

实事求是讲，这次国足能够从亚洲冲出来，有上文提到的几个“或者”的影子：有自身努力的原因，更有运气的成分。其中有一个重要的因素极大地帮助了我们。这一届的世界杯是由日本和韩国共同举办，按照规则，它们两国作为东道主，球队不用参加亚洲区的预选比赛而自然获得入围的资格，这样中国队在亚洲预选赛中就少了两个强劲对手。这种外来的运气，可谓天赐良机。但不管怎么说，毕竟出线了、多年来第一次出线了，终归了却了国人长久的期盼和心结，不容易。

——即使有幸出线了，就能“一俊遮百丑”，或者说就解脱了、万事大吉了吗？这也是文章关注的一个问题。对一些足球管理者来说，“谁愿去做那些吃力又没人知道，更难以讨到好处的事情？出不了线，基础的培育再好有什么用”？但对于中国足球水平质的提高、长远发展来说，“历史的智慧在冷眼旁观，没有实实在在的基础做支撑，你即使在某次比赛中侥幸出了线，又有什么用”！这一点又被不幸言中了。出线后的中国足球队，在第二年世界杯的小组赛中，踢了三场一球不进、全被横扫，悻悻而归。并在这昙花一现之后，出现了更长时期、更低水平、更大的徘徊。

——编撰的球迷玩笑话、赌气的话，没想到若干年后竟也应验、成真了。“于是有善意的球迷（球迷总是善意的）提出了一些招数：请进几个玩得好的外籍球员，加入中国国籍以提高国家队的实力；转会来几个影响我国出线的某国国家队主力队员，来我们国家踢甲 A 联赛，以‘降低’其足球意识和技战术水平……”20 年后，还真有几个踢中国联赛的外国队员，被归化成中国球员、进了国家队。碰巧看了 2021 年 5 月 30 日晚上中国和关岛的亚洲区小组赛，中国队的名单中一下子竟然出现了 5 个归化球员。据说，还有一些被看中的球员有了归化的意向，归化手续在办理中。不是我不明白，这世界变化快。如果将来哪一天，看到中国足球队的比赛中，有超过半数甚至更多的球员，不是原来国人的模样，大家也不要太吃惊。如果归化了不少的球员后，即使小组赛依然挣扎着偶尔出了线，到后面中国足球整体水平依然没有大的改观，大家也别大惊小怪。

有人已经对归化球员的做法有了不同的看法。比如，就单单是为了某场比赛、为了一时的出线？我们是不是忘记了中国足球最原本是为了什么而存在，中国人的事，总归还要中国人来做？直接归化球员确实来得方便，但是不是需要同时加强青少年训练、多种措施综合并举？等等。

对足球，还停留在看热闹的初级阶段，具体的东西不敢瞎说，诸如技术、战术、风格、流派，青少年训练，球员管理和文化素养，精神意志力和道德修养，从运动员到“人”的全面成长，学校训练和专业训练，专业的足球和它之外的社会因素，等等。喜爱、关心足球的方式可能不同，希望中国足球早日振作、不断有所起色、有所变化和发展的心情，大多数的球迷是一样的，历经岁月并没有泯灭。大家冷静下来后也形成一定的共识：到了现在这般地步，不能不急，否则更赶不上趟、更没有机会了；也不能太急，太急了也没用，一夜之间成不了大气候，以前这方面的教训太多、太深。还是得“从娃娃抓起”，打好基础，扎实做事，久久为功。

平时也喜欢看些美国职业篮球（NBA）的比赛。看后经常瞎琢磨：他们怎么就把一项篮球比赛活动，打造成了吸引全世界球迷、有如此巨大影响的重大体育现象？比如，它能吸纳全球最好的球员，给予他们与其能力和价值相匹配的最高的或最合适的薪酬，使每个球员都能发挥其特长、风格和影响力，都既是有巨额财富的金主，又是球队和赛事组织者的摇钱树；每场比赛都是激烈、富有悬念、精彩的，整个赛季就是一个系列的连续大剧，甭说总决赛，连全明星赛、季后赛、分区决赛都设计得跌宕起伏、高潮迭起、好戏连连；从联赛的整体策划安排、球队水平的统筹调控、球员的选拔淘汰、赛季的日程安排、重点比赛场次的组织等，都做出很好的宣传推广、造成较大的影响、取得良好的效益。再比如，对球员的组织和管理。球员可以挣大钱，比我们的足球队员多多少倍，但前提是得有最好的本事、最佳的表现；球员可以是队里的“老大”、可以“有谱儿”，前提是球技、品行修养、资格、社会形象、作用等，能够立得起来、让其他人敬佩；球员谁都可以张扬个性，个性的基础是得自己有本事、有特长，要么能投篮得分，要么能冲抢篮板，要么能防守，要么场上其他人高光表现的时候你能任劳任怨地干些脏活累活，要么当好陪衬做好别人的陪练，如果什么也干不了，就没你的地儿，更谈不上谁会去在乎你那个性；也可以开豪车、住豪宅，这些的基础是得让球迷认可，觉得你的付出、你的作用、你的影响、你的价值，值得、应该。

还有，他们的球员富有敬业精神和自律意识。一方面是自发的、自觉的，为事业、状态、身价和在球队的地位；另一方面也是各方面管理和约束的结果，不得不自律。随时随地都会有来自社会的、家庭的、球队的、联盟的甚至是赞助商的制约，这些制约涉及经济收入、内部规矩、社会形象等各方面。否则，有了不适宜的负面新闻，球队和联盟不答应，会受到各种处罚和制裁；球迷不答应，会没了人缘和市场、进而身价衰减，甚至丢掉饭碗。不好好训练、身体素质不行，上场没了功夫，老板、球迷、广告商都不答应。正面的薪酬激励和各种制约下，大多数球员珍视个人的职业形象和社会声誉，与珍视自己的身体、球技和比赛状态一样的用心。在他们那里，吃这碗饭，就得努力干好这件事。

尽管足球和篮球是不同的项目、各自有其特点，尽管中国和国外的体育文化有不小的差异，但在组织机制、管理运行、经营推广、文化塑造等方面，应该有一定的共同之处。NBA的球员选拔和淘汰机制，薪酬管理机制，球员训练和管理机制，赛事安排和调整机制，球队竞争和平衡机制，全球营销和推广机制，文化建设机制等，是不是有值得我们学习和借鉴的一些地方，包括从事足球工作的各方面人士，可能需要研究和思考。

3. 世纪交替前后（一）：我们都明白，这世界变化太快

每个历史时期，都是前一个时期的传承和继续，下一个时期的开拓和铺垫，是这个时期各种因素、各种现象、各方面成就和问题的集中展现和集大成者。有的时期是一个时代的开启，有的是持续的蓬勃发展，有的仅仅是个过渡，也有的是兼而有之。

粗略地看，二十世纪九十年代末和二十一世纪初，有积极开创、活力迸发、快速发展、成果汇聚的一面，也有问题和麻烦不

少、杂乱混乱现象时时涌现、不断调适和治理的一面。在经济领域是这样，在社会生活、文化领域也大抵是这样，人们在其中不断地适应、学习和相应地改变。

很奇妙也很幸运的是，中国奋力追赶世界经济、努力提升国力和人民生活水平的强劲步伐，遇到了信息技术革命的大飞跃，遇到了经济全球化的最大浪潮，客观上得到了有力的助推、赋能和增速。

互联网的普及和快速发展，是这个时期影响最大的事情。借助信息技术革命、信息传播方式突变的强大力量，世界经济、文化交流互通的理念和形式发生迅猛变化，中国经济的发展极大受益，奇迹般地连续多年高速增长，在短短的时间内融入世界市场，经济总量不断超越一些原来可望而不可即的国家，一跃成为世界上日益醒目的主要经济体；社会生活的其他方面，特别是人的思想理念、价值观念、生活内容和行为方式等，也随着这种突进式、巨变式的发展和变化，产生了巨大的改变。

比如，在二十世纪九十年代初，安装固定电话还需要排队、缴纳数千元的“安装费”。随着通信技术的发展，这一热门“难题”在若干年后就不再成为问题。移动电话的出现和快速普及让不少人发现，刚安装的电话机很快就成了没有多少用处的摆设。手机从模拟信号到数字信号、从只能简单地拨打和接听电话，到接发短信、语音留言，也就短短几年的时间。原来人人自以为神气、腰间挎着的 BB 机，刚“时髦”了几年，很快就成了“过时”的东西而被淘汰。手机款式的升级换代，成了一些人不断追逐时尚的一种方式；手机的极大普及几乎到了人手一机的程度，给交往带来极大的便利，以前所谓的天各一方、远在天涯，现在都不再是问题，谁都能随时随地通话、联系，所谓的天涯也只有了地理上的意义，就沟通和联系看，天涯也就是咫尺。数字通信技术更新换代之快，令人忙不迭地跟着适应，数年间从 2G、3G，到现在的 4G、5G，改变了包括新闻传播、影视创作和收视、商品营销等许多领域的业态，也改变了人们的生活理念、生活形态和方式。大家用手机不仅仅是通话交流、短信联系、视频聊天了，可谓一机在手、世界全有，适时的新闻信息、如临其境的短视频、网络八卦、听音乐、看影视剧、购物、社交、游戏等，无所不有、无所不能。以至于不少人有了手机，便有了一切，不再“关心”周围的其他什么；有的人一时看不到手机，便如丢魂失魄、无所适从。所有这些，在二十世纪九十年代之前，是怎么也想不到的事情。以智能手机为代表的移动终端工具，使用的便捷和功能的多样性，对人的生活方式的影响是颠覆性的、革命性的。人们在短短的时间内，不觉间已经跨入了另一个全新的世界。这个世界不仅仅在物理意义上是全新的，在精神意义和“存在方式”上也是全新的。这是一个许多人沉浸其中、沉迷其中的世界，也是不少人游离其间、一时难以完全应对的世界。

交通的快速变化同样引人注目。经济社会的发展需要交通能力的提升，交通的投入需要经济社会发展的支撑，交通状况的改变反过来又促进经济社会的发展，两者相互推动、相得益彰。当时，“要想富，先修路”的理念深入人心，高速公路从无到有、从少到多，全国各地争相修建高速的热情异常高涨，从省际相通到地市相通，进入世纪交替时，很多县与县之间都通了高速。汽车自二十世纪九十年代初进入家庭，国外几十年家庭汽车普及的进程，在中国十多年的时间就实现了。“汽车时代”的发展也与高速公路的建设相互促进、相辅相成。机场建设和航空运输业的发展也是异常迅猛，不仅中心城市，许多大一些的地级市都建了机场、通了航班。在以前乘飞机还需要单位开证明、不是谁想坐就能坐的，此时的飞机“飞进寻常百姓家”、成了很常用的交通方式。人们临时到另外一个城市办事，随时就可以往机场走，经常是办完事后当天就可以飞回来，被戏称打“飞的”。后来随着高速铁路技术的突破和快速发展，中国一跃成为里程最长、网线最发达的国家，慢悠悠的绿皮火车成为历史，每年大迁徙似的春运紧张局面也大为改观。以往人们花在路上的大量时间被节省出来，大家可以做更多的事情、享受更为丰富的生活乐趣。

通信和交通的变化，使人与人之间的联系极大地方便，更为频繁和紧密，人与人之间的关系也与此前大为不同，“地球村”从原来的传说、其后的概念，到此时完全变成了现实。这些突如其来的根本性的、本质上的变化，对人的生活观念、生活方式的冲击和影响，十分巨大。

城市居民住房分配制度的改革、房地产业连续多年的持续发展，使大多数人逐步实现了“居者有其屋”的目标。这一改变不仅仅是住房本身、居住方式层面的，它对社会、对人都有着多方面的意义。比如，房地产业的发展，持续拉动经济的发展、带动相关多个行业的发展，也带来土地使用、城市规划、城镇化、建筑市场、农民工群体等多个领域的变化，带来新型社会问题的产生、对问题解决的探索和社会治理的改进；“买房置地”的传统理念，因住房市场化的实行、个人房产的普及，有了新的作为方式和表现形式；以房子为主要财产的物权意识、自主意识普遍增强，围绕房子产生了诸如财产分配、维护权益等一系列的法律关系，错综复杂，很多人发现拥有了房子后，也拥有了意想不到的诸多问题和麻烦；再比如，原来住房统一分配制度下的“单位意识”、相同单位和特定关系的人们相对居住在一起的“大院意识”、久居一处而天然和睦融洽的“邻居意识”，工作、居住、生活交织混合在一起而产生的“集体意识”“互助意识”，在市场化下的居住环境中，都逐渐淡化甚至消失，原来潜伏的个人意识、家庭意识更加强化、突出，人与人之间的交往方式和关系处理变得简单而微妙，不少人开始了重新的调整和适应。

经济社会的快速发展不断创造和积累起物质财富，也促进社会生活的活跃和丰富，有条件满足人们物质之外的各方面的需求。人们在物质层面的生活之外，对文化娱乐等精神层面的需求，比重越来越大、要求越来越高。这种良性的相互促进、相互推动，构成了日益繁荣的旋律和主色调。

与衣食住行方面的巨大变化相适应，文化方面变化之大也毫不逊色，最典型的就是影视业的变化和发展。电视节目，从原来寥寥几个频道，发展到几十个、上百个；内容除了原来的新闻、影视剧，丰富到文化、生活、娱乐、健身运动、旅游、咨询等各个方面；功能从只能收看，发展到点播、回放、生活服务等多个种类。电视的变化刚让人目不暇接、眼花缭乱，互联网特别是移动互联网的发展，手机功能的不断开发，直接冲击了电视的巨大投入、生产机制、市场占有的份额。这种替代和竞争、相互挤压和创新求存的局面，愈演愈烈，给人们带来更多的产品选择和更便捷的视听享受。与这种情形相类似，一度被电视挤压得濒于末路的电影业，被迫变革、求新，自二十世纪九十年代中期开始引进外国大片，以吸引观众回归影院。1997 年引进的《泰坦尼克号》等美国好莱坞“大片”，上映时全国各地影院爆满，一时成了人人追看、热议的对象，是继八十年代初《庐山恋》《少林寺》热映后，多少年来少有的现象。中国电影人学习、借鉴外来的理念和办法，借助资本的力量，陆续尝试创作自己的高投入、大制作、高质量大片；陆续探索发行机制、院线机制的改革，通过各种办法培育市场，结合观众需求创新春节档、假期档等市场模式，电影业逐渐恢复元气，开始呈现日趋繁荣的景象。

这些巨大变化的背后，有时代发展的必然，有组织推动的能量，有观念创新、制度创新的牵引，有技术进步的支撑，有市场机制的作用，也处处有资本的介入和牵动。

这个时期，一些重大历史性事件的影响不可忽视。1998 年百年不遇的长江洪水灾害，对区域乃至全球经济冲击巨大的亚洲金融危机等，使国人更加深切地体会到制度的优势、体制的力量，也同时引发大家对自然界和人类生存、发展和稳定、突发挑战与有效应对等问题的思索。香港、澳门相继回归祖国，经过多年努力申办奥运会成功，2001 年加入世界贸易组织、融进全球化的大潮，这些重大的事件，不仅仅促进国家地位的提高、经济社会的发展和文化交流交融，对国人眼界的拓宽、看问题角度的多样化、自信心的提升等，也有着极大的影响。中美短时间内相继发生剧烈的对抗和冲突，如我驻南斯拉夫大使馆被炸、南海军机等事件，极大激发起国人的爱国热情和斗争意识，引发对发展和被遏制的思索；美国“9·11”事件的发生，改变了人们对传统战争方式的认识，恐怖主义作为一个新的世界性课题，摆在了世人的面前。这一时期国内国外的大事、难事很多，老的和新的问题突发，人们在愕然的同时，也在观察和学习中摸索着应对和处理，建立新的思考方式、积累新的经验。

4. 世纪交替前后（二）：人与社会的调适

确实，二十世纪末二十一世纪初的中国，由经济发展主导下的社会快速发展、物资相对极大丰富以及外来文化的输入和影响越来越大，相应地人们的视野越来越宽、生活空间越来越大、思想越来越活跃，人的这种活跃与经济社会的活跃相得益彰、相互影响，汇聚起来成为一种奔涌向前的力量，推动历史更加快速、强劲发展，这是此前多年所少有的。

2005 年年底到北欧的瑞典、挪威等国家考察学习时，对当地人关于文化的一些观点和做法印象很深。比如，他们认为自己的文化是很纯朴、很成熟、很稳定的，对于他们的社会发展和协调平衡很重要、很关键；而以美国为代表的现代流行文化的某些因素，特别是其中体现的个人主义、享乐主义等价值理念，会对年轻人的选择和成长、进而对他们的本土文化造成冲击。他们对这种冲击和后果不无忧虑，因而有保留地采取了一些针对性的策略和办法，像在电视上，很少安排美国的影视剧、流行音乐等节目。当时对此有些惊奇，同时也在想，我们在这方面是不是也应该向这些国家学习，在扩大开放、借鉴外来文化的同时，是不是也应该对可能产生的其他影响有所认识、警觉和防备？

西方文化，尤其是经济学、法学、哲学、社会学等一些人文学科，从二十世纪八十年代的引进、引发文化热潮，到九十年代后在一些领域、一些专业影响至深，对人们的理念和行为影响很大。吸取外来的优秀文化，本身就是开放的题中应有之义，我们国家在这方面是秉持积极的态度。但引进、学习和吸收，从来就不是无原则、无条件的，也不应该是不加分析、不加批判地全盘照收。而这个时候，这些不应该的现象却比比皆是，有的甚至表现得很严重、很绝对。比如，在有些高校，一些学科和专业的教材，干脆就是直接用西方引进的，甚至照单全收、照本宣科。有些研究者、教师及学生，在课堂上、研讨会上、媒体上，言必称西方、言必引西方、言必赞西方的倾向十分明显，以至于分析问题的方法、判断问题的标准、寻找解决途径和办法的工具等，都要以西方相关理论和价值为圭臬，好像谁如此做谁就是先进理念的代表，谁就有发言权、就有市场；谁不这样做谁就是保守、就是落后。更出奇的是，由此一度产生了站在西方立场、用西方观点指责中国传统和现实为“荣”的怪象，谁若是客观地、公允地为中国文化和实践、为国家和政府的一些措施作出解释，谁就可能招来围攻。这些现象一度泛滥，与当时的出国留学热、盲目跟风过洋节热等，一起助推了一些人崇洋媚外的心理和行为。这样泛起的文化上的不自信和盲目崇外现象，到了非常严重的地步。这也直接影响一些人对国家、社会和现实生活的看法和态度，对年轻人影响要更大些。

面对世纪交替之际接踵而至、扑面而来的各种变化、各种现象，人们心态不一、表现各异。有的积极适应变化、沉着应对、顺势而为；有的享受新的氛围、乐在其中；有的在自己的圈子里如鱼得水、大展手脚；有的谨慎观望、犹豫徘徊；有的手足无措、疲于应付；也有的趁机“施法”、浑水摸鱼。时代提供了舞台，社会在唱大戏，各种人物在自觉和不自觉地尽情表演。于是，一些现在看似不易理解的现象，当时就出现了不少。比如，全国各地、各个阶层都有人涉及的“气功热”“特异功能”迷信。气功本身是中华传统文化中的一块瑰宝，用以强身健体，提高生命力和生活质量，是一件好事。但当时的情形是，气功被冠以各种名头、赋予很多的神奇功能，大的小的、新的旧的、真的假的，名目和种类繁多，很多人口口相传、你练我练，以至于挂个什么气功的牌子，都有人盲目地跟着练。再比如，经济多元、文化多元下的安全感欠缺，道德和价值观混乱下的复杂感和迷茫感增强，一些人开始信奉各种宗教，其中还掺杂一些非正规的宗教活动。宗教，在一部分人那里，不再是静心、诚实、忏悔、修养、参悟的信奉，而是成了所谓消灾避难、升官发财等满足个人不正当愿望的“护身符”。

社会发展、转型时期的复杂形势下，原有的道德秩序可能被“放置”一边、作用发挥受到冲击，新的秩序尚未完全建立，有些方面是非标准模糊、价值判断不一，给人们的意识和行为带来一些影响。我们此前曾经提到，这个时期经济社会的快速发展，伴生了一个值得注意的社会现象，就是在相当一部分人那里，物质至上、金钱至上的观念占据上风，财富的多少一度成为一些人判断成功与否的价值标准，为了眼前小利而随波逐流、急功近利而采取短期行为，甚至见利忘义而不择手段，一度成为一些人的处世态度和行为方式。心术不正、没有规矩和底线、投机取巧甚至胡作非为的人，一度有了更多的可乘之机。比如，一些吹嘘、瞎折腾、作假等现象，堂而皇之地有了市场、登上了台面，老老实实、规规矩矩的人反而被当作不开放、不灵活、没能耐，说谁“太老实”，等同于在说谁“很窝囊”；比如，经济领域中的违反社会公德和法律底线的假冒伪劣、欺骗、赖账不还等问题，以各种集资为名的诱骗、诈骗案件在多地多发。人际交往中的不信任、不踏实因素增加。有些人从银行贷款之初压根儿就没有想到要还，或者说压根就不想还。有一下海“成功”的航空公司负责人，在上海一所大学的公开演讲中，大谈其白手起家、空手套白狼的经历，对自己从银行和外国投资者中不断套取资金、雪球越滚越大的经验引以为豪。他的结论是：企业家和诈骗犯之间就是一步之遥，就看你的运气了。这些观点和做法在一定的领域和范围存在，在政治领域则表现为，急功近利演变为虚假风气难绝，政绩工程、形象工程、虚假数字时时出现；一些干部的学历、资历、档案材料等，都能造假。当时查处的在江西骗官的周叶、在广西柳州骗官的刘和平等，都是从始至终、从里到外、从头到尾的假官的典型，这些人一路糊弄下来，在当地相当层次、相当范围的官场中招摇撞骗数年。

每个时期有每个时期的主流，也有暗流和支流，这很正常。人们随着时代的变化、社会的发展，也在不断地学习、应对和成长，这也应该是历史发展的内容构成。

5. 流行文化及明星打造

变化越来越多、越来越大，生活也越来越丰富、越来越令人眼花缭乱。作为社会发展、时代变化的标志之一，当时的流行文化也呈现出纷繁复杂的样式。《愈来愈热闹的名人文化现象》（见文末附 2，发表时题目改成了《名人效应的“谋略”》），试图谈一些观察和思考。现在回头来看，这些文字简单、粗糙，主观色彩较浓。这也算是一种成长，也是一种经历。

这篇文章谈到的“名人文化现象”，实际上是当时在我们国家起步不久的流行文化的名人打造、包装、炒作和市场培育等。和现在明星运作专业化、系统化的管理机制和模式比起来，和当下风行的粉丝会、后援团、“饭圈”等热闹现象比起来，当时的明星文化和流行娱乐文化本身一样，还处于初始阶段、模仿和尝试阶段，显得较为简单和青涩，不可同日而语。

由于当时是直观的观察和感受，了解的情况不全、掌握的素材有限，对这一现象的思考不深，更谈不上研究，所以，这篇文章只是对一些现象做出了反应、点出了题目。现在看，有一定的敏感性，但说得不一定准确、到位，分析、归纳得还不够全面。

中国传统文化中的名人，应该是在长期的社会比较和筛选中，为广大群众所认可、所钦佩，德艺双馨、德高望重，文化地位和社会地位都同样高、有重大影响的少数人士。这些人士，都是各个领域、各个专业的翘楚，有功力、有特色、有成就、有修行，一说起他们的名字、他们的代表作品、他们的社会贡献、他们的社会威望，可谓人尽皆知、人人称赞。这些人士，都是一个时代的精英、超出其专业和领域的社会楷模。而到了二十世纪和二十一世纪交替之际，在流行文化的语境中，名人似乎不足以体现“流行”的程度和元素，而较普遍地被“明星”一词所替代。

改革开放后，随着对外开放的加大、经济的发展、社会的活跃，外来的流行文化，以流行音乐和影视剧为代表，从局部的渗透、引进到全面的涌入，对传统文化形态形成直接的冲击和碰撞。同时，对我国社会生活的冲击巨大，对人们的文化理念和生活方式影响越来越深。

这种渗透和涌入有个过程。二十世纪七十年代，人们还无法通过正常的途径接触外来的流行文化。以邓丽君为代表的流行歌手的歌曲，被称作“靡靡之音”。八十年代初，文化的开放随着社会的开放日益扩大，中国港台地区流行音乐、影视剧以其耳目一新的形式，一时风靡天南地北、男女老少。人们发现，歌曲还能这么唱、电影电视还能这么拍，像男女之间的恩爱可以直接、大胆地唱出来、说出来，爱恨情仇可以被演绎得死去活来、惊天动地。人们从这些流行文化中得到感官愉悦、精神放松的同时，也获得情感的共鸣和一些感知的认同。之后，以美国为代表的西方流行文化，以日本、新加坡、韩国为代表的东方流行文化，相继传播到中国。可以想象，中国大陆原有的本土文化形态受到外来的新型流行文化冲击之大。

在传播这些“新鲜”文化的同时，有人开始模仿、学习和创造自己的流行文化。这里仅以流行歌曲为例子。从八十年代初歌手们模仿、翻唱开始，一时出现了不少的“小邓丽君”“小苏芮”，之后音乐人在学习、借鉴外来流行音乐的基础上，尝试创作有自己特色和风格的流行音乐，培养自己的流行歌手，到八十年代末、九十年代初已经有不小的成就和影响。九十年代中后期，一批音乐人、歌手和流行作品涌出，形成一定的规模和影响。

明星和作品是流行文化中的两大构成要件。在流行文化的语境中，“明星”和传统意义上的“文化名人”，所指有共同之处，但内涵和意味已经有了很大的不同。比如，不管是流行音乐还是影视剧，明星的产生看起来好像很容易，可能是由于一首歌、一部电影或电视剧，一夜之间就突然“火”了起来、万人追捧，不像传统意义上的文化名人，经过数年、数十年的艰苦创作、大浪淘沙方得扬名立万；流行文化的明星们大多很年轻，不少是年纪才十几岁的俊男靓女，与传统意义上的文化名人以德高望重者居多，完全不一样；明星们出名之后，在经济收入上有立竿见影的充分体现，巨额的商业演出报酬、广告和形象代言人的收入、各种形式的分成等，可以说，与一夜成名相伴而来的就是一夜暴富，名与利这么直截了当地挂钩、“名利双收”表现得如此简单而鲜明，传统意义上的文化名人是怎么也想不到的。

于是，就像流行作品的创作，从模仿、借鉴到有自己的特色和风格，流行歌星和影视明星的培养和打造，也相伴着走过大致的过程，从朦胧自发，到模仿学习，再到有意识、全过程、成系统地培养和包装，俨然成了一个专业。明星经纪人的出现和成熟，社会资本的介入，专业化加上市场化的组织运作，这个专业很快就演变成了一个行业、一个越来越大的产业。

在这个过程中，日趋发展的互联网技术及其文化理念起了很大的推动作用。起初对明星扩大影响的宣传和推介，每年挂历上的大头照片、报刊上的介绍文章和电视采访，是主要的方式。二十世纪九十年代中后期，挂历慢慢淡出了人们的视野，后来干脆消失成了记忆中的“文物”。互联网的超大容量、快速传播、直接体验和互动交流的方式，使得明星的影响和明星文化的传播如虎添翼。从原来的明星写书自我宣传，到开微博、后来办公众号，其经纪团队在新媒体上各个方面、各种方式的包装和炒作，如衣着打扮、恋爱动态、家庭生活、花边新闻、饮食爱好、演出模式等，你想知道的或不想知道的，不停地“狂轰乱炸”，目的只有一个，就是使明星的名气越大越好、关注度越高越好、人们对明星的印象越深越好。在经纪人的规划下，有的明星演而优则唱、唱而优则演，多栖塑造、多星途发展，星光越灿烂越好。这背后依然是名利双收、不断循环的逻辑。

有利益的地方就会有资本的影子。市场化的理念无疑助推了流行文化产业的发展。但资本的深度介入、无序过度介入，就会像对其他任何行业和领域的影响一样，带来极度逐利的一面，重利轻义、唯利是图甚至不择手段的现象也时有发生。比如，对明星生产的流水线和不断拉长的产业链，不同程度绑架了明星的正常生活和个性；过度炒作，带来对社会正常伦理和秩序的冲击，特别是对成长阶段的青少年的价值观产生难以估量的负面影响；流行文化的急功近利、假冒伪劣和虚夸浮躁，反过来更助长了社会上业已存在的一些不良风气；等等。

毋庸讳言，流行文化本身就有强烈的追逐名利的特性，在资本的追逐结合、深度介入和强力控制下，这一特性会更加膨胀、更加明显、更加露骨。“成名要早、成名要快、发财要快”，成了不少“圈内人”的口头禅。以出奇甚至出格为荣、相互攀比、贪图虚荣、争相奢华，成了不少“圈内人”的生活习性。当时社会上的各种不正常现象，流行文化圈内都有着不同形式的表现。同时，这样一个特殊的名利场，又有着更有其特点、风格的乱象，比如虚假合同偷税逃税、吸毒等，时不时地冒出来，强烈地冲击着人们的“三观”和对流行文化、明星的看法。这里确实存在着精神境界和社会责任的引导问题。

相对来说，普通人大多生活在现实和理想之间，一些搞流行文化的人可能更复杂，生活在现实、艺术和理想之间。艺术不同于一般的工作技能和生活手段，它有着更为特殊的一些要求。有真正的功力、实力做基础、做支撑的明星们，包装、炒作得恰如其分，能增光添彩、越发红火；没有实力基础的人，想靠包装出道、出名，怕是没多大的用处，很可能费了功夫，仍逃脱不了昙花一现的命运，有的还会落下个笑柄和寂寞。正如在《愈来愈热闹的名人文化现象》中所指出的，只重“名”而忘了“人”、或没有了“人”，这样本末倒置的想法和行为，终究不是正途，也终究难以真正成“名”，长久不了。

流行文化本身还有极其残酷的一个方面，之所以能流行，就是要不断地更新、不断地变化，从内容、形式、风格等各方面经常有新的东西产生，才能不断地吸引住人、发展下去。这种新陈代谢，既有作品的、又有明星的，频率之快、周期之短远远超出以往，令人目不暇接。当时有一种说法，“各领风骚一两年”，有的怕是一两年也领不了，这边的人出名刚红了几个月，那边的“新星”可能接二连三地就出现了，一茬盖过一茬，有的很快被淹没得悄无声息。在这种竞争惨烈的名利场中，在这样紧张的生存环境中，有的人压力之下可能偃旗息鼓、转身而走，有的人可能更加玩命、更加折腾，更有的人甚至为名利、为生存不择手段。折腾出来的毕竟是少数。更多的人是热闹那么一阵之后，“风流终被雨打风吹去”了。

当时很多人意识到文化产业特别是流行文化产业的巨大价值，办各类文化公司、建影视城，做各种文化产业项目。其中有地方政府的积极参与、统筹和推动，有民营企业的资本运作，也有境外资本的介入，这些大都是好事，有利于文化产业的壮大、文化事业的发展。

文化产业的孕育和发展，当然也包括流行文化产业在内，自有其发展规律和特点，需要专业的人做专业的事。在热闹、繁荣的景象之中，也出现了一些与发展趋势不相适应的现象。很多人清醒地感觉和认识到，文化产业和其他任何领域、任何产业一样，“浮皮潦草和急功近利都是要不得的”（《中国足球的“洋务运动”》），扎扎实实做事情，应该是共同的道理、普遍的逻辑，是长久的健康发展之道。

附 1

中国足球的“洋务运动”

有人讲，历史有惊人的相似之处。

信然。考察近年来中国足球的演变轨迹，总让人不由地联想到一百余年前的“洋务运动”。虽然作为现代竞技体育之一种的足球运动，与作为立国之本、强国之道的军事、民用工业，是近似于风马牛不相及的完全不同的两码事儿，但那总受制于人受欺于人的窘样儿、落后就要挨打的感受、穷则思变谋求革新的急切心情、冲破阻力不顾一切地“师夷长技以制夷”的种种尝试、急功近利、恨不能一夜之间就强大得战无不胜的理想情结，你能说这两个世纪末的两个历史现象的演变轨迹不是惊人地相似？

相似终归是相似。发展工业建造炮船增强国力，与提高技战术水平、增强对抗能力应变力冲出亚洲，毕竟还是完全不同的两个领域两个范畴。前者不管科技文化技术管理乃至制度性措施，尽可以拿来，只要某些方面有实质性的改进或变化，比如向外国购买枪炮或自己制造（只要造得出），就可以立马拿来顶顶用。至于综合国力，只要是不断地在提高，别人就不敢忽视你，不见得非要一下子就“会当凌绝顶，一览众山小”。后者则不然，在各方面都“拿来”的同时，你的综合实力一时没有明显的质的提高或变化，或者说，你什么时候没有超越于他人的综合实力，什么时候就要继续受制于人受欺于人。足球，有自己特有的规律。

许多东西是买不来，买来了也不是你的，它总得有自己的东西。

——指导思想。一百多年前的洋务派倡导者冯桂芬，倒是比我们明确而且系统：“始则师而法之，继则比而齐之，终则驾而上之，自强之道，实在乎是。”反观我们十年来的足球实践，“终则驾而上之”，一切为了出线的终极目标似乎淹没了过程，“师而法之”没有太多的人去关注，即便有人去关注，“技战术素质有了一定的提高”，但若出不了线，一切都没有了意义，施拉普纳如此，霍顿也是如此。于是，便有了接二连三的洋教练“你方唱罢我登场”的热闹场面，也有了前天德国、昨日英国、今日南斯拉夫的相继试验。我们的足球实践，像是不需要学习、不需要提高，只要有用就行。只要谁敢说能把中国足球带出亚洲，就请你来，尽可拿去。

——措施与方法。我们似乎吸取了先人的经验，不仅请进来，而且要走出去。但这“走出去”除了形似之外，神似方面就差得远了去了。十九世纪末二十世纪初的走出去，造就了不少各种学科知识的精英人才，他们归国后的传播作用，对中国现代科学知识体系的建立乃至现代社会制度的重塑居功至伟。而我们走出去的足球少年，除了塑造国人寄予太多厚望的自身“足球天才”外（能否“终成正果”是另外一回事儿），他们带回的恐怕只剩下少年身上人为刻画的影子。

——群众基础。十九世纪的洋务运动在这方面留给后人不少教训。他们或许是受当时物质条件、传媒手段、传统势力、国民基础等各种条件的制约，或许是他们太急于“火轮船”这“今日救时之第一要务”（曾国藩语），或许他们压根儿就无暇顾及乃至压根儿就没有意识到培育国民意识、提高全民素质从而营造强大的群体基础。总之，历史嘲笑了他们，他们的“运动”受了太多的制约，显得有一定的声势、举动和成就，但缺乏欧洲早期资本主义运动时的气势、力度及全民影响力。中国现代足球似乎不能与这些相提并论。现代生活的加速发展、商业化色彩的日趋浓烈，可做的事情太多，谁愿去做那些吃力又没人知道更难以讨到好处的事情？出不了线，基础的培育再怎么好有什么用？历史的智慧在冷眼旁观，没有实实在在的基础做支撑，你即使在某次比赛中侥幸出了线，又有什么用！

总处在一种窘境，总幻想有那么一天，总得想出点办法。于是有善意的球迷（球迷总是善意的）提出了一些招数：请进几个玩得好的外籍球员，加入中国国籍以提高国家队的实力；转会来几个影响我国出线的某国国家队主力队员，来我们国家踢甲A联赛，以“降低”其足球意识和技战术水平。

如果有那么一天，中国也突然冒出几个中田英寿似的明星；或者中国队的分组形势格外有利；或者米卢蒂诺维奇之类的教练果真继续神奇；或者这几种“或者”全凑在了一块，中国足球真的冲出了亚洲走向了世界，球迷的指责完全变成了山呼海啸般的惊奇和赞颂，什么足球“洋务运动”的得失，还会有谁再无聊地提及？

会有那么一天，会有那么一天……不仅仅是球迷在吟唱。

（《中国审计报》2000年2月11日第4版，发表时题目改为《“洋务运动”与中国足球》）

附 2

愈来愈热闹的名人文化现象

紧紧跟随社会前进的步伐、现代媒介的发展，名人自身的宣传日益现代化。这也是一种进步。比起前些年有限的几本画刊、几个报纸副刊——那还都是“别人”办的，比起前两年的“出书热”“官司热”来，名人文化像是更丰富了些、也更自觉了些。有一个固定的阵地，全然不受“圈外”报刊隔靴搔痒的评说或说三道四的“监督”，“圈里”的朋友滚在一块儿嬉笑怒骂、指天说地，甚至可以尽情地把平素多少受些压抑的“圈内”才有的风情习气，淋漓尽致地如孔雀亮翅般挥洒出来，岂不是更自由、更方便些？

名人不同程度的“感召力”，是否就决定了名人文化一产生就先天地、自然地带有轻而易举的影响力？这一点大概是肯定的。名人本身就是一个牌子、一种广告、一种效应，不用说国际金奖、各种新约旧契、情恋绯闻，这类一经风起就立马传遍五湖四海的事情了，就是衣食住行、发型变化，这些点滴小事都会有人注意，更何况拿他们做些文章，或者拉他们自己出来做些文章、“很随和”地说话聊天了，还能发愁没有人来看？

风险当然也会有些，比如前两年的“出书热”，热闹一阵子，后边跟进的就远没有了“先知”们的红火。真正的生命力，要靠自身的实力，就如同造就明星一样，需要造势、需要炒作的热闹，但能否真正成为明星，能否真正有影响、有市场，能否长久地保持影响力，而不是赚了一把就消失得比成名还快的昙花一现，最根本的还是靠实力。

正像名人是在传媒、大众认可之后，才成为名人；名人文化也需要受众（有“圈里”的名人，更多的怕还是“圈外”的非明星们）的认可、“跟进”、参与乃至培育，认识不到这一点，只是“圈儿”气太浓、一味地搞些“圈里”的“精英文化”，那也最多只能在“圈儿”中产生些许影响。但既要热闹，又要赚钱，恐怕困难。

谁又能否认名人文化本身就是名人自我推销的一种手段？人怕出名猪怕壮，这话现在可是完全彻底的错了。猪若不壮你还养它干吗？除了说明你于此没什么本事，更为关键的是，如何能卖得出去？至于名声，那更不用说了，只要在“圈里”混，就要在实力的基础上用上一切有用的关系、使尽一切好使的办法，做好业务的同时把名声“做”得“大大益善”、越大越好。不然，收视率、排行榜、销售量、影响力什么的，可就真的成了无源之水、无本之木了。

这样的自我推销，又何愁不会产生其他手段难以替代的效果。只要在表现自己、宣传自己、推销自己的同时，“不要太潇洒了”，注意些方法、技巧和分寸就行——干其他任何事情何尝又不是这样？何况你是与众不同的名人，干的又是宣传自我这种天然的就与普通大众多少带些对立的事情。如果“圈外”的人受了你的影响从而有了追星的新方式，你的目的彻底达到了，细心的策划和上下忙活终究得到回报。如果让你的受众有了“名人跟我们有什么关系”的感受，像觉得当初“追星”很可笑一样，反倒更清醒、更认清了自己与“名人”根本就是两码事儿，再想拉他们回来怕就格外难了。除非你办刊物、设网站之初压根就没想拉他们，理会他们——可能吗？

有些专门以名人为对象的刊物和网站，公开的创办宗旨看似很高尚、很吸引人，如“展现时尚娱乐潮流，折射缤纷动感世界”，“传授健康高品质的生活理念和生活方式”。既然说出来了，关键还是做。如若真的这样去做、做到了这样，并且这种“展现”、“折射”和“传授”，在众多的追星者那里有了正面的积极的回应，没有令“圈外”的人感到丝毫的隔阂、疏远和陌生，这世界倒真的会更丰富多彩些。如若一味地搞些“名人霸权主义”，只重“名”而忘了“人”、或没有了“人”，这样的名人文化怕是也同倡导它的名人一样，热闹那么一阵之后，“风流终被雨打风吹去”了。

不少地方看到名人效应、看到文化产业的前景，花费巨大的财力，争相打造影视城等。真正要营建起我们自己的好莱坞，还有许多东西要学，有许多事要做，有很长的路要走。浮皮潦草和急功近利都是要不得的，做成一件事情，考虑一时之利的同时，更需要思索长远的发展，文化产业的建设大抵也这样。

（《中国审计报》2010 年 10 月 6 日第 4 版，发表时题目改为《名人效应的“谋略”》）

五 规矩的人多了（2017年）

党的十八大以来雷霆万钧的反腐败斗争，
影响巨大且深远

时代背景和相关话题

党的十八大以来，以习近平同志为核心的党中央勇于面对重大风险考验和党内存在的突出问题，以顽强意志品质正风肃纪、反腐惩恶，消除了党和国家内部存在的严重隐患，党内政治生活气象更新，党内政治生态明显好转，党的创造力、凝聚力、战斗力显著增强，党的团结统一更加巩固，党群关系明显改善，党在革命性锻造中更加坚强，焕发出新的强大生机和活力，为党和国家事业发展提供了坚强政治保证。

——《中华人民共和国简史》，第373页至第374页

1. 如何宣传报道党的十八大以来的反腐败工作

人们无法选择自己生活的时代和地域。每个时代和地域都有其时间和空间上的独特性、复杂性，如果能够恰巧在一个特殊的地域生活在一个特殊的时代、风云变幻甚至乾坤移转的时代，那将是极其幸运的。

2012 年之后的中国，应该是处在一个特殊的、变化巨大的时代。经过这段不寻常历程的人都知道，党的十八大以来的历史成就是全方位的，政治、经济、社会、文化、生态文明等多领域、各方面成就都是巨大的、举世瞩目的。其中，全面从严治党、党风廉政建设和反腐败斗争，其波澜壮阔、动人心魄的非凡进程，标本兼治、世人称赞不绝的卓著成效，对党和国家、对社会全面深刻的影响，大家印象都很深刻、感受更深切，每个人对此都有自己的体会和见解。

我们每天都处在历史的发展之中，经历或大或小的历史事件，见证历史或平缓或急遽的变化。作为新闻工作者，就不仅仅是经历和见证了，还要敏锐地捕捉这些变化的细节，尽力记录下发展变化的轨迹、样貌和特点。

时间到了 2017 年。为迎接党的十九大召开，新闻单位不约而同要回顾总结、宣传报道党的十八大以来的成就，对五年来各项工作的进展、成果和影响做些盘点和梳理。当时就职的中国纪检监察报社，是中央纪委的机关报，是宣传阵线一支重要的有生力量，并且是全面从严治党、党风廉政建设和反腐败斗争领域宣传的主阵地。对这个领域工作的宣传报道，报社一是责无旁贷，理应做得更主动、更积极，做得更充分、更好；二是近水楼台，大家认为有新闻资源等方面的优势，做起来应该更专业、更准确，在读者心目中更有一定的权威和影响。在这个重要的时间节点，如何组织研究、策划，做好对五年来党中央有关全面从严治党、党风廉政建设和反腐败斗争重大决策部署的宣传报道，做好相关工作的艰辛历程、巨大成效、丰富经验和深远影响的宣传报道，是摆在报社同事们面前一项重大的任务。

其实，我们从 2016 年年底、2017 年年初就开始考虑，着手组织策划和筹备。先是发动各个部门、特别是采编一线的同志，围绕这一任务积极思考，提出有关宣传报道的意见和建议。作为党的十八大以来强力正风肃纪反腐的见证者、参与者、记录者，也是感染者、受教育者，新闻记者和编辑们对于这项工作，在政治上、宣传业务上还是比较敏感的，对五年来不平凡历程的感受可能更深些，积累的认识和体会更多些，见解也可能更不同寻常。大家从各个方向、各个层面、各个角度，提出了很多有价值、有意义的意见，有的提出具体的栏目设想、选题方向，有的则是提出了对整体宣传报道的安排建议，涉及报道的内容、形式和组织方式等。集中大家的意见和建议后，我们反复讨论、研究，拿出了宣传报道的初步方案。主要想法是，新闻报道、评论言论、理论、历史文化等几大版块，从各自的职能定位和宣传特点出发，分别做出对五年成果宣传报道的计划，全社统一调度，在 2017 年一季度即实施，做到整体推进、全面开花，“长流水、不断线”。在此基础上，全社集中力量，着力做好两个重点报道，办好两个栏目。一是在头版推出系列总结性的报道，共分七个专题、初步拟定出50个具体题目，做全面、系统的梳理和总结，力求生动地反映五年来在党中央的坚强领导下，全面从严治党、党风廉政建设和反腐败斗争的工作历程、工作成就、工作经验和社会影响；在系列报道之后，跟进推出系列评论文章，作为系列报道观点的提炼和升华，以增强宣传报道的效果。二是适时推出“我看这五年”专栏，约请社会各个方面的代表性人士，讲述自己五年来的经历和看法，从不同侧面、不同角度畅谈对全面从严治党、党风廉政建设和反腐败斗争的感受和体会。

可以看出，这两个重点报道的栏目定位不一样、风格不一样、呈现方式也不一样。为做好两个栏目的有机衔接、相互呼应，使报道效果形成合力，我们在工作安排、力量组织、编发方式和节奏掌握等方面，做了研究和统筹。一是时间上的衔接。系列总结报道稿件的采写工作，从3月中旬的两会报道结束后就开始启动，4月中旬开始推出栏目和文章，一直持续到9月底；在这个栏目文章刊发一段时间、形成一定的社会影响和反应后，第二个栏目从6月开始启动采写和征稿工作，7月初推出栏目文章，初步安排持续到9月底，视社会反响情况可以延续到10月。二是稿件采写内容和角度的衔接。第一个栏目的文章，力求全面、准确、翔实、权威，每个具体题目都是某一项工作的集中反映，每个专题的数篇文章汇集在一起，都是一个领域工作的全面的、权威的综合报道，所有专题的几十篇文章集结在一起，应该是五年来全面从严治党、党风廉政建设和反腐败斗争的全景式、立体式、综合性的总结报道；第二个栏目的文章，则是小切口、大主题，可以是一个人、一件事、一个见闻、一点感受，从具体故事和细节谈起，“一滴水中见太阳”。三是风格、形式上的互为补充和烘托。第一个栏目的文章，要求立意高、反映全面、观点正确权威，力求高端、大气、有张力和说服力；第二个栏目的文章，则是“小、快、灵”，小处着笔、典型生动，不拘形式，体现个性，灵动活泼。四是在版面安排和处理上有所差异。第一个栏目开在一版，没有特殊的情况就在头条刊发、通栏处理，每个专题的文章尽可能连续推出、形成整体性和连贯性的宣传效果，稿件编发要庄重、有气势；第二个栏目开在四版（新闻观察版），作为头条文章，每周推出两三篇，版面处理要生动、有朝气、接地气。这样，两个栏目既各自形成体系、各具特色，又错落有致、相互映衬、相辅相成，成为一体。

为做好第一个重点报道，全社采编部门的同志都被动员参与了进来。当时的报社尽管是日报，在全国有一定的影响力，但办报人数较少，采编部门的同志总共不到50人。报社的几个负责人做了分工，分别负责一两个专题的组织、统筹和审稿，各个部门的业务骨干义不容辞挑起了大梁，已经“功成名就”、多年参与编审工作而很少提笔写稿的编委会成员，参加工作不久的年轻同志，人人都主动领取了题目。不少同志在紧张繁忙的日常策划、采编、审稿、夜间值班、综合行政等工作之外，加班加点投入到这一“全社的重点工作”中。新闻工作者任劳任怨、一丝不苟的敬业精神和强烈的使命感、责任感，在这样的关键时刻、这样的重大任务面前，表现得淋漓尽致，着实让人感动、钦佩。现在回过头看，通过这种方式的大规模“集团”作战，大家人人参与，集体讨论、研究，相互沟通配合，有效协调衔接，不仅高效地完成了重大的“战役性”报道任务，很好地增强了大家的团队意识，“集中练兵”也锻炼了队伍，提高了大家的工作能力和水平。“老”同志克服各种困难，按时高质量地交上了稿件；一些年轻的同志勇气可嘉、锐气十足，尽管有人在采写过程中经受了曲折、磨难和委曲，但有了参与这种重大报道的经历，大家一致的感受是收获多、受益大，思路开阔了，采写稿件的自信心增强了，再遇到这类文章，心里不怵了。这些收获是最难能可贵的。后来我们多次在重大专题报道中坚持这种做法，并不断改进、完善，屡屡尝到“甜头”。比如，2018 年庆祝改革开放 40 周年的重大宣传报道，开办“40 年 40 词”专栏，发出 40 篇专题组成的综合报道；2019 年庆祝中华人民共和国成立 70 周年的重大宣传报道，组织了近 70 篇的专题报道。

第一个栏目采写、编审、发排的同时，第二个栏目的组织也排上了日程。这个栏目不像第一个栏目那么系统，采编的难度和压力也没有那么大，但要办好了，也不容易。由于这一栏目的自由度大一些，题材、体裁和风格更为宽泛一些，很想做一些大胆的尝试，做得新颖些、灵活些、生动些、活泼些，我们就和编辑部门的同志反复沟通、商量，组织和采写的文章，一定要贴近生活和读者，让大家在轻松、舒适的氛围中读得下去、喜欢看，进而使栏目有感染性、吸引力，能产生阅读期待。文章的内容，可以由社会各个领域、各个阶层、各个方面的人士，从不同的角度、不同的层面来讲、来叙述，讲个人的体会和感受，要有真情实感、真切的见解；除了以征文形式吸引自然来稿外，要主动联系、多方约请、组稿，可以找各个领域的代表性人物、知名人物，以带动栏目的影响力和传播力，也可以采写普通干部群众的故事，以增强感染力和生动性；可以由我们的记者去采访、记录整理，也可以由讲述人本人撰写。

要把这些想法付诸实践，起初的工作压力还是蛮大的，编辑部门的同志们边研究、边运营、边调整。做过新闻、办过报纸的同志都知道，栏目既然要开，就要准备充分，把握好节奏，应对好各种变化可能带来的困难。每天连续不断地用稿，不能断了线。要事先有一定的储备，不仅手头有随时可发的稿子，还要预备好一些相对成熟能用上两三天的稿子，以备换稿等不时之需；同时还要盯着一些记者、联系一些重点作者，催促他们交稿的时间等。有人对此戏称：得吃着碗里的，看着锅里的，还要想着冰箱里和菜市场上的。新闻工作的快节奏、高强度、紧张和繁杂，就是体现在每天这样不能间断的工作中。

小伙伴们也是够拼的。大家通过各种门路联系采访对象、找一些成熟的作者沟通。他们陆续找到了一些专业领域全国顶尖的科学家、专家学者，社会上有影响力的全国劳模、先进工作者，知名的作家、艺术家和文艺工作者。令大家受鼓舞的是，这些受访者一听说是中央纪委的报纸、要用这样的创意办这一栏目，都觉得有的说，大都欣然同意接受采访，或答应亲自撰写文章，积极支持党风廉政建设和反腐败的宣传报道工作。从他们的态度这一个侧面，反映出五年来反腐败工作在大家心目中的巨大影响，也一定程度上印证了我们做这一栏目的路子是对的、可行的。这种反应进一步增强了大家一起办好这个栏目的信心。

为了支持和鼓励编辑部同事们的工作，也是基于对五年来气势磅礴、波澜壮阔的反腐败斗争的进程和成就感受多，对因此而扭转乾坤、改变社会走向和历史走向的巨大影响体会深，“有的说”，和读者朋友分享自己发自内心的感受和体会，也是为了尝试一下多年不动的笔头，就在业余时间，写下《规矩的人多了》（见文末附1）一文。

文章中讲到的人和事都是真实的，是亲自听到和亲身经历的，谈到的体会和情感也是真切的。比如父母反复叮嘱儿子不能“惹事儿、犯事儿”的故事，就是在机关工作的同学讲的，并且，他在讲这事儿时唏嘘不已：都快五十岁的人了，还要年迈的父母为自己这样担心、操心。那个看完电视专题片后，郑重其事地劝父亲千万“不能去贪污受贿”的小女孩，就是单位一个同事上小学的孩子。文章刊发后，那个退伍后在北京经商的朋友，打来电话主动“对号入座”，表示很高兴，说没想到把讲给你的事儿也写进去了，让更多的人看看，知道这些年的变化，知道现在是什么时候，别再犯糊涂、搞那些不识时务的名堂了。

这样的人和事儿太多了，每个人都会讲出不少。大家从这些生动的真实故事中，都真切地体会到，波澜壮阔的正风肃纪反腐，不仅惩治了腐败、查处一批腐败分子，也教育了党员干部，改变了党风政风、带动了社会风气的变化，更是影响到每一个人。

2. 正风肃纪反腐之强烈印象

对于党的十八大后的党风廉政建设和反腐败斗争，已经有不少专家的各种著述，新闻媒体也有大量报道和总结文章。这一过程动人心魄，其波澜壮阔的过程、卓著的成效，影响至深至广，也是世所罕见、史所罕见。相信将来，仍会有研究者从不同角度回顾、分析和论述。

经历过这一不平凡斗争的人，都会有说不尽的体会和认识。自己长期在纪检监察机关工作，在这个时期从事的是纪检监察宣传报道工作，可以说有机会比较近距离地观察和感受“风暴眼”，也是无时不受震撼。这里简单描述几个较为深刻的印象，以作分享。

深刻印象之一：党中央正风肃纪反腐的决心之大、态度之坚决果敢，前所未有、世所罕见。

党的十八大后的全面从严治党、党风廉政建设和反腐败斗争，在人民群众那里，通常说的更多的是“抓作风”和“反腐败”。

对党中央领导全面从严治党、坚决惩治腐败决心的认识，不少人，包括一部分党员干部，并不是一开始就看得清、跟得上，一些人的认识还是有一个逐渐深化的过程。

习近平同志作为党的总书记，第一次出现在公众面前，即在十八届中共中央政治局常委与中外记者的见面会上明确指出：新形势下，我们党面临着许多严峻挑战，党内存在着许多亟待解决的问题。尤其是一些党员干部中发生的贪污腐败、脱离群众、形式主义、官僚主义等问题，必须下大力气解决。全党必须警醒起来。“打铁还需自身硬。我们的责任，就是同全党同志一道，坚持党要管党、从严治党，切实解决自身存在的突出问题，切实改进工作作风，密切联系群众，使我们党始终成为中国特色社会主义事业的坚强领导核心。”这些庄严郑重、掷地有声的话语，彰显出抓好党风廉政建设和反腐败斗争的决心。不久，中央政治局召开会议，审议并通过关于改进工作作风、密切联系群众的八项规定。中央领导带头、从具体事情做起，显示出坚决反对形式主义、官僚主义、享乐主义和奢靡之风，改进党的作风的决心，得民心、顺民意。

当时，许多人听进去了、认识到了、感到了振奋；也有的人可能只是听听，并没有认真去领会。

之后，中央领导在外出视察、会议安排等各方面以身作则、率先垂范，全党各级组织贯彻落实中央八项规定精神的具体措施陆续展开，各级纪检监察机关加强监督检查、对违反中央八项规定精神问题，特别是对“四风”问题严肃查处和公开曝光。大家逐渐意识到，党中央的态度是坚决的、是下了决心的，说了就要做到，违反了就要处理，处理了就要公开曝光的。

此前反复整治的公款吃喝、大吃大喝等问题，在党的十八大之前一度泛滥，广大干部群众反映强烈。有人说起当时的吃喝现象，一些党员干部“不是在吃喝，就是在去吃喝的路上”，越吃越高档、豪华，越喝越出奇、离谱，发展到后来，人们不是在吃喝，而是通过吃喝比着怎么奢侈。一些人沉浸其中，饭局上，张扬、显摆、浮躁，成了常有之事。逢年过节送礼，礼品越来越高档，后来直接就送钱了。吃喝收礼，对一些党员干部来说，成了家常便饭。这表面上看是作风问题，根子上是不把党的纪律当回事、不把自身的形象和人民群众的看法当回事，发展下去就成为严重的腐败问题。党中央能够下这样大的决心、用这么大的力度抓“四风”，抓的效果如此明显，确实振奋人心。

查处腐败分子、坚决惩治腐败问题，也是这样。党的十八大召开后不久，就公布了对四川省委副书记李春城立案调查的消息，李春城成为党的十八大后首个落马的省部级干部。有人敏感地意识到，新时代正风反腐的大幕已经正式拉开。之后，随着接二连三地对高级领导干部腐败案件的查处和公布，人们很快就知道，反腐败可不仅仅是口头说说，而是认认真真地要反，实实在在、扎扎实实地反。

这期间，习近平总书记一系列关于党风廉政建设和反腐败斗争的重要讲话深入人心，许多“金句”铿锵有力，大家耳熟能详，比如，“有腐必反、有贪必肃”“猛药去疴、重典治乱”“坚持‘老虎’‘苍蝇’一起打”“无禁区、全覆盖、零容忍”“凡腐必反，除恶务尽”等。

行动是最好的纲领，现实是最好的教材。原来还有些观望、迟疑的人惊醒、震惊了，更多的干部群众受到了鼓舞，很多人发自内心地说，知道什么是动真格、什么叫认真了。大家都为党中央正风肃纪反腐的态度和决心叫好、称赞、折服。

深刻印象之二：“打虎”“拍蝇”“猎狐”力度之大、频率之高，前所未有，世所罕见。

党的十八大后，在党中央的领导下，中央纪委和地方各级纪检监察机关极大地加强对腐败案件的查处工作，可谓开足马力、不遗余力，“打虎”“拍蝇”工作进展迅速、硕果累累。

查处腐败案件是政治性、政策性、专业性和综合性很强的工作，从信访举报、线索处置、初步核查、全面调查取证，到问题的认定和案件的审理等，都有严格的工作要求和程序。2012 年 12 月，公布对四川省委副书记李春城的立案调查，人们对此还更多的只是停留在被调查的第一个省部级领导干部的印象，当时对正风反腐力度之大可能还没有形成太多的概念。2013 年上半年，关于党风廉政建设和反腐败斗争的各种思想工作、舆论宣传持续加强，纠正不正之风特别是纠“四风”的工作，紧锣密鼓地进行，案件查处工作实际上也在紧张地开展；到了下半年，不断地有省部级干部被调查的消息陆续公布出来。2014 年则是密集披露各种腐败案件查处信息的高潮，公布的越来越多、频率越来越快、查处对象的级别和“名气”个个如雷贯耳。

一是查处高级干部数量之多，是前些年没有的。据统计，2014 年中央纪委公布的立案调查的中管干部有 60 多人。这是个什么概念？在党的十八大之前，每年查处的省部级干部大致在 10 个左右。十八届中央纪委向党的十九大的工作报告中讲到，党的十八大后的五年，经党中央批准立案审查的省军级以上党员干部及其他中管干部有 440 人。中央纪委查办案件工作力度加大，地方各级纪检监察机关的案件查处工作也在加强，办案数量也增加很多。

二是查处案件的信息多，公布及时、密集，干部群众形成了收看这些信息的“期待”，反腐败工作进一步鼓舞了党心民心。大家经常看到这样的情况，有的省部级干部头一天还在参加会议或公务活动，第二天就公布了其被立案调查的消息；中央纪委的网站，有时一天发布两三个省部级干部被调查的消息，被群众称为“一日两虎”或“一日三虎”；有的案件信息是周五公布，或夜间十一二点公布，被网友称为“周末打虎”“深夜打虎”；有的信息在节假日公布，干部群众戏称“中央纪委节日打虎不休息”。

三是一些高级干部被查处后，与之相关的高级干部陆续被调查，干部群众对反腐败持续关注和支持。继李春城之后，四川省先后有政协原主席李崇禧，政府副省长、政协副主席等数人被调查，后来有曾在四川工作、与这些被查官员有工作交集或密切联系的高级干部被立案调查。“坚持以零容忍态度惩治腐败”，党中央说到做到，这进一步增强了干部群众反腐败的信心。

深刻印象之三：查处的腐败案件显示出，腐败问题如此之严重，超乎大家的想象。

随着党风廉政建设和反腐败斗争的进展，向社会公布的案件信息越来越多，人们在惊叹案件数量之多的同时，发现查处的领导干部的级别越来越高，从副省部级，到正省部级，再到原政治局委员、中央军委副主席、全国政协副主席，再到原来的中央政治局常委。

每个省部级干部的案件，公布的问题都很严重，政治问题、经济问题、作风问题等基本都有所涉及，经济上违纪违法的问题数额惊人，且越来越大，从大家以前印象中的几百万元，到上千万元、几千万元，甚至上亿元。四川、山西和后来的江西、云南、辽宁等地，石油和政法等系统，一些严重腐败案件的查处和公布，大家看到了区域性腐败、系统性腐败甚至“塌方式腐败”的危险。人们在震惊之余，一方面为腐败问题的严重恶化、泛滥而揪心，同时也为党中央坚决反对腐败的魄力、措施和力度而感到庆幸、欣慰。

深刻印象之四：落马干部中有一些是认识的，更有一些是曾经的同事或者熟悉的人。强力的反腐败斗争本身就是对党员干部的深刻警示，对群众也是生动的纪法教育。

移动互联网技术的发展和普及，使得人们获取信息极为快捷。领导干部的个人信息，包括学习、工作经历、职务变动、公开言论，甚至家庭背景等情况，在手机上随时都能查得到。可以说，大家可能没有当面见过领导干部本人，但通过查询就可对其各方面的情况了解得很详细。

这种全民关注、全网“直播”“聚焦”的过程，在满足大家好奇心的同时，客观上也是一个极好的警示教育。不少人在关注的同时，憎恶腐败行为，替落马的干部惋惜，也会自觉不自觉地分析原因、找到教训，与同事、亲朋好友议论一番、感慨一阵。越到基层，查处的人和大家认识或熟悉的会越多一些，有的可能是原来工作过的同事，有的可能是同学、战友，有的可能是老乡、亲戚。对于这些人的问题，大家会更加关注，“怎么会这样”“太不应该了”，议论、分析得就会更详细、全面些，对大家的触动、警示和教育会更直接、更深刻一些。

有人由于工作等方面的原因，可能接触领导干部的机会多，认识落马的干部多一些。有朋友曾经讲，经常有认识的人因腐败问题被调查，每听到这样的消息，就会受到一次刺激、受到一次警示。特别是对一些曾经长期共事、相当熟悉的同事，看到他们从身边被带走，受到的震动更大。对于这些被调查的人，有的大家平时就知道其不规矩，出事是必然的、早晚的；有的则是平时很老实的样子，看不出有问题的迹象，没想到公布出来的违纪违法问题那么多、那么大，大家对其两面性感到不可思议。

做纪检监察的宣传教育工作，以前常讲要用身边的人、身边的事来开展警示教育，效果会更好。在党的十八大后的反腐败浪潮中，大家都有这样的感受：基本上是天天在受警示、几乎是时时在受教育。我们联合地方纪委或司法机关的同志，探索各种方式方法，如让党员干部到监狱参观落马干部的狱中生活、到法庭旁听对腐败分子的审判情况、组织观看一些警示片、印发忏悔录等。没有想到，在这个时候，由于互联网的传播，理想中的警示教育效果真正实现了，并且大多是自然的、自发的和直达灵魂的。

深刻印象之五：公开透明的正风反腐工作，赢得社会各界对反腐败的关注，人民群众的积极参与和支持，前所未有。

多管齐下狠抓作风方面的问题、促进作风的根本好转，让大家更切身、更直接地感受到了正风肃纪的成绩和效果。

中央八项规定出台之后，中央领导同志以上率下，各级领导干部严格执行中央八项规定精神，一级给一级做出示范。中央纪委和各级纪检监察机关严格监督执纪，对违反中央八项规定精神的问题，特别是公款吃喝、公款旅游、公款送礼等“四风”问题，发现一起就查处一起，并及时曝光相关违纪人员的行为和查处结果。一些党员干部讲，不仅严肃处理了，还要在全国人民面前公开“出名”“露脸”，以前大家心目中偏“软”的作风建设，通上了“高压电”、有了硬办法。2013 年年初，中央纪委就开始对违反中央八项规定精神的问题集中曝光。在中央纪委网站和

《中国纪检监察报》上，每月公布各地查处的违反中央八项规定精神问题的情况，每个节日前后，集中曝光查处的典型案例，警示和震慑效果前所未有地好。这种有效的做法一直坚持到现在。

全国上下查处的力度很大，部分干部公款吃喝等不正之风，成了过街老鼠、人人喊打。纪检监察机关盯得紧、查得严，新闻媒体跟得及时、公开曝光，人民群众也受到了鼓舞、积极参与进来。他们对看到的一些党员干部的“四风”行为，会自发地拍照片、录视频，通过手机拍、一键举报等形式，随时随地向纪委反映。有人讲，公款吃喝等现象“陷入了人民战争的汪洋大海”。

2013 年 9 月，中央纪委监察部网站创建、开通，后来又陆续开通移动客户端、微信公众号，网站“架起与群众沟通的桥梁”。许多中央部委和省区市党委纪委领导走进中央纪委网站，与群众在线交流，发布权威信息、解疑释惑；纪检监察机关主动回应社会关切，公开工作流程，第一时间发布执纪审查信息；中央巡视组从进驻、反馈到被巡视党组织的整改情况，全程向社会公开。很快，网站的传播力、影响力突起，成了党风廉政建设和反腐败斗争宣传的主阵地之一，上中央纪委网站、客户端看反腐败信息，成了不少人的习惯。

重大案件查处信息的发布、违反中央八项规定精神典型问题的公开曝光，与反腐败政策的宣传、综合工作进展情况的报道等，一起构成正风肃纪反腐信息汇聚的交响乐、大合唱，很是壮观、激励人心。广大干部群众能够及时地、更多地了解党风廉政建设和反腐败斗争的进展和成果，他们因此更加积极支持和参与反腐败工作，反腐败的社会基础日益扩大和巩固。

深刻印象之六：社会各界对反腐败取得的成就评价之高、反响之强烈，前所未有。

在2014年参与组织拍摄《作风建设永远在路上》的专题片时，就强烈地感受到来自广大干部群众支持的力量。大家为正风反腐取得的成绩发自内心地叫好、受到极大鼓舞而信心倍增，由衷地拥护和支持党中央的英明决策、坚强领导和有力措施。“人民的福星，腐败分子的克星”，就是江苏一位老人对习近平总书记的赞扬，质朴的话语代表了广大人民的心声。

在组织报社“我看这五年”的专栏文章时，也从各阶层人士的感受和体会中，看到他们对五年反腐败工作的充分肯定。专家学者讲，五年的时间转瞬即逝，但就在这一瞬间，我们党在共和国反腐倡廉的历史上留下了浓墨重彩的一笔。民营企业家说，党风政风焕然一新，党的凝聚力和战斗力不断加强，而我们广大民营企业也成为全面从严治党的受益者；全面从严治党带来了干部队伍风气的显著转变，亲清新型政商关系更加和谐。全国劳动模范讲，全面从严治党凝聚起不可战胜的磅礴力量，创造出无愧历史的辉煌业绩。国际问题研究者说，在与国外的学者、专家谈到“中国反腐”时，许多人提到腐败是很多国家政府的难题和病症，尤其对于像中国这样崛起中的大国。但是中国却开辟出了反腐新路径。“中国反腐”展现的定力和毅力让他们吃惊，从掀起国内反腐败高潮到影响波及国际反腐败行动，中国展现的高压态势和累累硕果不仅显示了大国能量，也塑造了大国形象。“中国反腐行动”受到许多国家的赞誉和效仿，成为中国模式、中国故事的重要组成部分。

在五年总结报道时，收集国际社会对我们反腐败工作的评价和反响，特别是海外的华人华侨，他们对我们的反腐败工作是高度关注、赞誉不已。

深刻印象之七：纪检监察工作从来没有如此受关注、影响大，纪检监察干部的责任和压力也格外大。

我们都知道，党风廉政建设和反腐败斗争，是在党中央坚强领导、周密部署下进行的，各级党委认真贯彻落实中央的要求和部署，各级各有关部门积极参与，做了大量工作。这其中，各级纪委协助党委组织开展反腐败，发挥的作用不可替代。

长期在纪检监察机关工作，对纪检监察干部的工作情况比较了解和熟悉。以前的纪检监察干部，也很忙碌、很紧张，比如办案人员常年出差在外，有的一年出差的时间有 300 来天。2012 年后，任务更重、工作量和强度更大、工作节奏也更快。人还是大致那么多的人，案件一下子多了好几倍，工作量也是以前的好几倍。同志们上了案件，就像高速运转的机器，停不下来。一个案件刚结束，另一个案件又开始了。同志们要么连续出差在外，要么在办案场所。一两个月回不了家，是常有的事儿；即使回家一趟，也是匆匆拿些换洗衣物，短暂停留后又返回工作岗位。有的年轻同志回到家里，一两岁的孩子见了很陌生、不敢认，每每如此，心里很是愧疚。

纪检监察工作整体性、系统性很强，运转起来整个机关、整个系统都是快节奏的。有记者朋友曾经讲，中央纪委是最忙的单位了。也有人讲，晚上十点多后，中央纪委大楼的灯光是平安大街上一道亮丽的风景。其实，不仅中央纪委忙，各级纪检监察机关的工作都很紧张；其他机关和部门的工作，也都不轻松。

党的十八大后，纪检监察工作的理念发生很大变化，工作标准、程序、方式方法和质量要求等，也相应地有很大的变化。概括地说，就是要求更高了、更严了，更规范化和专业化。有纪检监察干部形象地说，不仅作业量比以往多了几倍，难度、规范要求和质量要求也比以往高了很多，在保质保量的基础上，还要尽快地做。大家边学习、边工作、边调整，紧张和辛苦可想而知。

对绝大多数纪检监察干部来说，来自紧绷着的对党的事业的强烈使命感、社会各界对党风廉政建设和反腐败工作极为关注下的高度责任感，这些紧张和辛苦都不在话下。许多同志克服各种困难，在工作岗位上尽职尽责、任劳任怨，他们的默默奉献汇聚成强大力量，践行着让党放心、人民信赖的庄重承诺。

“打铁必须自身硬。”纪检监察机关作为党内的“纪律部队”，特殊的职责使命，特殊的工作性质，决定了自身建设的要求标准应该更高，自身建设更要过硬，必须有对党绝对忠诚的高度自觉、责任担当和奉献精神。监督者更要接受监督。中央纪委的领导对此要求明确、态度坚决，对干部队伍抓得紧、抓得严，坚决防止“灯下黑”。十八届中央纪委提出，把队伍带好，决不辜负党和人民的重托。每年的全会、每次重要的会议，都反复讲，要用严明的纪律，“最严格的约束和监督”，管好纪检监察干部，建设一支忠诚干净担当的纪检监察干部队伍。与这些要求相一致，不断深化纪检监察机构改革、内设机构调整，坚决转职能、转方式、转作风，清理议事协调机构，把更多力量集中到主责主业上。随着反腐败工作的深入开展，强化“信任不能代替监督”的理念，统筹推进干部的交流工作、日常教育管理和监督等，严格管理队伍的弦在持续地绷紧。

严格管理和监督的另一个表现就是，一些违纪违法的纪检监察干部受到严肃的处理。对这些人的问题严肃查处后，案例剖析和他们的忏悔录等材料，经常用来在纪检监察系统内开展警示教育，压紧做实了从严要求、从严管理的理念。这从一个侧面充分体现了中央纪委贯彻党中央反腐败部署和要求的坚定决心，体现了打造过硬队伍的鲜明态度，对广大党员干部是极好的纪律规矩教育。

经过反腐败现实斗争的锻炼、经过严格的管理监督和实践考验，纪检监察干部表现出政治过硬、能力高强、作风优良的良好面貌。

3. 反腐败的影响远不止于此

谈起正风肃纪反腐，很多人对“打虎”“拍蝇”“猎狐”印象很深、津津乐道。确实，这些是反腐败工作成绩的集中体现。但“集中体现”并不是全部，成效和影响远远不止于此。

党的十八大以来正风肃纪反腐的成就和影响，可以历史地看，即与之前情况沿革的比照、现实的和对以后发展的作用和影响的分析；可以比较地看，即与其他国家或政党做法和效果的比较等。我们尝试着从几个层次的成效、对社会各个领域的影响来考察。

一是制度体系发展健全。

反腐败的实践使大家认识到，没有健全的制度，权力没有关进制度的笼子，腐败现象就控制不住。

党的十八大后，加强对典型案件的剖析和巡视发现问题的分析，从中找出规律性的东西，总结全面从严治党的理论和实践，把那些经过实践检验、必须长期坚持的上升为制度规定，以党内法规的形式固化下来，推动形成内容协调、程序严密、配套完备、有效管用的中国特色党内法规制度体系。

这一时期共制定和修订了一百余部党内重要法规，比如，《关于新形势下党内政治生活的若干准则》《中国共产党廉洁自律准则》《中国共产党党内监督条例》《中国共产党纪律处分条例》《中国共产党巡视工作条例》《中国共产党问责条例》等。

法规制度建设贯穿反腐倡廉建设各个领域、落实到制约和监督权力的各个方面。比如廉洁自律准则重申党的理想信念宗旨、优良传统作风，展现共产党人高尚道德追求。党内监督条例等，把强化党内监督作为党的建设的重要基础性工程，全面落实党内监督责任，着力使监督的制度优势充分释放出来。巡视工作条例强调深化政治巡视，充分发挥巡视监督的利剑作用。党委（党组）落实全面从严治党主体责任规定等，以责任制强化和落实管党治党政治责任，推动全面从严治党向纵深发展。纪律检查机关监督执纪工作规则、纪检监察机关处理检举控告工作规则等，保证纪检监察机关依规依纪履行监督执纪职责。关于对党员领导干部进行诫勉谈话和函询的暂行办法、领导干部报告个人有关事项规定等，明确加强对“关键少数”的监督，确保领导干部尽职尽责、廉洁从政。关于国有企业领导人员廉洁从业若干规定等，强化重点领域、关键环节廉洁纪律要求。

这一时期党内法规制定力度之大、出台数量之多、制度权威之高、治理效能之好都前所未有，党的制度建设取得历史性成就，为坚持和加强党的全面领导，坚持党要管党、全面从严治党，提供了坚强制度保障。

在国家相关法律法规方面，制定监察法、公职人员政务处分法等，依法赋予监察委员会职责权限和调查手段，同时制定与之配套的法律法规，将监察法中原则性、概括性的规定具体化等。党内法规与国家法律协调衔接，依规治党和依法治国相互促进、相得益彰，有效推动反腐败斗争健康发展。

二是体制机制的改革完善方面。

党中央在 2013 年作出全面深化改革的决定，之后又围绕全面依法治国、全面建成小康社会、全面从严治党提出了一系列重要改革的举措。改革合成发力、多点突破、纵深推进，在政治、经济、社会、文化、生态文明、党的建设、国防和军队建设等各个领域取得丰硕成果。

在党风廉政建设和反腐败斗争深入开展的同时，深化腐败问题多发领域和环节的改革，最大限度减少体制障碍。可以说，党风廉政建设和反腐败斗争扫除了一些影响改革发展的障碍性因素，改革发展为党风廉政建设和反腐败斗争创造了体制机制等各方面的环境和条件。

十八届三中全会明确提出，推动党的纪律检查工作双重领导体制具体化、程序化、制度化。在2015年1月召开的十八届中央纪委五次全会上，习近平总书记强调，深化纪律检查体制改革，强化党内监督。产生腐败问题的一个重要原因，是一些体制机制存在漏洞，必须坚持以改革思路推进工作，加强制度创新。中央纪委按照党中央的要求和部署，积极稳妥地推进纪律检查体制改革。实行单独派驻和综合派驻相结合，实现对中央一级党和国家机关全面派驻，各派驻机构强化监督执纪问责，“派”的权威和“驻”的优势明显加强。各级纪检监察机关改革内设机构，力量向监督执纪问责主责主业倾斜。大力实行转职能、转方式、转作风，从理念、思路、工作机制和方式上不断创新、改进。

巡视工作，以贯彻执行巡视工作条例为契机，提高依纪依法巡视能力，在一届内实现对地方、部门、企事业单位全覆盖，并推进中央单位巡视和市县巡察工作，建立上下联动的监督网。创新方式方法，开展“回头看”，推进“机动式”巡视。强化巡视成果综合运用，健全整改督查制度，强化震慑遏制治本作用。

根据形势变化和工作需要，在北京、山西、浙江开展国家监察体制改革试点的基础上，党的十九大明确提出加强党对反腐败工作的集中统一领导，推进国家监察体制改革，构建集中统一、权威高效的国家监察体系。至2018年上半年，国家、省、市、县监察委员会全部组建，同党的纪律检查机关合署办公，实现对所有行使公权力的公职人员监察全覆盖。

党的十九届四中全会作出健全党和国家监督制度的战略部署，要求深化纪检监察体制改革，加强上级纪委监委对下级纪委监委的领导，推进纪检监察工作规范化、法治化。纪检监察机关坚持一体推进党的纪律检查体制改革、国家监察体制改革和纪检监察机构改革，促进党内监督、国家监察与坚持和完善我国国家制度和国家治理体系相适应相协调，不断提高治理能力，着力把制度优势转化为治理效能。

改革和创新贯穿在全面从严治党、党风廉政建设和反腐败斗争的整个过程之中，为纪检监察工作的顺利开展和高质量发展提供了不竭的动力。

三是对党组织建设、党员干部的教育管理和影响方面。

正风肃纪反腐，可以说，反的是违纪违法的腐败分子，最直接受教育、得到警示的是大多数党员干部。

习近平总书记讲到的“七个有之”，全面总结了一个时期党内存在的严重问题。确实，由于模糊和错误的认识、由于管党治党方面一度的宽松软，在党组织的内部，造成一些地方党的领导弱化、党的建设缺失、党的纪律松懈。比如，一些地方和单位党的领导被有意无意地虚化、弱化、边缘化，有的以行政领导、业务领导为荣，把党的职务不当回事，甚至把党的领导置于可有可无的地步。在党的建设方面，不重视，不愿抓、不敢抓，结果往往是不去抓、没人抓。在党的纪律方面，对违规违纪现象不去管、无人过问，形成“破窗效应”，以至于不少人不当回事。有些地方对党员的日常教育和管理监督松懈，有的甚至放任自流。在这种环境下，久而久之，有的党员干部组织意识缺失、党员意识淡薄，要求自己不高、不严；有的甚至忘记了“我是谁”“为了谁”“依靠谁”，丢掉了共产党人的理想信念，只讲功利不讲理想、只讲私欲不讲信仰，精神空虚、意志消沉、心为物役，信奉金钱至上、名利至上、享乐至上。一些人更是把党和人民赋予的权力作为谋取私利的手段，完全不顾党的纪律的约束，屡屡突破纪律和法律的底线，跌入腐败犯罪的泥潭。在不少腐败分子的忏悔书中发现，“完全忘记共产党员身份”之类内容经常出现。有的人把自己当成“官老爷”，追求特权和享受；有的做起了“权钱交易所所长”，大搞以权谋私；有的自视为“红顶商人”，用商业逻辑办事用权；还有的“不问苍生问鬼神”，成为所谓“大师”的“信徒”。

党的十八大以来强力正风肃纪反腐，思想从严、加强教育，制度从严、扎紧笼子，治吏从严、加强管理和监督，管党治党从严从紧从硬，极大地改变了一些党组织和党员干部管理监督“宽、松、软”现象，也极大地改变了广大党员的精神面貌。经过正风肃纪反腐的洗礼和教育，绝大多数党员党的意识大大增强，更加清醒地认识到，党员就是有组织、有纪律的，党员就是讲责任、讲奉献的。老百姓则由衷赞叹“共产党的好作风又回来了”。

正如习近平总书记在党的十九大报告中所总结的，我们勇于面对党面临的重大风险考验和党内存在的突出问题，以顽强意志品质正风肃纪、反腐惩恶，消除了党和国家内部存在的严重隐患，党内政治生活气象更新，党内政治生态明显好转，党的创造力、凝聚力、战斗力显著增强，党的团结统一更加巩固，党群关系明显改善，党在革命性锻造中更加坚强，焕发出新的强大生机活力，为党和国家事业发展提供了坚强政治保证。

四是对政治、经济、社会和文化等各个领域的进步和发展都有极大的推动和保障作用。

整体上看，正风肃纪反腐推动了中国社会全方位、深层次、多角度的深刻变化。这种变化，体现在全党和全社会的思想理念上、运行机制上、秩序上和方式方法上等各个方面，是一种涤荡、洗礼后的全新调整和重塑，也为各领域、各方面的进一步改革探明情况、扫清障碍、奠定基础。

——政治生态。中国共产党是强有力的执政党，其组织状态和运行效力对当代中国的政治运行有着最直接、最全面的影响。政治也有个生态的问题。政治生态优良，政治环境就会清明，对社会各个方面的作用就是积极、正面的；政治生态一旦污染，政治环境就会恶劣，进而对社会其他领域带来消极和负面的影响。政治生态和自然生态一样，稍不注意，就很容易受到污染，一旦出现问题，治理起来就不容易，再想恢复就要付出很大代价。

政治生态一度出现了不少问题，有的问题相当严重。有些地方和领域可谓正气不彰、邪气不祛。比较典型的，如一些地方少数人拉帮结派、结党营私，关系网、潜规则和歪门邪道大行其道，政治与经济交织的问题频发。与此相关联，一些正直的人、老实干事的人则不同程度受到排斥、得不到重视和支持。在干部推荐和使用中跑官要官、买官卖官等现象在一些地方存在，有的地方甚至在党代会、人代会中，公然大范围给代表送钱送物，拉票贿选、破坏选举制度，如后来查处辽宁、湖南衡阳、四川南充的贿选案。政治生态在一些地方和领域逐渐恶化，演变到后来，一些系统性、区域性等特征明显的腐败现象相继出现，如后来查处的中石油系统的腐败案件；如轰动一时的山西等地区域性的腐败案件，涉及当地多名省部级干部，分布在多个领域、多个岗位，且大都有政治、经济、组织人事、作风等各种问题，由他们牵出更多的涉案干部。这些问题，损害了党的形象，一度影响和污染社会风气，造成干群关系紧张，党的执政基础受到很大损害。

党的十八大以来，正风肃纪反腐的强劲态势，激浊扬清。在坚决查处政治和经济腐败交织案件的同时，正本清源，建章立制，加强警示教育，强化党员干部的政治纪律和规矩意识。在严明政治纪律的同时，严肃党内政治生活，增强党内生活的政治性、时代性、原则性、战斗性，坚持制度化、规范化，防止和避免庸俗化、随意化、利益化等倾向。发展积极健康的党内政治文化，发扬党的优良传统。这一系列重大举措和持续努力，使党的凝聚力、组织力和战斗力不断增强，干部清正、政府清廉、政治清明的氛围日益浓厚，实现了党内政治生活气象更新，政治生态持续地得到净化，民心回归，党的执政基础极大地巩固和增强。

——经济发展。一度多发的腐败问题对经济发展的影响巨大，经济正常的规则和发展环境受到干扰，经济秩序受到冲击，一些经济活动被迫按“潜规则”扭曲、变形，腐败问题和经济丛林法则、市场交换原则交织在一起，产生许多与以法治为基础的社会主义市场经济相冲突的怪象、乱象，影响社会经济的健康发展。正风肃纪反腐极大地打击了腐败行为，保障企业的合法经营行为和财产权益，清除了影响和阻碍经济正常运行和发展的不利因素。同时，针对腐败问题多发易发的领域、环节，针对影响经济健康发展的主要因素，发现问题，加强制度建设，推进相关领域的重大改革。法制和规矩意识氛围不断增强，亲清统一的政商理念和关系得到构建，营商环境不断优化。有民营企业家这样讲党的十八大后的感受：通过全面从严治党，风气清明了、法制健全了，权力寻租、权钱交易越来越少，歪门邪道走不通了，竞争更加公开、公平、有序，企业就可以把更多的精力放在诚信经营和创新发展上来。

——社会治理。首先，体现在党风政风的明显改善对社会风气的积极影响。比如，中央八项规定刹住了许多人认为不可能刹住的大吃大喝等奢靡之风，党风政风焕然一新，整个社会风气也跟着好转。在参与组织拍摄专题片《作风建设永远在路上》时，很多地方的干部群众讲，社会风气明显在变，社会上一度婚丧嫁娶讲排场、比阔气的现象，也因反对享乐主义、铺张浪费而收敛了许多，大家都在受益，也由衷地高兴。其次，体现在人们的规矩意识和法治理念随着反腐败的进展在不断增强。大家都认可，强力的反腐败斗争对党员干部是很好的教育，对广大群众也是普及法律知识、提高纪律规矩意识和法治意识的好机会。“规矩的人多了”，就党员干部来说是这样，就广大群众来说也是这样。再次，体现在社会治理的法治化规范化程度和治理能力提高了。党组织、政府和党员干部的变化是多方面的，依法行政、依法办事的意识和能力就是其中的一部分。以人民为中心的理念的树立和强化，问责制度的建立和问责力度的加大，党员干部服务群众、奉献社会、规范治理的能力和水平不断提高，这些因素推动了社会的综合进步。正风肃纪反腐，“老虎”“苍蝇”一起打，与开展扫黑除恶相结合，清除影响人民群众正常生活和社会健康发展的消极因素，人民群众的获得感、幸福感、安全感不断增强。有法律专家说，五年来，变化最大的是社会风气。无论是手握重权的领导干部，还是跟政府打交道的普通老百姓，都感到党风、民风在变。领导干部感到肩上的责任重了，用权更谨慎了，老百姓感到政府部门办事更规范了，效率也更高了。

——文化建设。从广义的文化角度来看，正风肃纪反腐带来的拨乱反正、激浊扬清，不仅体现在政治领域和社会领域，也体现在人们的认知和行为上，体现在人们的生活观念、文化理念的更新和改进上，公平、正义的价值追求得到维护和保障，积极、健康的精神理念发扬光大。就狭义的文化角度来看，文化事业和文化产业的发展变化也很明显，先进的、科学的、健康的文化理念和形式得到巩固和发展，低俗的、落后的、腐朽的文化理念和文化形式受到抑制。

总之，党员干部精神受到洗礼、思想受到教育、品格得到锤炼，广大群众也随着受到了教育和影响；人的改变进而带来各个方面的改变和进步，政治、经济、社会、文化等运行机制重塑，发展环境得到优化和改进，整个中国社会为之面貌一新。可以说，反腐败，反出了新局面、反出了新天地、反出了新气象。

4. 永远在路上：彻底的清醒和坚定

党的十八大以后的正风肃纪反腐，决心大、势头猛、力度强、措施硬、成就显著。永远在路上的清醒更为难能可贵。从作风建设永远在路上，到反腐败斗争永远在路上，再到全面从严治党永远在路上、党的自我革命永远在路上，这不仅是工作领域的拓展、工作层次和理念的深化，更是对形势任务认识和把握的逐步深化，对自我革命认识和把握的更加清醒和成熟。永远在路上，体现的是唯物主义者的彻底革命精神。

这种清醒和彻底，首先在于看到正风肃纪反腐取得巨大成就的同时，也认识到现阶段腐败滋长和蔓延的条件和土壤依然存在，反腐败不可能是一朝一夕的事情，在毫不妥协地坚决开展的同时，必须做长期的、艰巨的打算和努力，持之以恒地抓下去。人们对腐败现象憎恶的态度和去之而后快的心情是可以理解的，大多数人恨不得尽快铲除干净、不留后患。但问题的处理和解决，绝非一日之功就能够达到的。我们从不同的角度反复谈到，现阶段面临的腐败问题，有特殊时期的时代原因，如社会转型时期经济的、社会的、政治等领域管理体制机制方面的因素；也有独特的历史文化原因，如传统文化中的一些消极因素在转型时期的泛起，改革开放过程中外来文化中的不利因素，等等。相对来说，面上的腐败分子还容易抓，腐败问题还好反，但产生这些腐败分子、腐败问题、腐败现象的土壤和条件，特别是涉及经济、社会、文化等领域深层次的一些因素，改革、治理和纠正起来，怕是更为复杂、困难一些，需要长期的、系统的、综合的谋划、施策。

理性地从两方面看，一是权力本身即有腐蚀性，也就是说，有权力，就可能会产生腐败，对权力的约束和制衡本身就是一个同权力的存在一样的永久话题，古今中外，概莫能外。二是人的本性，就有趋利避害的一面、自私自利的一面、贪婪和取巧的一面，如果引导、教化、限制不利，随时随地都有可能表现出来、扩张起来。在党的十八大以后这样严的氛围中，居然仍有一部分人不收手、不收敛，有的甚至违纪违法到无所顾忌的地步，就是一个值得思考和应对的问题。讲“活到老、学到老”，不仅是指知识和能力的学习，也有包括纪法素质在内的修养和品行的学习、教育、培养。如果说对一般人讲应该是这样，对有权力的党员干部来说，更是须臾不能放松才行。

不难想象，人的本性的一些方面，一旦和权力本身的腐蚀性有条件地结合起来，腐败就成为没完没了的话题，反腐败就是常说常新、常新更需要常说的永久话题。由此我们不难理解，反腐败，本身就不是一蹴而就的事情，也不可能一劳永逸。永远在路上，说到了根子上。

我们再换个角度。即使从现阶段工作的层面上看，也有一些需要加大力度改进的地方，不允许有松懈的余地。一是全国整体面上，全面从严治党、正风肃纪反腐是严了，都在努力去抓，但还做不到各个地区、各个领域、各个环节都能严格落实。比如，从上到下工作要求、责任和压力的传导，有逐层递减的情形，越到基层表现得越明显。一些地方和部门在正风肃纪反腐上说得多、做得少，或者只是跟着说说，不少地方严的氛围并没有完全形成。有些企事业单位、一些基层部门甚至仍在按以前的惯性运行。二是周期性“调整”的现象可能产生。持续强力工作下，一些地方和部门、一些党员干部中会有“差不多了”的想法，有该松口气、歇歇脚、缓一缓的情绪和意识产生。特别是当经济社会其他问题和矛盾上升和凸显时，会有各种理由和方式影响反腐败斗争的正常开展。三是在统一认识这个问题上，始终有许多工作要做。实事求是讲，并不是所有的党员干部，包括一些领导干部，都能完全达到党中央对全面从严的认识要求。有的是迫于强力反腐的形势，被动地跟着认识；有的则是面上有认识，其实仍有不同的想法。比如，一部分人中就存在这样的想法和认识：反腐败是不是有些过了，抓得太具体、太严了；反腐败导致干部意志消沉，一些人的工作积极性受到影响；这样长期抓下去，会影响经济的发展，是不是该缓一缓了；等等。这些不同的认识，本身也是需要面对和解决的问题，也是全面从严工作的一部分。以严的基调正风肃纪反腐，如逆水行舟，严起来很不容易，稍一松懈，就会冲消此前的艰苦努力，再想严起来，会更加困难。

有人讲，反腐败反到最后，就是对人的改造、文化的再造。文化的改造谈何容易，需要从具体的事情抓起，长期地系统地抓，久久为功。从这个角度看，反腐败是更为复杂、更为艰难、更为长期的课题。腐败文化和腐败亚文化由来已久、长期存在，只是在不同时期、不同地域、不同人群表现不同、发挥影响的大小不同而已。官本位思想及其伴生的特权意识、特权现象，比如做了官就高人一等，官大一级压死人，当了官有了权就要得好处、有权不用过期作废，衙中有人好办事，夫贵妻荣、老子英雄儿好汉等消极观念，时不时就会有所表现，条件稍一具备便会大肆发作，甚至在不少人那里表现得忘乎所以、登峰造极，成为很多不正之风和腐败问题产生的“催化剂”。这些思想、意识的改造和校正，不是一时半会儿就能奏效的，需要一个长期的过程。

中国社会在很大程度上是熟人社会、人情社会，一些人际交往的观念和方式可谓习惯成了自然，根深蒂固。好的一面是，人与人之间讲感情、讲帮助，在一定程度上是社会稳定、和谐的基础；不好的一面也显而易见，太重“感情”了，容易不讲规矩、不讲原则，什么事都可以打“擦边球”，甚至越界。比如，孩子上学、家人就医、找工作等，几乎所有的事情，在一些地方习惯上都要找熟人，没有直接的熟人，也要千方百计通过各种关系找到熟人的熟人、能够帮忙办事的人。不少人“找关系”“跑门路”的念头，就包含有走捷径、占便宜，不受规矩和制度限制的想法在里面。这种“熟人哲学”“人情哲学”长期沉淀、广泛影响。这种理念和方式一旦用在权力的行使上，权力公器的性质就会受到私情、私利的影响，就可能会成为产生腐败现象甚至严重腐败问题的因素。再比如，关于吃喝的观念，与人情社会和交往方式密切相关，可以说成了一种独特的文化。熟人朋友相遇、不熟悉的人相识，必得吃喝，好像不吃喝就交不到朋友、不吃喝就难以相处、不吃喝无法巩固感情、不吃喝就不够“意思”、不吃喝没法求人办事、不吃喝就难以混迹于社会……吃喝的理由和方式有千种万种，吃喝的欲望和冲动一有机会就会滋长、膨胀。这种交往的理念和方式渗透到党员干部中，就促使产生了各种不正之风和腐败现象。前些年以公款吃喝、大吃大喝为代表的享乐主义、奢靡之风等，不少人意图不在于吃喝，而是通过吃喝比着谁有“面子”，比着谁怎么风光和有本事。对此大家一方面感到吃惊和可怕，另一方面却有很多人沉溺其中不可自拔，关于吃喝的腐败亚文化在推波助澜。这种风气无疑污染了政治生态、污染了社会的风气，助长了腐败问题的产生和蔓延。我们回头再来看落实中央八项规定精神，从吃喝、送礼等具体问题抓起，是小切口、大抓手，抓出了效果，很大程度上改变了社会风气，体现了大决心、大态度。当然，对此还需要持之以恒地抓下去，抓出习惯、抓出常态。

就反腐败而言，社会文化的再造是一个复杂的系统工程，有其外围的工作，如惩治腐败和整治各种不正之风，形成良好的社会氛围；有其内在的工作，如一方面靠打压消极的、落后的腐败和腐败亚文化，同时倡导积极的、健康的、科学的廉洁文化，真正形成廉荣贪耻的社会意识和文化环境。我们曾经就抑制腐败亚文化这个题目，组织系列的评论文章，刊发一些社会学、文化学、历史学等专家学者的文章，进行引导。总体上看，有关文化的改造，不是哪个机关、哪个部门能单独完成得了的，需要整个社会联动起来，共同协力；这也不是一时半会儿就能完成、一劳永逸的，需要长期坚持做、永不松懈地做、不断巩固地去做，方能不断改变一些文化的不良因素，最终达到海晏河清的局面。

党风廉政建设和反腐败斗争永远在路上、全面从严治党永远在路上，既是重大的判断，也是态度、意志和决心的彰显和宣示。不敢腐、不能腐、不想腐一体推进战略目标的提出和实施，将健全党和国家监督体系纳入国家治理体系和治理能力现代化的整体安排之中，就是这种清醒判断和坚定决心的体现。党的十八大以来全面从严治党、党风廉政建设和反腐败斗争的成功实践、卓越成就和丰富经验，也为这种判断和决心增加了足够的信心和底气。中国共产党人以特有的认真态度、坚如磐石的意志、钉钉子的执着和不断革命的精神，以永远在路上的姿态，不断取得工作的实绩，交出成功的答卷。

附1

规矩的人多了

这几年，“平安”渐渐成了祝福用的高频词，在公职人员中也不知不觉流行开来。这里的“平安”，大家心照不宣，就是别惹事、别有事、别出事。有用心的朋友，更是排出这样的顺序：平安、健康、幸福，说是有了平安，才能谈健康、谈进步，才能有其他。

“还是平安好”，相互间的提醒、劝慰，也逐渐成了一种共识。这简单平实的话语背后，不仅仅是纯朴的“安全”意识，更多的含义应该是，对铤而走险落马者命运的唏嘘和反思，对应守规矩、纪律和法律的敬畏，对现有工作和生活的珍惜，对纯真本我初心的唤醒和回归。

因为工作关系，熟识的人，大多在机关和事业单位工作，大家聊天时往往不胜感慨：以前查处的人，可能有所耳闻，但不认识、与自己没关系，离得太远，没有太多的直接触动；后来被查的人，有的是自己认识的、了解的，相互间还经常议论议论；再后来，时不时有很熟悉乃至身边的人被叫“进去”，得知消息后，大家所受到的冲击和震惊之大，太过直接、真实，一时还真难以承受。这充分表明正风反腐力度之大。大家共同的结论是：腐败离自己不远，可能就在身边，不注意、不小心不行啊。

被称为“大片儿”的电视专题片《永远在路上》等连续播出

后，对有问题的人是震慑，对绝大多数党员干部是警示，在社会上也未尝不是很好的宣传和教育。反过来，这种宣传教育转化为巨大的监督力量，促进良好社会生态的培育、形成，影响党员干部的一言一行。经常听到这样的事例：年迈的父母在电话里，反复叮嘱在机关工作的儿子："要好好的啊，千万不敢惹事儿、犯事儿"；还是小学生的小女孩，看过电视专题片后，郑重其事地提醒父亲："你可不能去贪污受贿!"

一位退伍后在北京经商的朋友，为人正直善良、爱憎分明。他谈了这样一个真实的经历：2015 年年底，老家一个县级干部，通过熟人的介绍来京找到自己，想到某部委咨询一个事情。恰巧，自己一个战友在该部委机关工作，就带着这位干部前去求教。大家交流沟通很顺畅，自己感觉也很"有面儿"。不料，尴尬的事在临结束时发生了——这位县级干部为表示谢意，大概也有希望继续给予关照之意，非要给人留下一个"信封"，战友则是坚决不要。相互间扯来扯去，场面甚是难看。耿直的朋友情急之下，对家乡人大发雷霆，才把事情制止住。回去的路上，朋友余怒难消："你也不看看形势，现在都什么年月了，还敢搞这一套；你也不看看地方，跑到北京还敢这么干；县级干部了还这么一个水平，你不觉得丢人，我都替你感到难受……"

不知道那位县级干部当时是何感觉，也不知道后来有什么反省或变化。但他应该感到庆幸，关键时刻有人能够仗义执言、耳提面命，及时制止了将要发生的错误，狠狠地给他上了一课。

几年来的巨大变化有目共睹。其中一条就是，越来越多的人深切地认识到，不管什么时候，还是本分好，还是规矩好，还是平安好。

——总体上看，规矩的人多了。

（《中国纪检监察报》2017 年 9 月 6 日第 4 版）

附 2

新时代党风廉政建设和反腐败伟大实践蕴含的斗争精神

党的十九届六中全会审议通过的《中共中央关于党的百年奋斗重大成就和历史经验的决议》，把“坚持敢于斗争”作为党百年奋斗的历史经验之一，要求必须倍加珍惜、长期坚持，并在新时代实践中不断丰富和发展。发扬斗争精神、提高斗争意识、增强斗争本领，有多种方法和途径。回顾和思考党的一些重大斗争的历程，研究和总结蕴含其中的领导斗争的思想和经验，掌握行之有效的斗争策略和方法，是最直接、最有效的途径之一。

党的十八大以来，以习近平同志为核心的党中央把全面从严治党纳入“四个全面”战略布局，以前所未有的勇气和定力推进党风廉政建设和反腐败斗争，刹住了一些多年未刹住的歪风邪气，解决了许多长期没有解决的顽瘴痼疾，清除了党、国家、军队内部存在的严重隐患，管党治党宽松软状况得到根本扭转，探索出依靠党的自我革命跳出历史周期率的成功路径。新时代的党风廉政建设和反腐败斗争，对于发扬斗争精神、敢于斗争和善于斗争，本身就是生动、形象的教科书，有很多需要我们学习、领悟、总结的内容。

直面依然严峻复杂的形势，坚持原则、立场和底线思维，以巨大的政治勇气、强烈的历史担当，以狭路相逢勇者胜的大无畏气概，勇于斗争、果敢斗争

党的十八大以来，中国特色社会主义进入新时代。党要领导人民实现“两个一百年”奋斗目标，实现中华民族伟大复兴的中国梦，前提是必须把自身建设好，确保党始终成为中国特色社会主义事业的坚强领导核心。在党的自身建设中，党风廉政建设和反腐败斗争，是一项首先要解决好、完成好的重大任务。

在十八届中央政治局常委同中外记者见面会上，习近平总书记就明确指出，新形势下，我们党面临着许多严峻挑战，党内存在着许多亟待解决的问题。尤其是一些党员干部中发生的贪污腐败、脱离群众、形式主义、官僚主义等问题，必须下大气力解决。2013 年 11 月，在十八届三中全会上，习近平总书记指出，当前腐败现象多发，滋生腐败的土壤存在，党风廉政建设和反腐败斗争形势依然严峻复杂，必须加大惩治腐败力度，更加科学有效地防治腐败。对形势“依然严峻复杂”这一重大判断，有着清醒的问题导向、冷静的分析和深沉的思考。党风廉政建设和反腐败斗争任务紧迫，不能有丝毫的懈怠；必须正视问题，不能视而不见，否则就会积重难返，病入膏肓；必须以巨大的政治气魄和强烈的历史担当，下定决心、果敢斗争；必须以猛药去疴、重典治乱的意志，以刮骨疗毒、壮士断腕的勇气，坚决惩治腐败；反腐败斗争不能退，也无处可退，必须坚定不移向纵深推进。

为了党和国家的命运，以强烈的忧患意识和历史责任感，毫不迟疑、毫不含糊，坚决斗争

腐败是社会毒瘤，如果任凭其蔓延下去、愈演愈烈，后果难以想象。中国历史上因为统治集团严重腐败导致人亡政息的例子比比皆是，当今世界上由于执政党腐化堕落、严重脱离群众导致失去政权的例子也不胜枚举。

中国共产党人深刻总结了古今中外的历史教训，把党风廉政建设和反腐败斗争提到关系党和国家生死存亡的高度来认识。十八大刚刚闭幕，习近平总书记就指出，党风廉政建设，是广大干部群众始终关注的重大政治问题。“物必先腐，而后虫生。”近年来，一些国家因长期积累的矛盾导致民怨载道、社会动荡、政权垮台，其中贪污腐败就是一个很重要的原因。大量事实告诉我们，腐败问题愈演愈烈，最终必然亡党亡国！我们要警醒啊！在十九届中央纪委二次全会上，习近平总书记指出，在持续高压态势下，还有这么多问题在滋生着、繁衍着，利益输送现象仍然存在，领导干部被“围猎”、甘于被“围猎”问题还很突出。对形形色色的利益集团，我们必须保持高度警惕，决不能被他们绑架、成为他们的俘虏。如果党的权力被他们攫取、党的领导干部成了他们的代理人甚至自己就搞利益集团，红色江山就会改变颜色，我们党就会被人民抛弃！在这样深刻的忧患意识下，以习近平同志为核心的党中央怀着强烈的历史责任感，义无反顾地担负起全面从严治党的重任，坚定而沉着地部署解决党风廉政建设方面存在的问题，保证我们党的先进性和纯洁性不受玷污，保证我们党的伟大事业行稳致远。

坚守人民立场、维护人民利益，“我将无我，不负人民”，积极斗争

中国共产党来源于人民、依靠人民，将全心全意为人民服务作为党的宗旨写入党章中，教育全体党员践行在实际行动上。在党风廉政建设和反腐败斗争中，以习近平同志为核心的党中央秉持“我将无我，不负人民”的崇高情怀，表现出无比的信心和力量。

习近平总书记在十八届中央纪委二次全会上明确指出，党章规定：中国共产党党员永远是劳动人民的普通一员。除了法律和政策规定范围内的个人利益和工作职权以外，所有共产党员都不得谋求任何私利和特权。在十八届中央政治局第五次集体学习时，习近平总书记指出，核心的问题是党要始终紧紧依靠人民，始终保持同人民群众的血肉联系，一刻也不脱离群众。要做到这一点，就必须坚定不移把党风廉政建设和反腐败斗争深入进行下去。人民群众最痛恨各种消极腐败现象，最痛恨各种特权现象，这些现象对党同人民群众的血肉联系最具杀伤力。一个政党，一个政权，其前途和命运最终取决于人心向背。我们必须下最大气力解决好消极腐败问题，确保党始终同人民心连心、同呼吸、共命运。2015年1月，在十八届中央纪委五次全会上，习近平总书记再次指出，人民把权力交给我们，我们就必须以身许党许国、报党报国，该做的事就要做，该得罪的人就得得罪。不得罪成百上千的腐败分子，就要得罪十三亿人民。这是一笔再明白不过的政治账、人心向背的账！中央要求各级干部不做“太平官”，中央领导层首先不能做“太平官”。对腐败分子，我们决不能放过去，放过他们就是对人民的犯罪、对党不负责任！

江山就是人民，人民就是江山。中国共产党人始终把人民摆在最高的位置，对侵害人民群众利益的腐败问题坚决整治，在党风廉政建设和反腐败斗争中占据道义制高点，获得人民群众的大力支持，也因而赢得最强有力的社会基础、氛围和条件。

高瞻远瞩、切合实际、富有成效地谋划部署，稳妥应对和处理各种难题，讲究斗争策略和方法，善于斗争

面对“依然严峻复杂”的形势，新时代的反腐败斗争，掌握斗争规律、统筹斗争策略，抓住主要矛盾、把握主攻方向，讲究斗争方式方法，注重斗争过程、效果和目标的统一。

比如，始终保持反腐败政治定力，不断实现不敢腐、不能腐、不想腐一体推进的战略目标。2015 年 6 月，在十八届中央政治局第二十四次集体学习时，习近平总书记指出，中外经验告诉我们，只有坚持依法严厉惩治、形成不敢腐的惩戒机制和威慑力，坚持完善法规制度、形成不能腐的防范机制和预防作用，坚持加强思想教育、形成不想腐的自律意识和思想道德防线，才能有效铲除腐败现象的生存空间和滋生土壤。在 2017 年 1 月召开的十八届中央纪委七次全会上，习近平总书记指出，我们强调的不敢腐，侧重于惩治和威慑，坚持什么问题突出就重点解决什么问题，让意欲腐败者在带电的高压线面前不敢越雷池半步，坚决遏制蔓延势头。我们强调的不能腐，侧重于制约和监督，扎紧制度笼子，让胆敢腐败者在严格监督中无机可乘。我们强调的不想腐，侧重于教育和引导，着眼于产生问题的深层次原因，对症下药、综合施策，让人从思想源头上消除贪腐之念。在 2019 年 1 月召开的十九届中央纪委三次全会上，习近平总书记强调，不敢腐、不能腐、不想腐是一个有机整体，不是三个阶段的划分，也不是三个环节的割裂。要打通三者内在联系，在严厉惩治、形成震慑的同时，扎牢制度笼子、规范权力运行，加强党性教育、提高思想觉悟，一体推进不敢腐、不能腐、不想腐，早日迎来海晏河清！

注重惩的威慑和治的综合效应。在 2013 年 1 月召开的十八届中央纪委二次全会上，习近平总书记指出，从严治党，惩治这一手决不能放松。要坚持“老虎”“苍蝇”一起打，既坚决查处领导干部违纪违法案件，又切实解决发生在群众身边的不正之风和腐败问题。要坚持党纪国法面前没有例外，不管涉及谁，都要一查到底，决不姑息。以后的历次全会，都对此提出要求，做出部署。在 2018 年 1 月召开的十九届中央纪委二次全会上，习近平总书记指出，标本兼治，既要夯实治本的基础，又要敢于用治标的利器。没有惩的威慑，治也难以见实效。

加强追逃追赃工作，不给腐败分子任何侥幸和幻想。在 2014 年 1 月召开的十八届中央纪委三次全会上，习近平总书记要求，国际追逃工作要好好抓一抓，各有关部门要加大交涉力度，不能让外国成为一些腐败分子的“避罪天堂”，腐败分子即使逃到天涯海角，也要把他们追回来绳之以法，五年、十年、二十年都要追，要切断腐败分子的后路。

严肃纪律和规矩、把纪律挺在前面。在 2013 年 1 月召开的十八届中央纪委二次全会上，习近平总书记指出，身为党员，铁的纪律就必须执行。毛泽东同志说，路线是“王道”，纪律是“霸道”，这两者都不可少。如果党的政治纪律成了摆设，就会形成“破窗效应”，使党的章程、原则、制度、部署丧失严肃性和权威性，党就会沦为各取所需、自行其是的“私人俱乐部”。在2014年1月召开的十八届中央纪委三次全会上，习近平总书记指出，干部出问题，都是因为纪律的突破。必须严明党的纪律，党的各项纪律都要严。遵守党的纪律是无条件的，要说到做到，有纪必执，有违必查，而不能合意的就执行，不合意的就不执行，不能把纪律作为一个软约束或是束之高阁的一纸空文。2015年10月，习近平总书记指出，要坚持纪严于法、纪在法前，实现纪法分开。过去就存在纪法不分问题，把公民不能违反的法律底线作为党组织和党员的纪律底线，降低了对党员要求，最后造成的结果就是“违纪只是小节、违法才去处理”，“要么是好同志、要么是阶下囚”的不良后果。

加强制度建设，扎紧“笼子”，防范问题的产生。2013年4月在中央政治局第五次集体学习时，习近平总书记指出，制度问题更带有根本性、全局性、稳定性、长期性。从前些年和最近揭露出来的一些涉及领导干部的大案要案看，其犯罪情节之恶劣、涉案金额之巨大，都是触目惊心的，搞权钱交易、权色交易简直到了利令智昏、胆大包天的地步！之所以会弄到这个地步，其中一个重要原因就是我们一些领域的体制机制还不健全。如何靠制度更有效地防治腐败，仍然是我们面临的一个重大课题。2015年6月，习近平总书记指出，现在，我们有法规制度不够健全、不够完善的问题，但更值得注意的是已有的法规制度并没有得到严格执行。同时强调，多年来的实践告诉我们，贯彻执行法规制度没有绝招，关键在真抓，靠的是严管。加强反腐倡廉法规制度建设，必须一手抓制定完善，一手抓贯彻执行。

对其他一些工作的谋划和开展，如加强宣传引导、发动和争取群众的参与和支持；落实责任制加大问责力度，形成全党一起抓的合力；在加大办案力度、有效减少存量的同时，坚决遏制增量；惩治极少数腐败分子的同时，加强对绝大多数党员干部的教育；在反腐败斗争取得压倒性胜利并全面巩固时，坚决惩治不放松，等等，既有面上的周密部署和要求，又有具体措施和方法的指导。

因时而变、应势而为，以改革创新的思路和办法深入反腐败，巩固和扩大成果，深化斗争

在党风廉政建设和反腐败斗争深入开展的同时，针对案件查处和巡视工作中发现的突出问题，深化腐败问题多发领域和环节的改革，最大限度减少体制障碍、减少腐败问题产生和蔓延的条件。可以说，党风廉政建设和反腐败斗争扫除了一些影响改革发展的障碍性因素；改革发展更为党风廉政建设和反腐败斗争创造了体制机制等各方面的环境和条件。

适应党风廉政建设和反腐败斗争形势和任务的发展，加强领导体制和工作机制的改革。在2015年1月召开的十八届中央纪委五次全会上，习近平总书记强调，深化纪律检查体制改革，强化党内监督。产生腐败问题的一个重要原因，是一些体制机制存在漏洞，必须坚持以改革思路推进工作，加强制度创新。中央纪委按照党中央的要求和部署，积极稳妥推进纪律检查体制改革。实行单独派驻和综合派驻相结合，实现对中央一级党和国家机关全面派驻，各派驻机构强化监督执纪问责，“派”的权威和“驻”的优势明显加强。各级纪检监察机关改革内设机构，力量向监督执纪问责主责主业倾斜。大力实行转职能、转方式、转作风，从理念、思路、工作机制和方式上不断创新、改进。

比如，关于巡视工作改进创新、发挥利剑作用。2016 年 1 月，习近平总书记强调，要以贯彻执行巡视工作条例为契机，提高依规依纪巡视能力，推动巡视工作制度化、规范化。2018 年 1 月，习近平总书记要求，要深化政治巡视，在政治高度上突出党的全面领导，在政治要求上抓住党的建设，在政治定位上聚焦全面从严治党，重点加强对贯彻党章和党的十九大精神情况的监督检查，更好发挥巡视利剑作用。要在一届任期内实现巡视全覆盖的基础上，推进中央单位巡视和市县巡察工作，建立上下联动的监督网。

再比如，党的十九大和十九届三中全会明确提出加强党对反腐败工作的集中统一领导，推进国家监察体制改革，构建集中统一、权威高效的国家监察体系。截至 2018 年上半年，国家、省、市、县监察委员会全部组建，同党的纪律检查机关合署办公，实现对所有行使公权力的公职人员监察全覆盖。党的十九届四中全会作出健全党和国家监督制度的战略部署，要求深化纪检监察体制改革，加强上级纪委监委对下级纪委监委的领导，推进纪检监察工作规范化、法治化。

始终保持永远在路上的清醒和坚定，以钉钉子的坚韧和执着，保持斗争精神不松懈，坚定不移，坚持斗争

党中央抓正风肃纪反腐，是一件事一件事接着做，一个节点接着一个节点抓，正像钉钉子，一锤一锤接着敲，钉牢一颗再钉下一颗，不断钉下去。在 2013 年 1 月召开的十八届中央纪委二次全会上，习近平总书记指出，我们要以踏石留印、抓铁有痕的劲头抓下去，善始善终、善做善成，防止虎头蛇尾，让全党全体人民来监督，让人民群众不断看到实实在在的成效和变化。同年 9 月，习近平总书记指出，我们抓中央八项规定贯彻落实，看起来是小事，但体现的是一种精神。中央八项规定都抓不好、坚持不下去，还搞什么十八项规定、二十八项规定？抓“四风”要首先把中央八项规定抓好，抓党的建设要从“四风”抓起。办好一件事后再办第二件事，让大家感到我们是能办成事的，而且是认真办事的。这样才能取信于民、取信于全党。2015 年 12 月，在中央政治局“三严三实”专题民主生活会上，习近平总书记指出，党的十八大以来，我们新一届中央领导集体一开始就把党风廉政建设紧紧抓在手上，首先制定和落实中央八项规定，接着在全党开展以为民、务实、清廉为主要内容的党的群众路线教育实践活动，再接着在县处级以上领导干部中开展“三严三实”专题教育，同时坚定不移反对和惩治腐败。这一系列动作有一些鲜明的特点，主要包括：一是突出重点，抓住要害和关键，点准穴位，打准靶子；二是从党中央做起，坚持领导带头、以上率下，层层立标杆、作示范；三是见事见人，既抓思想引导又抓行为规范，不搞形式、不放空炮；四是上下互动，强化组织管理和群众监督，形成强大势场；五是执纪问责，严肃查处和曝光典型案件，保持高压态势，形成严的标准和氛围；六是驰而不息，一环扣一环抓，不间断抓，努力形成长效机制。

坚持不懈、驰而不息的思路和要求一以贯之。在十九届中央纪委六次全会上，习近平总书记指出，我们必须清醒认识到，腐败和反腐败较量还在激烈进行，并呈现出一些新的阶段性特征，防范形形色色的利益集团成伙作势、“围猎”腐蚀还任重道远，有效应对腐败手段隐形变异、翻新升级还任重道远，彻底铲除腐败滋生土壤、实现海晏河清还任重道远，清理系统性腐败、化解风险隐患还任重道远。我们要保持清醒头脑，永远吹冲锋号，牢记反腐败永远在路上。只要存在腐败问题产生的土壤和条件，腐败现象就不会根除，我们的反腐败斗争也就不可能停歇。

新时代党风廉政建设和反腐败斗争仍在进行中、永远在路上。我们党这一伟大自我革命的生动实践，本身就是一个值得大书特书的奇迹，是一部值得经常学习的教科书，是一个取之不尽的斗争思想、斗争精神和斗争方法的宝库，其成功的经验和丰富的精神财富，需要不断研究、总结和传承。

（《中国纪检监察报》2022 年 3 月 31 日第 8 版）

六 聚精会神做有价值的优质内容（2018年）

全媒体传播格局下的报纸宣传工作

时代背景和相关话题

中共中央办公厅、国务院办公厅印发《关于推动传统媒体和新兴媒体融合发展的指导意见》。《意见》指出，推动媒体融合发展，要将技术建设和内容建设摆在同等重要的位置。不断提高技术研发水平，以新技术引领媒体融合发展、驱动媒体转型升级。

——2014年9月19日（新华社）

2019年1月25日上午，中共中央政治局就全媒体时代和媒体融合发展举行第十二次集体学习。中共中央总书记习近平在主持学习时强调，推动媒体融合发展、建设全媒体成为我们面临的一项紧迫课题。要运用信息革命成果，推动媒体融合向纵深发展，做大做强主流舆论，巩固全党全国人民团结奋斗的共同思想基础，为实现“两个一百年”奋斗目标、实现中华民族伟大复兴的中国梦提供强大精神力量和舆论支持。

——2019 年 1 月 25 日（新华社）

1. 影响力不断增大

随着党的十八大后党风廉政建设和反腐败斗争的持续推进、不断深入，中央纪委在社会上的影响越来越大。只要是与中央纪委有关的新闻和信息，包括领导同志的活动情况和讲话精神、具体工作部署和进展的情况、案件调查和处理的消息，乃至中央纪委机关所属的部门和人员的一些变化情况，都会在不同的媒介上被报道，相关文章被推送、转载，受到社会各方面的关注。

这其中，中央纪委新闻和信息传播的媒体，也相应地得到关注。比如，“中央纪委机关报”的说法，就成了众多的新媒体平台转载、引用有关中央纪委报纸的文章时，采取的“惯例”做法和不约而同的“通称”，如“中央纪委机关报”报道、“中央纪委机关报”就什么现象发出声音等。这就是现在中央纪委国家监委所主办的《中国纪检监察报》。

在众多的知名媒体中，《中国纪检监察报》的历史并不长，它是 1993 年年底提出创办意见，1994 年年初开始筹备具体创办工作，1994 年 10 月才正式创刊、出报的。创办《中国纪检监察报》的大背景是，1992 年党的十四大提出加强党风廉政建设、开展反腐败斗争，1993 年年初党中央决定，中央纪委和监察部合署办公，把反腐败力量整合起来，由中央纪委行使党的纪律检查和行政监察两项职能。1993 年 8 月十四届中央纪委二次全会召开，党中央对党风廉政建设和反腐败斗争作出全面的动员和部署。合署办公后的中央纪委监察部领导班子十分重视宣传工作，除充分利用党报党刊和其他媒体外，对机关内部的宣传队伍和阵地的建设也下了很大功夫。当时机关所办的媒体，只有一份《中国监察》（现在的《中国纪检监察》）杂志和两份内部刊物《党风与党纪》（现在的《党风廉政建设》）月刊、《党风廉政教育参考资料》，这些刊物办得也很好，在纪检监察系统的影响很大。但对于系统之外的全社会的宣传，新闻宣传的力量和阵地还比较有限。为加强党风廉政建设和反腐败斗争的新闻宣传工作，在社会上进一步营造良好的舆论氛围，争取广大党员干部和人民群众对反腐败工作的支持，1993 年年底，中央纪委常委会决定，创办一份相对专业、权威的报纸，巩固和扩大纪检监察工作的新闻宣传阵地。

当时从中央纪委监察部机关抽调了几位同志，参与报纸创办的筹备工作。这些同志多长期从事宣传教育和理论研究工作，事业心强、志向远大，创业的劲头很足，从接受筹备任务开始，他们就谋划、提出要办一份在国内有影响力的大报。这种想法在当时受到一些人的质疑，在当时各种报纸林立、新闻媒体格局基本形成的情况下，再白手起家创办一份新的报纸，谈何容易。更何况，当时纪检监察机关的影响力还不是很大，以纪检监察工作为主要报道内容的报纸，在不少人那里被认为带有一定的行业报纸或专业报纸的色彩，读者的范围有一定的局限，要想取得足够的社会影响力，应该是一个不小的难题。这些质疑，也确实正是创办报纸要充分考虑、认真研究和解决的主要问题，很多具体的筹办工作都与这些问题相关。比如，研究报纸取什么名字，就花费了很长的时间和很大的精力，在一定范围内反复征求意见、讨论。这不是简单地确定一个报纸名字的问题，它与报纸的准确定位、长远发展方向、大致阅读对象的锁定、将来内容生产的重点、报纸的风格倾向等，都密切相关。报名既要旗帜鲜明地表达出创办的意图、有别于其他报纸的独有特性和定位，又要尽可能地淡化系统报纸或专业报纸的色彩，为读者群的扩大和报纸的发展留有一定的空间，这些都是确定报名时要考虑、研究的因素。当时在征求意见列出的十来个备选的名称中，经过反复比较、几下几上多次研究，最终确定了《中国纪检监察报》的报名。至于办报的设想、发展思路和具体工作方案，更是多次调研、反复征求意见、研究论证。

经过几代人的艰苦努力，在三十年的时间中，《中国纪检监察报》逐渐在新闻界和社会上站稳了脚跟，而且稳扎稳打、不断扩大影响，逐步成为中央主要新闻单位，在社会上特别是在广大党员干部中很受欢迎。报纸的创办、发展过程也着实不易。从最初的三五个人，满大街跑着寻找办公场所、租借办公设备，从其他新闻媒体和社会单位中招录人员、全员从最基本的环节开始学习采编业务，找印厂、协调邮局、跑发行，到后来的队伍逐渐壮大、不断更换办公地点、采编业务方面边干边学边提高、逐步从

“游击队”到“正规军”的正规化专业化建设等；从最初的每周只出两期、每期只是对开四个版面，逐步到每周四期、五期，到后来成为真正的日报，每个工作日八个版面；从最初的不足 33 份的发行量，到现在超过 160 万份，并且，这是在新媒体冲击下其他报纸的发行量不断萎缩的情况下，“逆势而上”每年连续增加。

如果说在 2012 年之前，《中国纪检监察报》的影响主要在全国纪检监察系统，而在系统外的知名度和影响力还有限，那么 2012 年之后，党风廉政建设和反腐败斗争的深入开展，正风肃纪反腐势如破竹、力挽狂澜，极大地赢得了党心民心，作为“中央纪委机关报”的《中国纪检监察报》，则随着反腐败斗争的迅猛发展，影响力不断扩大，在党员干部中、在社会各界“名声鹊起”。这个时候，也正是新媒体快速发展的时期，由于强大的技术支撑和计算能力，它们对于新闻内容的抓取能力很强，用户需要什么样的内容，它们就及时准确地推送。实事求是讲，各新媒体平台大量转载、随时加工和推送《中国纪检监察报》的新闻内容，在为它们提供内容的同时，也为报纸做了宣传推广，进一步扩大了报纸的影响。

2017 年年底，报社收集、选取了报纸从创办、发展到现在不同阶段的几十幅照片，在报社楼道的墙上展示。照片中有第十四届中央纪委常委会关于同意创办报纸的文件、创办之初租用的一所幼儿园的小房子、当时运输东西的人力三轮车、做饭用的简易煤气灶；有 1994 年 10 月 1 日正式出刊的第一份报纸，有中央纪委历任主要领导同志对报社工作的批示，有报社历次获得中国新闻奖的情况，有不同时期记者外出采访和编辑夜间值班的工作照等。这个简易的“文化廊”，对全社同志是一个很好的“社史社情”教育，增加了大家对报社的感情和对现有工作局面的珍惜；对来报社办事的外单位的朋友，也是一个形象展现和宣传。

在报社发展的过程中，我在机关不同的岗位上，参与了与报纸相关的一些具体工作，如一些宣传报道的组织、综合事务的协调等，一定程度上见证了报纸从无到有、从小到大不平凡的全部过程。没有想到，2014 年年底，根据组织的安排，成了报社成立以来的第四任社长，直接参与报社的各项工作，对报纸的宣传报道工作有了进一步的了解、认识，对报纸有了更多的体会和更深的感情。后来在参加会议、业务交流等场合，主管新闻宣传部门的领导多是给予工作上的肯定和鼓励；一些新闻界的同行，一听说是《中国纪检监察报》的，便会主动地询问一些工作上的事情、交流情况和问题，言谈中无不流露出对我们报纸的明显变化、日益提高的影响力和较好的发展势头的认可和羡慕。同行的认同和肯定，对我们来说是一种鞭策，也增强了大家进一步办好报纸的信心。

在报社几年的工作中，更加真切地感受到报纸在不长的时间内能够不断发展、快速发展，有方方面面的因素，比如，中央纪委常委会的正确领导，从政治上、组织上重视和关心报纸工作；分管委领导的直接领导和指导，前后几任的分管委领导都是既有丰富的政治经验，又有极高的宣传工作领导水平，为报纸的发展倾注了大量的心血；中央纪委机关各部门，以及各级党组织、各级纪检监察机关的大力支持，为报纸的采编等工作提供了极大的方便和帮助；新闻界其他同行的关心扶持、热忱帮助等。

一个特别的感受是，《中国纪检监察报》创办和发展壮大的过程，与党中央领导下党风廉政建设和反腐败斗争的开展过程密切相关。报纸的创办，前面说过，直接得益于 1992 年党的十四大关于党风廉政建设和反腐败斗争的提出和部署，是应运而生；它的发展，得益于党风廉政建设和反腐败斗争的不断进展和取得的成果，是应势而长；它的迅猛壮大、影响力不断增强，更是得益于党的十八大后，在以习近平同志为核心的党中央坚强领导下，全面从严治党、党风廉政建设和反腐败斗争的力度加大、不断深入和所取得的卓越成就。可以说，党风廉政建设和反腐败斗争的工作力度大、社会影响大，中央纪委的工作影响越来越大，中央纪委的报纸也跟着“水涨船高”，越来越受到关注。其他媒体对于“中央纪委机关报”的称呼，也可以说是这种感受和观点另一个方面的明证。

在报社工作的几年中，时时为身边同事们的敬业精神和认真负责的态度所感动。报纸要每天不间断地出，八块版面，每个版面八九千字，要靠大家一个字一个字地敲打、一篇篇地编辑、一块块的版面组好并经过几次审核和校对、最后传版印刷，每天的工作是快节奏的连续运转、高强度的循环往复。中央纪委的报纸政治性、政策性强，社会关注度高，对我们来说，时时都要绷紧责任意识和质量意识的弦，一丝不苟地做好每篇文章、每个版面、每天的宣传报道。比如，对一些工作的报道，没有及时做好不行，报道得不充分或效果不好也不行；报道出了偏差或错误更不能允许，守住底线不出差错的压力很大。同事们相互提醒说，我们每天都是在参加考试，每天都要完成八个版面的答卷；每个答卷不仅都要填满，而且必须高质量完成好，在内容、程序和形式上不能有任何闪失。

这样做工作，不是一天两天、一时半会儿，而是长年累月地如此坚持，确实不容易。在平时，大家兢兢业业、任劳任怨；在重大活动、重要工作、重大事件报道的关键时刻，更是随时听候工作安排和调度，一有任务立马上阵，能跑能“抢”、能采能写，精神可嘉。比如，为采访突发事件中见义勇为、舍生忘死的优秀纪检监察干部，两个同事接到任务后马上奔赴机场，晚上飞到武汉，连夜乘车赶到发生事件的小镇。经过 20 多个小时马不停蹄的奔波、采访，第二天晚上几千字的长篇通讯就传回了报社，报纸成为第一个宣传这一重大先进典型的媒体。2018 年年初国家监察体制改革，有年轻的同事在辽宁跟踪报道市县监委的成立，白天采访、晚上写稿并及时传回，一周的时间，每天至少发回一篇通讯或特写。再比如，有一位同事在安徽采访一顶风违纪的地方干部，对方受到处分后思想没有转过弯，极不配合，同事和他经过两天多的耐心沟通、思想交流，对方认识到了错误、痛哭流涕，痛痛快快地讲了事情的经过和问题的实质。地方纪委的同志发自内心地说，这个同事帮助他们做了思想工作。这样用心作出的通讯报道，社会反响很好，在第二年获得了中国新闻奖的一等奖。在脱贫攻坚专项监督工作的报道中，以年轻记者为主的几个采访“小分队”，分赴四川、云南、西藏、甘肃、青海、宁夏等地的贫困地区，深入田间地头、贫困农户家中，访实事、察实情、问实变，发回一篇篇生动、鲜活的稿件。2020 年年初新冠疫情暴发之后，正在春节期间休假的同事们，听到报社要提前出报的召唤，马上回到工作岗位，其中几个年纪大的编委主动连续值守夜班，有同事干脆住在了办公室。这样的事例太多太多，身处这样的氛围之中，无时不在受感染、受教育、受激励。

2. 聚焦优质内容生产

党的十八大后，报社工作面临着两个大的形势。一是党中央坚强领导下的党风廉政建设和反腐败斗争力度持续加大，正风肃纪反腐如雷霆万钧、疾风骤雨，社会反响巨大。作为中央纪委的机关报，宣传报道的任务重，做好工作的责任和压力大。二是在信息技术引领下，媒体内容生产和传播的理念、方式、格局都发生很大的改变，新媒体异军突起，报纸及其宣传工作在整体上受到冲击和挑战，以严肃的政治内容为报道主题的报纸，受到的冲击更大、挑战更为艰巨和复杂。

除了这两个大的形势，报社工作还面临着一些自身特殊的形势、任务和要求。一是中央纪委机关为了适应党风廉政建设和反腐败斗争需要，在整个系统深入开展转职能、转方式、转作风的“三转”，聚焦主责主业，纠正和克服以往职能发散、工作发散等现象，在机关内部则是不断推出机构改革的举措，同时对工作人员提出了更高的政治要求、纪律要求和工作要求。报社按以往的工作思路、工作方式和作风运行的惯性很大，转变和提高的难度就更大，要达到工作质量和队伍建设的高标准、严要求，需要下很大的功夫、做更多的工作。二是报社当时已经成立二十年，在宣传报道工作方面积累了一些行之有效的做法和经验，形成了自己独有的“小文化”和“传统”，同时也积淀下一些与新的形势和任务不相适应的问题、一些不符合新要求的做法和习惯，如一些同志深入采写稿件的积极性不高，习惯于在办公室向地方和部门要材料、编稿子；公文式、信息式的稿件不少，呆板、僵化、形式主义倾向的文风时隐时现，生动鲜活、有感染力和影响力的稿件欠缺，也一度存在新闻同行所说的“写谁谁看，谁写谁看”等现象；按老办法、老经验处理采编业务的多，研究、交流新闻业务的氛围不浓，队伍建设专业化能力、宣传报道工作的专业化水平有待进一步提升。三是作为日报，当时每周有 36 个版面，而全报社总共 90 来人，真正在采编一线工作的同志，仅有 40 来人。当时同样规模的其他报社，人员大都在一二百人，有的则更多。与承担的宣传报道任务越来越多、工作要求越来越高相比，与报社可能的业务发展空间相比，与其他新闻界同行的发展趋势和竞争态势相比，我们无论是人员的数量、结构和质量，都跟不上形势和任务的需要，都亟待尽快加强和改进。此外，还有其他一些困扰报社工作开展和进一步发展的现实因素，如内部的治理、外部关系的协调、采编业务与综合管理的协同等方面，或急或缓，或重或轻，都需要社班子成员带领全社同志一起研究、应对。

对于这些大的形势任务和具体的情况，报社的同仁们都有所认识，社班子成员们更是以不同的方式，经常在一起反复研究、讨论。大家在讨论中逐步形成共识：集中力量做好宣传报道工作，即做好新闻信息内容的生产，是报社在新形势下要坚定不移完成的中心工作。大家的认识集中在这几个方面：适应党风廉政建设和反腐败斗争形势的发展和工作的深入开展，报社跟上时代的要求、职责使命的要求，与反腐败斗争的影响和形势相匹配，要责无旁贷地有所作为、积极作为，必须做好相关工作和成就的宣传报道、做好新闻内容的生产，为党风廉政建设和反腐败斗争营造良好的社会舆论；落实“三转”的要求，报社聚焦主责主业，就是要聚焦新闻内容生产、在生产优质的内容上下功夫，并以此带动报社队伍建设、综合管理和运行等各项工作的改进；作为中央纪委的机关报，背靠中央纪委机关独有的权威性和影响力，能够近距离地掌握党风廉政建设和反腐败工作的相关信息，在这一领域的新闻报道方面有自己独特的优势和条件，优质内容的生产大有可为；反腐败工作的影响越来越大，国内外关注，广大党员、干部和群众关心，及时了解相关信息的社会需求大，只要我们把内容做好了，就不怕报纸没有传播力和影响力。另外，我们有一支热爱新闻事业、有一定业务能力、经得起考验、能吃苦善作战的采编骨干队伍，有一批素质全面、潜力很大的年轻人，有相对成熟的工作机制，在做好内容生产方面具有一定的基础和条件。

为进一步统一全社同志的认识，我们提出，全面从严治党、党风廉政建设和反腐败斗争领域优质新闻内容的生产，是中国纪检监察报社的根本职责，也是报社的核心竞争力，报社的一切工作都要围绕这个核心竞争力而开展，所有同志都应为提高这个核心竞争力而作出自己的贡献。为了解释这一观点，我们在不同场合反复给大家宣讲，如果论办报历史、现有规模和力量、采编专业素养和能力、办公场所和设备条件等，我们报社和其他媒体相比，可能都不是理想的、没有什么优势，甚至也可能没有可比性；但在全面从严治党、党风廉政建设和反腐败斗争领域的新闻内容生产方面，我们有自己独特的优势条件和专业能力，能够生产更有价值的优质内容、做出更有权威性和影响力的新闻报道，敢于和国内任何一家新闻媒体比一比，这就是我们的核心竞争力，就是我们要着力保持和加强的地方。

办报思路的梳理和明确，经过讨论、交流、宣讲后得到全社同仁的认同，也使大家的心态稳了下来，增强了对报纸发展的信心，进一步激发了大家做好宣传报道工作，为党风廉政建设和反腐败斗争的舆论宣传发挥作用、作出应有贡献的积极性。

在分管委领导的强有力的支持和悉心的指导下，我们围绕加强新闻内容生产这一中心任务，在加强全社同志思想政治工作的同时，有针对性地采取措施，做了大量的具体工作。比如：

——调整报社内部机构的设置，裁减了广告和经营等部门，新增加采访和评论部门，把有限的机构和力量往采编业务上倾斜。原来综合部门的数量和采编业务部门持平，经过调整，综合部门不到三分之一。这一措施效果很好，全社集中力量聚焦内容生产的意识和氛围得到进一步巩固，采编工作立马有了大的起色。在调整部门的起初，报社内部也有一定的争议和阻力。原来的广告和经营业务，尽管量不大，但每年总有一些实实在在的经济收入。砍掉这些部门，这些收入随着也就没有了。还有，原来从事这些业务的同志，有的能够转型做采编业务，有的则因为经历、专业背景、年龄等原因，一时在采编部门可能没有相匹配的岗位，只能先将他们调整到其他综合部门工作，有的同志可能会产生重新学习和适应的压力。报社班子成员几经研究后痛下决心，宁肯少了这么一块收入，也要坚决调整。大多数同志都能认识到，作为中央纪委的机关报，报纸的属性特点和报道内容的定位等，决定了我们很难做广告业务。从那时起，《中国纪检监察报》就成了没有一分广告或经营收入的媒体，这在众多的新闻单位中，也是很少有的、难以想象的。

——压缩综合部门工作人员的数量，人员力量、奖金发放办法等往采编一线倾斜。做好新闻内容生产，得有一定的人力做保障。而当时报社的采编部门人员少、业务能力参差不齐，整体上力量单薄，一时跟不上报社加强内容生产的发展需要。除了不断招考紧缺的专业人员予以补充外，把原来在综合部门工作的同志，特别是有一定文字基础的年轻同志，尽可能地往采编岗位上送，充实采编一线的力量。这些同志学习能力强、适应快，其中有的经过努力，在不长的时间里就成了采编工作骨干，干得风生水起，很令人欣慰。经过几次调整和补充，采编业务人员由原来占报社不到总数的一半，增加到近百分之七十。为保障采编一线的同志安心工作、认真投入工作，坚决改变了原来全社基本上平均吃大锅饭的薪酬分配制度，通过提高稿酬、增加采编工作的补助、加大工作奖励的幅度等方式，在薪酬体系上作了相应的调整，能力强、勤奋肯干的，干得越多、干得越好，收入会越高。

——加大对优秀稿件和版面的评比和表彰的力度，鼓励采编一线人员多写稿、写好稿的积极性。建立月奖、季度奖制度，每月对报社同志自采的稿件、编辑的版面进行评比、表彰，每季度再进行评比、表彰。对优秀稿件的作者和版面编辑，除在全社通报表扬外，还发放相当额度、有一定“刺激”作用的奖金。同时，对发生差错、或评比中被认为质量较差的稿件和版面，也予以公开通报，给予一定的经济处罚，督促大家增强采编工作的质量意识和责任意识。这样奖罚并举的办法，发挥了很好的引导作用，营造了奖优罚劣、认真工作的氛围，同时也调动了大家勤奋学习、提高业务能力的意识，保护和鼓励了大家干事创业的积极性。

——加强采编业务的交流和培训。这种业务交流，一是把业务点评和交流融入每天的采编工作中，在选题策划会、编前会等各种场合，对当天报纸的文章和版面，随时都要谈具体的看法和意见；在社内每周的工作部署会、总结会上，对一周的采编工作点评、分析，提出进一步改进的意见。二是定期召开采编工作的交流和培训会。在内部，请报社获得中国新闻奖等奖项的同志、每月优秀稿件的作者和编辑、一个时期在采编岗位工作优秀的同志，谈心得体会、谈工作感受，与大家分享经验。身边同事的体会和经验，交流起来更直接、更自然，也更容易为大家接受、借鉴。特别是对于年轻同志，同样的工作条件和环境、同样的工作经历，同龄人的成就和经验，在相互交流和学习中，作用和影响很大。在外部，我们多次请有关主管部门和兄弟新闻单位的领导、资深记者和编辑，报社聘请的评报员等，有针对性地做采编业务的专题辅导，与报社的同志互动交流。这些活动，使大家受益匪浅，开阔了大视野，增强了做好内容生产的专业能力。

——尝试内部职务聘任制，破格把年轻的采编业务骨干放到部门负责人的岗位上使用。在分管委领导和组织人事部门的支持下，我们在内部探索实行中层干部聘任制，把业务能力强、工作表现突出、大家普遍认可，但因任职年限等条件又暂时不具备、不能直接提拔的年轻干部，启用“内部粮票”，大胆地“内聘”为部门负责人使用，与组织正式任命的其他人员，在社内同等级别对待，即同等薪酬待遇、同样的工作安排和权限，待任职年限等条件具备、各方面表现良好时，优先向组织部门提出提拔使用的意见。这种有条件地内部提前聘任到岗位上的做法，保护和激励了年轻同志努力工作的积极性，营造了鼓励先进、重用能者的氛围，又使优秀的年轻人得到更多的实践锻炼、能够更加顺利地成长，同时也解决了中层干部年龄结构不合理、衔接不畅等问题，保证了工作的有序开展，可谓一举多得，效果很好。

这些是聚焦宣传报道工作，在办报的定位和思路、组织架构、人力资源、薪酬和奖励制度等方面做的一些调整和改变。报社就如同一个工厂，或者生产车间，组织管理、支撑和保障，生产环境和生产线的具体改进等，很重要；产品的设计和生产理念，生产规划的相应调整，产品布局和市场细分、优化生产程序、提高生产质量和效率等，也很关键。报纸做好内容生产，也要时刻绷紧策划、采编统筹、报道时效和质量把握的弦，在每天具体的采编流程和方式上作相应调整，在稿件和版面的质量检测、跟踪服务上严格要求，丝毫不容松懈。

3. 如何做好内容生产

以前在机关做宣传工作，也注重方式方法创新和宣传效果的提升，但组织协调的事情较多、程序性的工作较多。拿有关会议的宣传来说，在会前，组织协调新闻记者参会、准备会议的相关背景材料；在会议期间，协调安排新闻记者采访相关人员、介绍相关工作情况、随着会议的进程安排相应的报道等；在会议结束时，给记者发放相关材料等。会议结束后，会做一些跟踪的报道和相关舆情的分析和应对，回应社会的一些关切。当然，这些会议，一般都是围绕某一方面的政策制定、问题研究和解决、工作部署和开展等召开的，会议的宣传与政策的解读和宣介、工作的总结和推进、干部群众关心的问题的研究和回应等是密切相关的。至于日常政策和工作情况的宣传，与此大体相似，接待和协调安排记者采访的事情、与其他部门沟通协调多些，能够主动设置议题的机会相对少一些。长期从事这项工作的同事曾自嘲说，一个报道接着一个报道、一个工作周期接着一个工作周期循环地做，整天紧紧张张、忙忙活活，到年底总结时却没有什么可写的。

相对来说，报纸的宣传报道工作就更具体一些。比如，一项工作情况的宣传，如何把前因后果、工作的进展情况、社会评价和反响、存在问题、改进措施等，全部转化为一个个具体的题目，及时组织记者分工采访到准确、详细、生动的第一手的材料，之后形成一篇篇成熟的稿件，编辑处理，再安排设计版面，尽可能发出有自己特点的、社会关注的报道。会议的宣传报道可能更为集中、紧张一些，要短时间内策划出方案、组织好采访团队、建立高效顺畅的指挥协调和前后方协同运作机制。为了等会议前方记者发回对有关人员的采访稿件，后方的编辑平台要等到夜里两三点，是常有的事儿。由此可以看出，报纸的宣传报道工作，既系统化、团队化、规模化，也十分具体、细碎，节奏更快、更为紧张，要落实到每天的一个个版面上、每一个策划的执行和完成上、每一篇稿件的具体文字上、编辑排版印制的每一个环节中。只要有报纸，每天都要这样循环、周而复始地紧张运作。有人说，新闻是年轻人的职业，怕不仅仅是指新闻工作的敏感性、灵活性、随机性而言，也应该有对新闻工作的快节奏、高强度和压力大的感受的成分在里面。

中央纪委的分管领导对报纸宣传报道工作的要求很高，从报道理念、工作标准、工作方式等各方面给予具体的指导，特别是新闻内容的生产，从选题策划、采访的组织协调、内容抓取、文风改变到报纸的版面安排等，教理念、教方法，指导带出一支能采能编、勤奋敬业的队伍，推动报纸有了很大的变化。

——新闻报道理念和作风的改变。以前的报纸报道，有一定的“等、靠、要”思想，涉及地方或其他部委的稿件，等着地方和部委提供线索或素材；涉及中央纪委机关的报道，机关会作出相应的采访安排；如果临时有某项报道任务，也是匆忙打电话收集材料，深入一线的采访欠缺。即使主动策划的一些工作情况报道，也是工作部署时发一篇消息，进展中发一篇综合情况，结束时有一篇成就性报道。这种报道程序式、“常规性”的成分居多，给人报道和工作若即若离的“两张皮”印象。

在委领导指导下，《中国纪检监察报》的报道理念发生了很大的转变，即中央纪委的报纸新闻报道，不仅要紧紧围绕着中央纪委的中心工作开展，而且要融入中心工作、参与重要工作、用新闻报道的方式推动工作的开展，要成为中央纪委重要工作的一部分。对这种变化，起初理解起来并不容易，在实践中落实到位更是有曲折和反复。比如关于纠正“四风”的报道，要深度融合进工作的部署安排，新闻报道成为推动纠正“四风”工作开展的有机部分。围绕工作部署，通过评论、政策分析、调查、访谈等各种形式，反复解读为什么要纠“四风”、“四风”的影响和危害、怎么纠“四风”等；在纠“四风”工作的进展过程中，各个节日、节点派记者到一些地方的饭店、旅游景点实地明察暗访，通过举报热线提供的线索跟随地方纪检监察机关调查一些违纪现象，每月发布全国各地查处违反中央八项规定精神情况的通报，“曝光台”经常披露全国各地查处的领导干部违反中央八项规定精神的案例，对一些典型案例中被处分的人进行采访、通过其现身反省说教训警示大家，等等。可以说，关于“四风”宣传报道一波接着一波，不断有新闻、有热点、有深度的言论和调查，贯穿在整个纠“四风”工作的各方面、各环节。相关部门的同志说，我们报纸的宣传报道，成了纠正“四风”工作的一支有生力量，发挥着重要作用。

这种理念上的变化，也体现在其他各类报道上，如政策的宣传、法规制度的出台、案件的披露、纪检监察工作职能方式作风的转变等，都是紧贴工作、融入工作、推进工作而开展宣传报道。即使是以往所说的程序式、常规性的报道，也要深挖读者关心的新闻、有传播性的新闻、新闻背后的新闻，做到常规而不同寻常。报道理念的转变，引起工作思路、工作程序、工作节奏、工作氛围和工作作风一系列的变化。这种改变尽管不容易，做起来也比以往难度增加了许多、辛苦了很多，大家适应后很快也从中提高了不少、收获了许多。这些紧贴时代要求、紧贴工作进展的新闻，深入实际采访而来的生动、鲜活的报道，给人耳目一新的感觉。大量的稿件被新媒体转载，也在社会上引起强烈反响，使报社的同仁真正感受到做有价值的内容生产的乐趣，更增强了新闻工作的责任感和使命感。

——加强选题策划，抢抓最有价值的新闻。在原来策划工作机制的基础上，我们不断地做一些调整和完善。如从社编委会的层面狠抓选题策划工作，每周一编委会根据国内外的重要新闻，党中央和中央纪委的重大会议、重要活动、重大工作部署和进展，委机关的具体工作安排以及重要的历史节点等，确定一周的选题策划方向，提供给全社同志参考，一些选题则直接安排相关部门落实；强调内容生产、策划先行，增强人人参与策划、采编部门重视策划的意识，每天各采编部门先召开自己的策划会，每个同志都要报出选题意向，拿出部门当天的策划选题，之后召开全社的策划会，编委会根据编委和各部门的意见统筹安排。

在选题策划时，我们特别强调要抓好新闻的“第二落点”乃至“第三落点”，往关联处延展去找新闻，往“深”处挖。在新媒体纷纷崛起、竞争日趋激烈的环境中，报纸由于自身生产方式和出版周期的影响，在抢抓新闻“第一落点”方面无疑处于劣势，与互联网媒体的即时传播没法相比。即使是中央纪委国家监委公布的重大案件调查和处理的信息、纠正“四风”工作月度统计分析情况等，我们也是和其他报纸一样，在中央纪委网站和其他新媒体披露后，第二天的报纸才刊发，传播的时效性和综合效果大打折扣。这也逼着我们发挥报社记者深挖细查的功力，在新闻内容的延展和深度上下功夫。比如，从不断公布的重大案件中看出，在严查的“高压”震慑之下，一些涉案人员不敢再公然到大的酒店吃喝，而是转移到了一些较为私密的会所。我们就安排记者深入调查，这些会所是个什么样的存在、经营者和党员干部的关系是怎样的、各地管理部门对它们持什么样的态度等。同时是往“宽”处做，拓宽观察的视野、增强策划的“想象力”。有些同志只是在党风廉政建设和反腐败的相关工作内容上找选题，要么相互之间策划的选题经常“撞车”，要么一些同志在那么几个有限的选题方向中转来转去、一时找不到好的题目和题材。我们就通过会议研讨、个别交流等方式，启发大家从社会新发生的各类事件、群众反映的热点现象和其他媒体关注的难点问题中，找适合我们采写和报道的角度和题目。党风廉政建设和反腐败斗争主题本身就是惩贪倡廉、惩恶扬善，打击和抑制消极现象，弘扬正义和公正的力量，其影响涉及社会的方方面面、影响各领域各阶层，可以说与每一个人、每一种社会现象都息息相关。反过来讲，社会上发生的所有问题和事件、出现的所有现象和变化，都能直接或间接地找到与党风廉政建设和反腐败斗争的关系，都能够找到适合我们报道的内容、角度和方式。作为中央纪委的机关报，有责任对所有正面、积极的人和现象给予大力的宣传报道，对所有负面的现象予以批评。如当下一些热映的电影、热播的电视剧反映出的正能量，一些体育比赛中体现出的积极向上的精神，一些新发生的科学现象对社会生活和人的生存形式的影响等，都可以作为我们选题考虑的内容。经过这些沟通和交流，大家的视野和思路宽了许多，策划的兴趣和能力在不断地提高，落实选题计划、抢抓新闻“落点”、采写稿件的意识和能力也在不断提高，内容生产的氛围和效率有了大的改观。

报社的同志们努力做到无日不策划、无时不策划。新闻事件随时发生，热点问题和现象随时出现，时时处处都有新闻，选题策划就得随即跟上，拿出采访和报道的意见。有年轻的小伙伴开玩笑说，已经有了“策划强迫症”，吃饭时、走路时在琢磨选题，有时晚上睡觉做梦也在想哪个选题应该做。

——充分用好中央纪委机关这个宣传报道的“富矿”。有一段时间，报纸刊发有关地方新闻报道的稿件居多，从中央纪委国家监委机关采访而来的新闻报道，除了官方发布的一些案件查处、法规出台的消息外，整体偏少，甚至多天不见一篇。我们对这一现象做了分析。一方面，地方宣传报道的积极性高，领导重视，有人员专门从事这项工作，报道的线索和素材比较丰富，报社采访和编辑部门的同志和他们联系、协调起来也较为顺畅，稿件相应地就多。另一方面，机关各部门的主要精力在各自的业务工作，任务重、工作头绪多、节奏快，没有人，也没有时间和精力多考虑宣传工作。尽管报社的同志和他们都在一个机关工作，但因一些程序上的要求等，在询问线索、采访相关问题时，工作起来并不是很便捷。而新闻的时效性要求比较高，遇到一两次采访上的不顺利，记者联系机关部门的积极性就会受到影响。这也是机关报道较少的一个因素。

在分管委领导的指导下，我们在全社同志中进一步增强“机关报”的意识，增强用好机关这一“富矿”的意识，有针对性地采取了一些办法。首先，在议题设置、选题策划方面，第一位的是围绕机关策划。从领导同志最新的讲话中，看工作的谋划和安排；从机关一些会议的精神中，找对工作的要求和走向；从机关披露的案件中，梳理、归纳违纪违法的新特点，值得引起广大党员干部警示的现象。其次，在各采编部门按照业务范围分别加强与机关相关部门联系的基础上，专门设立一个采访部门联系机关，从机关各部门挖掘新闻线索，及时、准确地推出相关报道。为使大家更好地了解、熟悉纪检监察业务工作，增强对相关工作的感受和感觉，即使报社内部人员少、任务重，工作再紧张，我们也坚持不断派出年轻的记者、编辑参与机关的一些工作，如巡视、专项调研等。这些同志回到报社后，采写、编辑稿件的质量和效率明显地提高。后来，来自中央纪委机关的报道逐渐多了起来，如一些法规制度的出台、巡视工作的开展、追逃追赃的成功案例、案件调查处置情况等，不仅有消息，也有专题的背景介绍、有关负责同志专访、相关工作后续措施等“独家”内容。这种改变，丰富了报纸的报道内容，极大地增强了在党风廉政建设和反腐败斗争这个领域报道的权威性。

——提高讲好故事的意识和能力。有价值的内容，都是独特的、有“个性”的、鲜活的；有价值的内容报道，也应该是与之相适应的生动的、活泼的、吸引人们阅读的。我们报道的内容政治性、政策性很强，容易给人以严肃甚至呆板的印象，如果在文风上不注意、不讲究，这种印象可能更强，再好的内容，也会在阅读效果上打折扣，进而影响报纸的吸引力和传播效果。尽管随着选题策划的加强，报道内容的生动、鲜活方面好了很多，报道方式、语言等形式方面也相应改进不少，但“讲好故事”的能力上还有不小的差别。按照分管委领导的要求，我们努力克服“官样文章”、公文信息式的报道，在见人见事上下功夫，用讲故事的方式、大家喜欢接受的表述和语言，把好内容表达好，用让人看得进去、能够接受、喜欢阅读的方式做报道。为使记者、编辑们更加贴近现实、贴近生活、贴近纪检监察工作，增强会讲故事、讲好故事的能力，报社连续几年选派采编人员，到地市纪检监察机关进行两个月的蹲点。地市级是我们国家政权机构设置中承上启下的重要环节，既要把中央、省（自治区、直辖市）的政策要求和有关精神领会透、把握好，又要结合当地的实际情况贯彻落实好、督促检查好；既有机关的工作规律和特点，又能比较近、比较快地了解基层的具体情况和问题，可谓上面精神和下面情况的汇聚地，很有利于年轻同志熟悉国情、社情、民情，学习、锻炼和成长。我们要求去蹲点的同志一篇稿件也不用写，完全与地方纪委的同志一起参与信访、办案、审理等各项具体的工作，近距离地观察、熟悉和体验现实生活。

——全过程严把质量关。做过报纸的朋友都知道，守好采编工作的质量关和安全关、确保不出问题的压力很大。一方面要有很强的政治和政策把握能力，在选题方向、报道内容、表达方式上做到客观、全面、准确，不能有丝毫偏差、含糊和闪失；另一方面在编辑质量、版面设计和印制质量上也要处处精心，不能有技术上的问题。同事们相互提醒说，别说出现政策导向、观点和提法的错误，就是个别文字校对上的差错也不能有；别的报纸出了文字上的差错，可能就是编辑或校对上的“技术”问题，可能不算什么大事；但作为中央纪委的报纸，政治性和政策性太强，如果出了用词不准确、文字上有错别字，或者印制方面有差错，那就不是技术问题了，就可能是天大的错误，再好的内容、再用心的采编过程，也没有了意义。在这个问题上，我们有充分的认识和警觉，全社一直强调全员质量意识、全过程质量要求。编委成员之间交流说，每轮到晚上值班，签版前对版面是看了又看，不敢轻易签字；对重点文章、重点提法、专业术语更是小心翼翼、反复审读。时间越长，越是小心谨慎、丝毫不敢松懈。

2018 年 9 月，在人民日报社举办的媒体融合论坛上，我们应邀介绍了在新媒体格局下有关内容生产的认识和做法，得到与会新闻界同仁的共鸣（见文末附 1《聚精会神做有价值的优质内容》）。

4. 改版和创新：不断推动专业化水平提升

从事过报纸工作的同志都有体会，它本身就是“学习性”的工作。每天要接触、关注、了解和传播新近发生的事情、新闻人物、新的观点和现象，在这个过程中要不断地分析、思考、选择，找到准确、恰当、容易被人接受的表达语言和传播方式，把相关内容的生产，有效、快捷、有条理地统筹好、组织好。回过头来，还要时时总结、分析，对比同行的报道和处理效果，哪些工作做得不错，哪个选题安排得有欠缺，以后在哪些方面需要进一步改进。可以说，做报纸宣传报道工作，要有责任心、事业心，无时不在学习和思考、无处没有学习和思考。

报纸工作也是极具挑战性的工作。每天都会遇到一些新的问题和矛盾，大到发展思路和工作整体布局的调整，小到人力调配和具体选题安排、稿件处理，都需要在很短的时间内找出合适的解决办法，稳妥、周全地处理好。即使遇到的是一些老问题，在新的环境、新的形势要求下，也需要有新的解决和处理办法。有同事感慨地说，只要在办公室，天天都是在应急处理突发状况。实际上，在现代通信异常便利的条件下，不管在不在办公室，哪怕是远在千里之外出差，也随时要对一些临时出现的问题商量处理、拿出意见。

报纸工作的挑战性还在于，除了要每天源源不断地生产新的有价值的内容，满足读者（现在被称作“用户”）相应的阅读需求，还要随着时间的变化，在内容构成、呈现方式、版面结构、印制风格等各个方面，经常性地做一些调适或大的调整。改版，就成了报纸工作的一个重要部分。

中央纪委分管宣传工作的领导对报纸宣传工作很熟悉，指导很具体，比如每到年底，就要我们研究新一年报纸的改版意见。报社有一些同志不太理解：怎么每年都要改版。其实，改版不仅仅是形式上的改变。经济社会形势不断发展，党风廉政建设和反腐败斗争不断深入，读者需要了解的信息及其角度、深度等也会有不同的变化，报纸内容的生产也要有相应的调整。内容生产和呈现形式是相辅相成的，内容的变化，也决定了版面结构和呈现方式要有相应的变化。

我们后来慢慢领会到，通过改版这种形式上的变化，促使报社的同志，从编委会成员到采编部门主任，甚至到做具体采编工作的每一个同志，不断研究版面语言、栏目设置、版面内容和形式的有机统一，进而思考办报工作的形势和存在的问题，分析采编队伍自身的状况和提高的方向。具体的效果应该是，以改版调整报社部门的设置结构，激发采编人员的学习动力和工作积极性，进而激发内容生产的活力，提高办报能力和水平。我们和报社的同志交流了领导的这种良苦用心，大家进一步提高了对改版的认识，增强了主动求变、积极求新的思想自觉和工作自觉。

这个时期，每年对版面结构、栏目设置和版面样式等进行一些调整。报纸比较大的改版有这么几次。

——设立评论版。这应该是“天时、地利、人和”各方面条件具备、水到渠成的一次改版。党风廉政建设和反腐败斗争，不仅仅是重大案件的调查和处理，各项工作的进展、成效和社会影响，各类引起社会关注和议论的问题，有丰富的话题和内容，太多的现象、太多的事件、太多的角度可以去写评论。广大读者对于反腐败斗争领域的一些问题怎么看、一些现象怎么说，有很强的认知需求和阅读需求，对于来自中央纪委报纸的观点、看法，更是普遍关注。报社的同志自己也说，有关这些话题的新闻信息和评论，“自有气场、自带流量”。大家也有普遍的意识，作为中央纪委的机关报，有责任、有义务就一些政策问题、工作问题和社会各界关心的热点问题等，旗帜鲜明地发出正确的声音，辨明是非，引导舆论，为正风肃纪反腐营造良好的社会氛围。同时，大家也很清醒地认识到，在新媒体快速发展的格局下，如我们这样政治性、政策性比较强的报纸，抓好评论工作，对我们来说是重要的内容生产，不仅是能够立足媒体竞争、自身良好发展的一个重要手段，也是提升影响力、提高核心竞争力的重要增长点，在这方面必须有所作为，也能够有所作为。

使大家坚定做好评论工作的，还有一个重要因素。党的十八大以来，报社坚持做评论工作，取得不错的效果，并且有一定的人才储备和工作基础。以梳理、诠释中央纪委常委会精神为主要内容的评论专栏文章“学思践悟”，推出后反响巨大，成了各级纪检监察机关了解和把握中央纪委工作原则、要求的重要载体，很大程度上被赋予“上级精神”“工作要求”的意义，每周一专栏文章刊发后，很多纪检监察机关专门组织学习；每隔一段时间，有的地方和单位会把专栏文章汇编成册，发给大家学习。当时报社的同志到地方采访或调研，一听是《中国纪检监察报》的同志，最先谈起、谈的最多的就是“学思践悟”，拿出各种样式的汇编册子。“学思践悟”的影响也扩大到各级党政机关，很多党员干部从中掌握党风廉政建设和反腐败斗争的精神。“学思践悟”也成了一个专有术语，在不少人那里成了通过学习、思考、实践、领悟，不断提高思想水平和工作能力的主要途径和方法。报纸其他紧扣时事热点的评论文章，一刊发就被广泛转载，一个时期，“中央纪委机关报评论文章”成了传播力、影响力很大的一个品牌。有的友媒转载时干脆在标题上、在引言中，说是“中央纪委就什么问题发声”、“中央纪委”怎么说怎么讲，他们这么处理，可能博了眼球、增强了文章的点击率和传播量，但也不太恰当地抬高了报纸评论的地位，给我们增加了很大的压力，也增加了更加严谨审慎做好评论工作的责任感。通过几年的工作实践，在产生了不少高质量的评论文章、发挥积极的舆论引导作用的同时，报社也培养了一批有政策水平、思想水平和专业能力的评论作者。可以说，在当时做评论工作，提升了我们报纸的社会影响，也成为报纸的一大优势。

2018 年年初，我们保留头版头条的“本报评论员”不变，整合不同版面原有的评论栏目，设立了评论专版。每个工作日一个版面，每个版都要有 6—8 篇文章，栏目的内容和形式有所差异、相辅相成。在内部挖掘自有的力量，除增加评论部的采编人员外，动员和鼓励报社的其他同志积极撰写评论、为评论版提供稿件，既解决了稿源问题，又为同志们向“多面手”发展提供了平台和锻炼机会。同时借助外力，请《人民日报》《解放军报》等媒体的几位评论高手，给我们撰写高质量的稿件，为版面增色不少；发动常年联系的作者，特别是纪检监察系统的作者，结合社会热点、工作重点和难点，以及一些相关舆情焦点，撰写接地气、有思考的评论文章。

评论版设立之后，发展势头不错，巩固、扩大了报纸言论的阵地和引导力、影响力。一个时期，几乎每天都有文章被各新媒体平台转载、引用，且转载量、点击量巨大，一些重点文章一经推出便成为“热文”“爆款产品”。两个评论专栏“方圆谈”“广安观潮”，先后获得中国新闻奖的一等奖，被评为名专栏。在一个版面上，同时有两个栏目是中国新闻奖的名专栏，这在国内的报纸中是少有的。我们还请人民日报社原副总编米博华开办了评论专栏“博论”，针对全面从严治党涉及的一些现象和问题撰写文章，观点鲜明，内容翔实，文风醇厚、劲道，很受读者欢迎，大大提高了评论版的品位和格调。

——在原来理论周刊和纪法周刊的基础上，从 2015 年至 2018 年，先后增办了历史文化周刊、新时代周刊和本领周刊。增办这些周刊后，每个工作日的报纸，既有 4 个新闻版，又有 4 个版的周刊，报纸每周的版面数量由 36 个增加到 48 个。

历史、文化周刊于 2015 年年底试办，2016 年正式创办，2018 年改为文化周刊。创办这个周刊的初衷，一是丰富报纸内容。在新时代弘扬优秀传统文化中博大、深厚的精神力量，是报纸应有的责任；以史为鉴、以文化育人，“润物细无声”，陶冶人的情操、涵养积极健康的品格，也是在全面从严治党、党风廉政建设和反腐败斗争的宣传报道中，应该注重的重要方式。当然，有关中外优秀的廉政文化、名人名家的道德修为等，是这个周刊宣传的重要内容。二是丰富报纸的品性和韧性。《中国纪检监察报》报名鲜明地体现了纪检监察特性，宣传报道的内容和方式首先会给人以“严肃”“太硬”的感觉。作为报纸的宣传，还应该有其“软”和“柔”的一面，在内容和方式上软硬结合、相互调剂、互为补充，报纸的张力和容纳度才更有弹性、更有发展的空间，读者的阅读感受才不至于单一。

历史文化周刊努力按照这种构想去做，从栏目设置、内容构成、版面设计各个方面用心安排，形成了报纸的一个特色。如每期的头版头条安排为“历史文化源流”专栏，系根据习近平总书记最新重要讲话中的用典，撰写解读文章，从周刊创办起一直坚持到现在，成为一个品牌。根据一个时期大家关心的关于外部监督和自我监督的关系问题，一方面在评论版组织刊发一些评论文章，一方面在历史文化周刊刊发王阳明等中外历史名人重视自我修养的思想和经历，以及对他们“破山中贼易，破心中贼难”等有关观点的阐释文章，生动形象地讲清既要加强外部对权力的监督制约，又要促使个体注重自身修养，树立和坚守对信念、规矩、道德、纪法的敬畏，抵御住诱惑、经受住考验。这样的报道安排还有很多，在整体上统筹策划，讲道理和讲故事、讲现实和讲历史、政策宣传与文化诠释相结合，新闻版和周刊相互配合，取得不错的效果。很多读者反馈说，很喜欢周刊的这些文章。后来同事们发现，用周刊四个版面的形式专门做历史文化的内容，在全国的报纸中也是不多见的。

新时代周刊和本领周刊是2018年年初一起创办的。党的十九大后，报纸根据宣传工作形势任务的发展和自身建设的需要，进一步丰富宣传报道的内容。新时代周刊主要解读新思想、诠释新精神，反映经济社会各领域各方面的新理念、新知识、新探索、新作为、新变化和新气象等（见文末附2《科盲看黑洞》）。本领周刊则是为满足广大党员干部特别是纪检监察干部扩大理论和知识视野、加强能力建设、提高工作本领的需求，安排了理论和实践相结合的工作创新、经验交流、经典阅读等内容。两个周刊注重在"新"和"实"上做文章，在不失新闻性的前提下，突出内容的时代性、实践性、适用性和学习借鉴性，探索在新的媒体格局下报纸办好新闻周刊的路子。

其他的改版工作还有一些，比如，版名的调整，实质是版性、版面内容形式和风格的调整；版内栏目的重新设置、报道重点的调整；等等。这些改版工作看似不像重新创办一个版或周刊的工作那么艰巨，其实也不简单。每次调整后，马上就要组织人员采写稿件、约稿、编辑等，进入新的不间断的生产状态。

改版本身就是创新，在办报理念、报道内容和方式、办报工作机制、组织架构和人力资源调配等方面进行的再探索、再改造、再调整和再组合。

每次改版，对报社领导班子是一次考试和检验，从总体思路、部门调整和人员组织、具体方案、各项保障措施、时间要求和质量要求、可能随时出现的问题等各个方面统筹考虑、综合安排。对全社的同志来讲，改版也是一次挑战和学习。新的版面要求，不仅是版面外表的变化，更是蕴含着办报理念和方式的变化，是一次全过程、全环节的版面“升级”或改造。同事们要抛弃原有的一些早已习惯了的思路和做法，也就是常说的走出“舒适区”，重新调整、学习、适应，有的报道内容可能还是全新的领域，学习、适应的压力会更大些。在历次改版过程中，我们注重相关人员的专业结构、年龄结构和业务能力的合理搭配，比如由资深编辑记者和年轻同志相结合，既发挥老编辑记者的经验优势，也注意发挥年轻同志的活力和闯劲儿。报社的同志经受了改版的考验，得到了锻炼，业务能力提升很快，一些部门负责人提高了组织协调能力和应变处急能力，成为能里能外、跨领域报道、多形态工作的“多面手”；不少年轻的同志在改版创新的过程中勤于学习、思考和探索，很快成长起来，成为独当一面的业务骨干。这一“意外”，应该是改版之外的更大收获。

5. 融合发展：应对变化和挑战

前面我们讲过，近年来报纸遇到了信息技术革命下新媒体强势崛起带来的巨大冲击和挑战。这种冲击和挑战是整体性的、全方位的，从运行理念、传播方式到组织架构、经营模式等。报纸从业者要及时应对、安排，作出相应的调整和转变。有的报纸可能一时适应不了这种冲击和挑战，产生竞争压力和生存状态的焦虑；有的积极探索融合发展的路径和方式；有的则是尝试各种渠道寻找媒体以外的出路。这种紧张和纷乱现象，在二十一世纪头十年的媒体界比较突出。

当时的《中国纪检监察报》也面临和其他纸媒一样的形势，但由于内部工作体制和机制等原因，融合发展的压力要小一些。2013 年成立的中央纪委监察部网站（后改名为中央纪委国家监委网站），专门从事网站以及后来拓展的微信、客户端等新媒体的运行，与报社一样自有一套采写、编辑和管理运行系统。两个兄弟单位之间，有分工，又有密切的合作，报纸策划的重点报道和评论等文章，通过网站的转发扩大传播力和社会影响，网站的一些访谈、廉政文化等重点内容，也会在报纸相关版面上显现。有些重点报道，会在领导的统筹下，由双方派人共同完成。这种工作机制，整体上运行良好。但毕竟是“两个”单位，沟通、协调上要花费时间，有时双方策划的选题和生产的内容会有撞车现象，相互转发的时效、处理方式和传播质量等，难免会有一些不理想的情况。报社的同志们，也对新媒体快速发展和竞争日趋激烈下的报纸工作有不小的压力，经常对如何适应形势发展和传播规律，如何顺势而为进一步实现融合发展，做一些思考和研究。

2015 年年初，利用到杭州办报社通讯员培训班的机会，我们赴上海专程到成立不久的澎湃新闻学习，了解他们的采编系统和运行模式，商议进一步的合作、相互支持。后来，分别到新华社、人民日报社、解放军报社、解放日报社等融合发展快的单位学习，考察不同融合模式的特点，借鉴他们成功的方法和经验，思考我们应该采取的方案和具体办法。我们请各大新闻单位的新媒体运营部门、各传播平台的同行座谈，征求他们对报社融合发展的意见、建议，并就加强进一步的沟通和合作取得共识。

经过走出去学习、请进来交流指导、内部不同形式的研讨，编委会同事们的认识是：信息技术发展对“传统”媒体业的影响，不仅仅是技术层面和传播方式、传播渠道，更是传播观念、生产理念、组织方式、运行模式等全方位的、各方面的；适应新的形势要求，媒体新业态融合发展，不仅仅是挑战，也是大势所趋、势在必行，必须以积极的心态顺应形势变化、迎接挑战，探索融合发展、推动融合发展；在大的工作体制和机制没有变化的情况下，报社不能无视融合发展的大势而无动于衷，也不能固守原来的方式和已有的一些影响而坐等被动，要主动对现有条件下如何融合做出一些探索、有所谋划和准备。

报社的同事们开始“笨拙”地在“报纸+互联网”方面做一些尝试。在内部，一是由几个年轻的同志运行起微信公众号，每天推送重点栏目的代表性文章，对一些自以为好的内容，以新媒体语言和方式再编辑、分专题分层次多次推送、宣介；二是调整电子报的发送时间，尽可能做到报纸夜间终审后，向印厂传送版面的同时，即在网上推出电子报。这种调整很快就有了反应，经常是电子报刚一推出，一些大的新媒体和信息聚合平台马上就“抓取”到重要信息、重点内容，我们负责夜班终审的同志还没有离开办公室，有些文章已经在全网转载、成为“热点”了。在外部，和人民网、新华网、央视网以及一些有影响的信息聚合平台加强日常的沟通、联系，在重大工作的宣传报道、重要栏目的开办、重要内容的生产和传播等方面，形成相互协作、支持的互动机制，“借船出海”，增强内容的传播力和影响力。这也是我们不可能、没必要在平台建设上有很大投入的情况下，一种较为理性、简易并且有效的选择。

在这种探索、尝试的过程中，我们更加强烈地认识到，生产和传播的技术、方式、渠道很重要，但不管技术再怎么发展、传播方式怎么变化，内容为王是不会变的。如果没有有价值的优质内容，什么样的平台也不会关注我们的报纸、积极地与我们合作。这也让我们更加坚定了做好内容生产的理念和做法。当然，这种形势下的内容生产，在策划、采写、编辑等各个环节，也会有从理念到方式的调整，会考虑到新媒体格局下传播的规律和特点、分析报纸自身存在的优势和问题，会照顾读者获取内容信息上方式和习惯的一些变化。比如，我们的生产和推送速度，比网站要慢、比杂志要快，相对来说有优有劣；我们生产的内容，比网站的可能要深、比杂志的可能要浅一些。这种在网站和杂志夹缝中生存的状态，是有些尴尬。但换个角度看，如果在选题策划、组织采写和编辑时，注意到这些情况，尽可能该快的时候快、该深的内容深，发挥自己的比较优势、尽量避免相对劣势出现的机会，我们报纸内容的生产和传播效率、效果就会好很多。再比如，新媒体一些简要的信息，可以成为我们报纸进一步挖掘、深度报道的选题；我们策划的一些重要报道内容，可以参考新媒体的表达方式和读者阅读偏好，在采写、编辑时做一些相应的调整，一些内容可以拆分为若干个专题在自己的公众号上连续推送。经过报社同事们的不断思考和探索、顺势而为的踏实行动，报纸取得了稳步前行的综合成效、逆势而扬的影响力。

随着形势的发展和宣传报道工作开展的需要，中央纪委国家监委机关的媒体融合工作，逐渐被提到了议事日程上。在分管委领导的指导下，经过 2018 年至 2019 年的多次考察、调研、研究，提出了融合发展的改革意见，经中央纪委办公会讨论通过后，融合工作正式启动。按照实施意见，中国纪检监察报社、中央纪委国家监委网络中心和网络技术中心三个单位，在原有机构和人员整合的基础上，成立中央纪委国家监委新闻传播中心，并于 2020 年 1 月正式组建运行，报纸、网站和移动互联网媒体一体策划、一体生产、一体管理、一体运营、一体建设。

媒体融合的具体实施，是要在保证报纸、网站和新媒体正常生产运行的状态下，从思想认识、组织架构、人员安排、生产机制和方式、管理理念和方式等多个方面的重新整合、集中调适，头绪多，矛盾和问题不少。而这个时候，又遇到新冠疫情的暴发，抗疫的宣传报道任务很重，同时防疫形势下开展融合工作有了更多更为特殊的困难和不便。难能可贵的是，原来几个单位组合到一起的同事们，识大体、听调度，大家齐心协力，边工作、边整合、边建设、边调整、边适应，在异乎寻常困难的情况下，在不长的时间里较为顺利地初步完成了融合的任务。新的机构、新的力量、新的运行机制，大大增强了内容生产的能力和效率，提高了传播力和影响力，中央纪委国家监委的媒体工作掀开了新的一页。

附 1

聚精会神做有价值的优质内容

全面从严治党是人民群众普遍关心的重大议题，这一重大领域的宣传报道，既是中国纪检监察报的主责主业，也是得天独厚的优势。党的十八大以来，我们服务于全面从严治党的大局，应势而动、顺势而为、积极作为，聚精会神做有价值的优质内容，牢牢把握党风廉政建设和反腐败新闻舆论的主导权，成效明显。

聚焦全面从严治党，发出党风廉政建设和反腐败斗争最强音

在中央纪委常委会的坚强领导下，我们努力提高政治站位，立足自身特色，强化主流舆论宣传。一是深入宣传习近平新时代中国特色社会主义思想和党的十九大精神，突出宣传以习近平同志为核心的党中央关于全面从严治党、党风廉政建设和反腐败斗争的重大决策部署。习近平总书记的有关重要讲话、党中央有关重大会议重要文件、中央纪委重大工作安排和要求，我们都及时跟进，通过综述、解读、评论等多种形式宣传报道。二是及时对党中央、中央纪委出台的有关制度、党纪条规等，邀请参与起草者和相关研究人员详尽解读，通过案例生动诠释，形成内容丰富、分析权威、视角独特，有鲜明“中纪报”特色的产品。三是与工作的部署和推进同步策划选题，坚持问题导向，既报道工作措施和进展，又曝光各种问题和现象，发挥舆论监督作用，推动认识的提高和工作任务的落实。

立场鲜明、敢于亮剑，以言论解疑释惑、扬正抑邪

评论是报纸的灵魂，也是报纸的优势。《中国纪检监察报》一直重视评论工作，始终坚持用观点鲜明的言论壮大全面从严治党、党风廉政建设和反腐败斗争的主流声音，对人们的疑虑和模糊认识加强正面引导，对错误思想和观点立场坚决予以辩驳，把该说的说到位，让该热的热起来，该冷的冷下去。坚持以人民为中心的宣传导向，对人民群众关心的热点话题和现象，我们把握节奏力度，讲究策略方法，回应社会关切，解疑释惑，引导群众形成共识。近年来，我们的评论文章在舆论场上独树一帜，“中央纪委机关报评论”的品牌效应逐渐显现，已然成为中国纪检监察报的一张亮丽名片。“本报评论员”文章成为广大党员干部了解中央精神、中央纪委工作要求、掌握全面从严治党方法论和认识论的重要窗口，“方圆谈”“广安观潮”等栏目先后被评为“中国新闻奖新闻名专栏”。

做好先进典型和案例警示宣传，以真情实感打动人、用“活教材”警醒人

先进人物典型宣传有着聚民心、育新人的重要作用。《中国纪检监察报》有专门的人物版和多个栏目用于典型宣传，既充分报道在纪检监察系统作出突出贡献、取得突出成绩的典型代表，也深入挖掘在其他领域努力奉献、不懈奋斗的感人事迹；既生动描绘个体，也注重刻画新时代奋斗者群像。今年开设的“榜样”栏目，在头版以通栏的方式宣传纪检监察系统先进典型，重视程度和报道力度都非常大，在系统内外取得了不错的反响。典型案例的剖析是我们报纸的一大特色，通过深刻剖析一些严重违纪违法案件，揭露腐败分子的腐化蜕变的行为和心灵轨迹，用落马干部的忏悔让警示教育触及灵魂，以案为鉴，为广大党员干部敲响警钟，引导增强不想腐的自觉，同时体现纪检监察机关坚持惩前毖后、治病救人的方针和良好工作效果。

弘扬优秀传统文化，从历史、哲学、文化的角度提供思考借鉴，进一步坚定文化自信

宣传思想工作是做人的工作，而历史是最好的教科书。《中国纪检监察报》有专门的文化周刊和一批经典栏目，深入挖掘党史、国史、中华民族奋斗史中的优秀传统文化、社会主义先进文化等“富矿”，引导广大干部群众从厚重的历史文化中汲取力量、滋养心灵。如，“历史文化源流”栏目聚焦习近平总书记系列重要讲话中运用的古代典籍、经典名句等，从典故的来历到用典用意，一一呈现；“红色家书”栏目传承红色文化基因，带领读者回顾艰苦卓绝的革命斗争和曲折艰辛的探索，感受老一辈共产党人的无私情怀，补足理想信念的精神钙质；“怎样读经典”栏目约请知名专家学者解读中华文化经典，用经典的魅力教化人心，春风化雨、润物无声。这些栏目各有侧重、又互为补充，保证了内容的丰富性和差异性，也保持了总体风格的完整和连贯。

我们在内容生产上深耕细作，得到积极的反响，大量文章被各新媒体转发、采用，阅读量“10 万+”成为常态；报纸的发行量也逐年递增，今年已达 130 多万份。

习近平总书记在全国宣传思想工作会议上强调：“要把握正确舆论导向，提高新闻舆论传播力、引导力、影响力、公信力，巩固壮大主流思想舆论。”按照要求自觉肩负起新形势下宣传思想工作的使命任务，《中国纪检监察报》将充分吸收借鉴各家新闻媒体的好做法好经验，为全面从严治党、党风廉政建设和反腐败斗争的深入开展营造良好舆论氛围。

（《新闻战线》2018年第10期上）

附 2

科盲看黑洞

几天来，黑洞给人们造成的震惊、愕然、惊奇，冲击波之巨大，可能仅次于黑洞本身。对于这个以前仅是存在于科学现象或科幻文学作品中，现在突然“梦幻成真”、从天而降的超级“不明之物”，科学家从不同专业、以不同的方式反复讲解，人们从各自的角度交流议论、发出感慨，一时间几乎人人关注黑洞、观察黑洞。

作为一个科盲，在看热闹、受科普、开眼界的同时，也由此引发一些思考和认识。

世界那么大，每个人都有自己不知不觉无解的“黑洞”。科学家说，黑洞的质量是太阳的 100 多亿倍！这还不算完，我们现在估计银河系里面有几亿个、几十亿个甚至更多的黑洞，真正被观测到的，大概也就几十个。这是什么概念，只能说无知限制了我辈的想象力。或者说，我们想象力的“黑洞”难以想象，现实远比想象精彩。面对浩瀚无垠的宇宙、异常纷繁复杂的世界，谦虚些吧，谁也别说自己很厉害很牛。

科学的态度就是不懈地追求，面对不为人知的“黑洞”目标一步一步地探索、求证、解决。当年，天才物理学家爱因斯坦的广义相对论推导出了黑洞的存在。100 多年来，一代又一代科学家“一茬接着一茬干”，不懈努力，今天通过科技手段观测、证实了黑洞的存在。再往上溯，从地心说到日心说，经过长期的研究、探索甚至斗争、牺牲，人们的认知不断扩大，对宇宙的认识，进而对世界的认识、对自身的认识才越来越趋于正确、合理、更为科学。科学探索如此，干任何事情、任何事业也如此，非得有这样的追求、精神和毅力才能成功。

团结的巨大力量，可以认知、解决难以想象的各式各样的“黑洞”。黑洞照片的成功取得和发布，让我们钦佩科学家的专业态度和不懈追求毅力的同时，也钦佩全球科学家们精诚团结协作的精神。经过 10 多年的谋划、两年来的合作，来自全球 30 多个研究所的 200 多名科学家们，利用分布于全球不同地区的 8 个射电望远镜阵列组成一个虚拟望远镜网络，共同完成了让人类第一次看到黑洞视界面的“雄心勃勃的庞大观测计划”。有这样的团结协作精神，什么样的计划能完不成，什么样的目标实现不了！

黑洞，让我们眼界大开的同时，也进一步脑洞大开。

（《中国纪检监察报》2019 年 4 月 15 日第 6 版）

七 问责不能泛化简单化（2019年）

不仅仅是问责，管理、监督等都应规范高效

时代背景和相关话题

落实党风廉政建设责任制，党委负主体责任，纪委负监督责任，制定实施切实可行的责任追究制度。各级纪委要履行协助党委加强党风建设和组织协调反腐败工作的职责，加强对同级党委特别是常委会成员的监督，更好发挥党内监督专门机关作用。

——《中共中央关于全面深化改革若干重大问题的决定》，2013年11月15日（新华社）

党组织和党的领导干部应当坚持把自己摆进去、把职责摆进去、把工作摆进去，注重从自身找问题、查原因，勇于担当、敢于负责，不得向下级党组织和干部推卸责任。

启动问责调查后，应当组成调查组，依规依纪依法开展

调查，查明党组织、党的领导干部失职失责问题，综合考虑主客观因素，正确区分贯彻执行党中央或者上级决策部署过程中出现的执行不当、执行不力、不执行等不同情况，精准提出处理意见，做到事实清楚、证据确凿、依据充分、责任分明、程序合规、处理恰当，防止问责不力或者问责泛化、简单化。

——《中国共产党问责条例》（2019年修订）

1. “问责”成了热词：确实要有，而且要严

历史发展的关键时期、比较重大的转变时期，也往往是能够发现问题、解决问题的重要时期。

党的十八大之后，强力正风肃纪反腐，在加强对权力运行的严格监督，防范因权力滥用、乱作为乃至以权谋私等腐败现象产生的同时，如何督促管理者履行职责充分到位，防止责任失守、不作为导致问题频出等现象，就成了一个急需解决的问题。“问责”成为全面从严治党的一个有力抓手，也成了社会关注的一个焦点。

在现代政治学理论中，责任和权力是统一的、对等的，也是相辅相成、相伴相随的。与行使权力就要受监督的理念一样，有权力就要尽到责任。没有尽到责任，也是被监督的主要内容，会和滥用职权等问题一样受到相应的追究和处理。中国共产党自诞生之日起，就以天下为己任，坚守为人民谋幸福、为民族谋复兴的初心和使命，始终把权力作为履职尽责的工具，把责任看得特

别重大，强调权力就是责任、有责就要担当。长期以来，“责任重于泰山”“责任比天大”“认真负责”等，一直用来教育广大党员干部。行权就要正当做事、履职就要认真尽责，不管从执政理念上、组织要求上、权力运行机制上、群众期待上、实践执行上，都是再明确不过的最基本、最浅显的道理。在大家的心目中，因为没有尽到责任而出现差错或造成损失，对赋予工作岗位的组织、对人民群众是难以交代的，对个人则是无比羞愧和难堪的事情，受到相应的组织处理、纪律处分甚至法律惩处，也是理所应当。经过多年的思想熏陶和实践锤炼，这一道理已经成为常识，在大多数的党员干部那里溶入了血液之中。

但就是在恪守这个最基本、最浅显的道理上，照理说是最不应该成为问题的地方，在一个时期，在一些地方、一些领导干部那里却真的成了问题。

党的十八大后的正风肃纪反腐在雷霆万钧疾速推进的同时，党内外面对查处、揭露出来的严重的作风问题和腐败问题，也在思索、探究，为什么会出现这么多的问题。不言而喻，原因有多方面的，经济社会转型时期，体制机制的、历史文化的、外来影响的、人的素质修养方面的等都在不同程度地发挥着作用。其中，有些党组织及其主要负责人没有履行好应尽的管党治党责任，不重视党的建设，有的不管不问党风廉政建设和反腐败工作，导致党的观念淡薄、组织涣散、纪律松弛，该管的事情没管、该担负的责任没担负起来，管党治党失之于宽、失之于软，不得不说是一个重要的因素。

党风廉政建设的主体责任和监督责任，在一些党组织有不同程度的缺失。有些党组织和领导干部党的观念淡薄，把经济建设和党的领导割裂开来，对管党治党心不在焉；有的在抓党风廉政建设上，热衷于开开会、表表态、签责任书，做表面文章；有的怕得罪人，对眼皮底下的“四风”和腐败问题，睁一只眼闭一只眼，得过且过，高高举起、轻轻落下；有些党委书记对下属单位党风廉政建设情况知之甚少、不管不问，甚至捂着盖着，搞歌舞升平，导致问题由小变大、由少变多，甚至成了区域性、系统性问题；有些党委书记在任用干部时当仁不让，平时则是对干部疏于教育、不去管理和监督，放任自流，而干部一旦出了问题，就撂挑子给纪委，认为是纪委的事情；有的原则性不强，搞无原则的一团和气，对歪风邪气不抵制不斗争，一味遮丑护短，甚至为违纪违法者说情开脱；当然，也有极少数党员领导干部自己不正、存在瑕疵，说话就不硬，就不敢管别人了。这些问题的存在，导致管理和监督方面的弱化和虚化，在很大程度上削弱了党组织的凝聚力和战斗力。

2013 年 11 月召开的十八届三中全会提出，要落实党风廉政建设主体责任和监督责任。随着工作的深化和形势的发展，有关“责任”的提法有了变化，即从党风廉政建设和反腐败斗争的主体责任，到全面从严治党的主体责任。这不仅是字面上的变化，更是实践的发展、认识的深化。从内涵上看，党风廉政建设和反腐败工作是全面从严治党的一部分，党的建设必须全面从严，各级党组织及其负责人理应都是责任的主体。习近平总书记在 2014 年召开的十八届中央纪委三次全会上强调，有权就有责，权责要对等。无论是党委还是纪委或其他相关职能部门，都要对承担的党风廉政建设责任进行签字背书，做到守土有责。

在具体的实践中，要保证责任能够落实下去，就应该用好问责这一有力的武器。《中国纪检监察报》“学思践悟”专栏连续发出有关问责方面的文章，不断释放加强问责的信号：一个地方、一个部门，如果党风廉政建设出了大问题，党委的主体责任不可推卸，纪委的监督责任难辞其咎；加强对主体责任和监督责任落实情况的监督检查，问题该发现没有发现就是失职，发现问题匿情不报、不处理就是渎职。党风廉政建设出了问题，特别是出了区域性、系统性问题，就要追究党委（党组）书记、纪委书记（纪检组长）的责任。

促使加强问责工作、加大问责力度的另一个因素是，有些人仍然跟不上形势和工作发展的要求，对问责工作的认识还没有完全到位，甚至还存在一些质疑，比如是不是太严了、问责的面太大了，会不会影响问责对象工作的积极性等。在推进全面从严治党的过程中，有的党组织和领导干部，爱惜自己的羽毛，对问责工作担当不够，敷衍塞责，搞“鸵鸟”政策，对管辖范围内发生的问题睁一只眼闭一只眼，该问责的不问责；在上级组织督促下被动问责的多，主动较真碰硬的少。这些问题的存在，直接导致管党治党压力传导不下去，在责任落实方面上紧下松，有的地方是层层递减，全面从严治党还没有真正严起来、实起来。

对此，党中央反复强调，任何地方、部门、单位，发生了党的领导作用不发挥、贯彻党的路线方针政策走样、管党治党不严不实、选人用人失察、存在严重“四风”和腐败现象、巡视整改不力等问题，都要抓住典型严肃追责。要完善和规范责任追究工作，建立健全责任追究典型问题通报制度，把问责同其他监督方式结合起来，以问责常态化促进履职到位，促进党的纪律执行到位。

党中央紧紧抓住主体责任这个“牛鼻子”，把问责作为全面从严治党的利器，先后对一批在党的建设和党的事业中失职失责典型问题严肃问责，一些重大的问责案例相继公布，体现了以强力问责推进全面从严治党的鲜明态度。比如，在查处湖南衡阳破坏选举案时，对衡阳市委原主要负责人、后任湖南省政协副主席的童名谦问责并立案调查，对他调查的就是失职渎职问题；针对河南新乡市市一级领导班子中连续发生腐败问题，对市委原主要负责人问责、给予处分并公开曝光；对民政部党组和驻部纪检组管党治党不力导致产生有重大影响的问题进行责任追究，给予党组和纪检组的主要负责人相应的纪律处理；等等。各地各部门也先后公布了一些问责的典型案例，对一些领导干部或批评教育，或组织处理，或纪律处分。这些案例的公布释放出强烈的信号：谁不落实责任就要问责谁。这些信号在党内形成很强的警示和教育效应，在社会上引起很大的反响。

“动员千遍，不如问责一次”一时成为全国各大媒体报道纷纷使用的语言，成为广大党员领导干部耳熟能详的金句。这既是经验的总结、行之有效的办法，更是指导工作、督促问责落到实处、形成有力震慑的重要思想方法和工作方法。各级党委以问责为重要抓手，推动全面从严治党主体责任和监督责任的落实，一级抓一级，层层传导压力，把管党治党的政治责任压紧压实。

问责工作在实践中不断发展，问责制度也在探索中不断完善。在此之前的党内法规和规范性文件中，包含问责内容的有100多件，对推动失职失责问题的责任追究，发挥了积极作用。但随着全面从严治党不断深入，问责制度滞后于实践发展的问题日益显现：一是问责的内容不聚焦，没有突出政治责任、紧扣全面从严治党；二是责任界定不清晰，没有体现权责对等，问责主体不明确，问责方式不规范；三是多头立规，对同一事项的规定散见于多部法规，表述不统一不规范，问责尺度不一致，缺乏严肃性。

为规范和强化问责工作，2016年1月十八届中央纪委六次全会工作报告提出，要把问责作为全面从严治党的重要抓手，研究制定《中国共产党问责条例》。同年6月28日，中共中央政治局召开会议，审议通过了《中国共产党问责条例》。问责条例紧扣“责任”二字，把问题导向具体化、清晰化，明确提出问责的具体情形、问责主体和责任、问责的方式方法，形成了一部针对性和可操作性比较强的基础性党内法规，为各级党组织强化问责提供制度依据。

问责条例体现了党的十八大以来管党治党理论和实践创新成果，是全面从严治党重要的制度遵循之一。相对于原来更多的是行政管理问责、特别是安全生产的管理问责，对管党治党不力的问责少，问责条例一个鲜明特色是，聚焦党的领导、党的建设、全面从严治党、党风廉政建设和反腐败斗争，突出管党治党的政治责任，追究在党的建设、党的事业中失职失责的党组织和党员领导干部的主体责任、监督责任和领导责任。中央办公厅专门下发通知，要求抓好问责条例的学习宣传和贯彻落实，把管党治党的责任担当起来。要密切联系实际，把自己摆进去，以身作则、以上率下，敢于较真碰硬、层层传导压力，让失责必问、问责必严成为常态。要言出纪随，抓住典型问题，勇于铁面问责，发挥震慑警示效应，唤醒责任意识，激发担当精神。

随后召开的十八届六中全会，通过《关于新形势下党内政治生活的若干准则》，明确规定对不担当、不作为、敷衍塞责的干部要严肃批评，必要时给予组织处理或党纪处分，造成严重后果的要严肃追责。《中国共产党党内监督条例》要求，对不履行或者不正确履行党内监督职责的，依照问责条例等规定处理。问责条例与这两部党内法规相互呼应、相互配套，贯通起来释放制度蕴含的力量。

2019 年，根据新的形势、任务和要求，党中央对问责条例予以修订。这次修订聚焦管党治党政治责任，坚持严字当头，针对实践中出现的问责不力、泛化简单化等问题，着力提高党的问责工作的政治性、精准性、实效性。

可以说，问责这一手段，在全面从严治党、党风廉政建设和反腐败斗争不断深入的过程中，被赋予了新的强大生命力和影响力；而与这一过程相伴相随，问责工作发挥出越来越大的作用，成为推动落实“两个责任”、全面从严治党的一个有力抓手。

2. 问责的严肃性：既体现在严厉，也体现在精准和规范

随着问责力度的加大，一些对领导干部问责的典型案例不断公布，新闻界把这些工作称作“问责风暴”。问责工作极大地教

育了党员干部，大家很快意识到，问责必不可少，要经常“亮剑”，坚持下去成为常态，而且要严，严肃、严厉、严格，不断释放失责必问、问责必严的强烈信号，保持警示、震慑和教育的作用不放松。各级领导干部管党治党的责任意识进一步提高，工作抓得更为主动、认真。

问责作为管党治党的一个重要利器，本身就是一项严肃的工作，政治性、政策性很强，不能有丝毫的含糊和马虎。特别是在当时，要扭转一部分人已经习惯了的宽松软的氛围，除了加强思想教育、统一认识外，必须对存在的问题严肃处理、对相关负有责任的党组织和领导干部坚决问责，否则不足以警醒。

需要注意的是，一些领导干部，知道问责“好使”“管用”，是一个“一使就灵”的好办法、好手段，“使用”的人就多了起来。这应该是好事，本来也是促使大家认识问责、推动问责工作正常开展的初衷。但如果“使用”这一手段的人，不完全理解这项工作的初衷和目的，在出发点、程序和过程中有随意性等不符合要求的成分，简单地为使用而使用，问责初衷和效果的实现就会打折扣，甚至影响其本有的严肃性。

在推动问责工作深入的同时，问责随意性、简单化的现象在一些地方相继出现。比如，一些领导干部对某项工作进展不力、对某个下属干部的表现不满意，不看情形、不讲程序，张口就是“问他的责”。领导一说，相关部门不得不办，但在落实的过程中会发现，要么不属于问责的范围，要么没有严重到要问责的程度，要么工作程序和工作标准上难以达到要求，等等，有诸多与问责条例不相符的情况。有的对问责范围、问责对象、问责方式等工作要求认识不清、理解不够，出现以领导责任代替本人应承担的直接责任、以行政问责代替党内问责等。一些地方把问责当作日常管理手段，只要工作推动中遇到障碍，只想依靠问责的手段来解决；一些地方重问责数量、轻问责质量，在问责过程中不是严格依据事实和纪法，而是过度依赖上级的意志，既没有深入细致调查，也没有科学分析研判，问责效果不佳。这样的“问责”，执行的机关或部门为难，被问责的对象不服气。凡此种种，都有悖于问责工作必须实事求是、合规合纪的初衷和要求。

问责的泛化，与随意化、简单化就像“双胞胎”，相伴而出现。其主要表现是，把问责当作“万金油”，什么问题都拿它来治；把问责当成了“筐”，什么问题和矛盾都拿它来装。一些地方、部门党组织对管党治党的政治责任理解不深不透，对问责条例相关条款未能切实准确地领会，把一般性业务工作方面出现的一些具体问题，都用问责这个“筐”来装，比如有的基层干部主观认为，不遵守交通管理法规等方面的问题也都适用问责条例规定，有的把应该加强日常管理教育的问题也要用问责方式来处理，导致问责事项出现泛化现象。

问责泛化、简单化产生的一个直接结果是，在不少地方，不同程度出现了变相向基层推卸责任，以“属地管理”名义“问下不问上”等问题。一些基层单位，如村镇组织负责人、具体的执法站所及生产经营单位负责人等，甚至一些做具体事务的工作人员，时不时就可能要被问责，有的被多次问责、反复问责。基层干部工作辛苦，面对接连而来的各种“问责”，也是苦不堪言。以至于有的基层单位被问责的次数多了，大家以“轮流”的形式来“承担责任”。这样的问责，很不严肃很难谈到效果。

与泛化、简单化相伴的另一个问题是，问责工作的合力没有全面形成。问责条例明确规定，对党的领导干部，党委（党组）、纪委（纪检组）和党的工作部门有权采取通报、诫勉方式进行问责；提出组织调整或者组织处理的建议。在实际工作中，不少党组织和党员干部习惯地认为，问责是纪委（纪检组）一家的事情，因此习惯于往纪检监察机关推，比如在信访维稳、安全生产等工作中若出现履责不力等问题，都会要求纪检监察机关来问责，而不是由相应的工作部门来实施。

严肃，既要体现在严格、严厉上，不能有丝毫的迁就、放纵和松懈，又要体现在依规依纪上，严格按照问责条例等党内法规，在问责的范围上、程序上应该是有依据、有标准、合规定基础上的“严”。可以说，问责工作的简单化和泛化，恰恰就是不严格、不严肃的另一种表现，它同问责不力、宽松软一样，也是问责工作中特别要防止和纠正的现象。

很显然，泛化、简单化的现象，大多是一些地方或部门的负责人，对问责条例学习和把握不到位，对政策掌握不全面、不准确，在具体工作中出现偏差而造成的。当然，也有个别领导干部“简单拿来”，用问责代替日常的政治思想工作、管理监督工作，对问题不顾事实、情节和性质，主观上“升级”“拔高”，或者在下级面前用问责来树立个人威风、达到个人目的等情况。这些现象极大地影响问责工作的严肃性、权威性。

2019 年 1 月，习近平总书记在十九届中央纪委三次全会上，对防止问责泛化滥用提出明确要求。中央办公厅在 2019 年 3 月印发解决形式主义突出问题为基层减负的通知，强调要严肃问责、规范问责、精准问责、慎重问责。十九届中央纪委三次全会工作报告明确提出，要实施精准问责，防止问责不力或者问责泛化、简单化，并对此作出工作部署。

作为中央纪委国家监委的机关报，《中国纪检监察报》贯彻领导要求和全会的精神，回应社会关切，先后策划、组织采访，报道了一些地方和党员干部对问责泛化、简单化问题的有关反映，相继刊发调查研究报告、对一些地方和部门的领导干部的访谈，组织撰写、刊发了一组评论文章，开展一定范围的讨论。通过这些宣传报道，对严格按照问责条例的要求开展问责工作、防止出现泛化简单化的倾向，进行引导。总的基调是，必须坚持从严问责和精准问责两手抓，实事求是、依规依纪依法规范问责、精准问责，及时纠正滥用问责、不当问责等问题，实现政治效果、纪法效果、社会效果的有机统一。

在工作中，接触、了解到一些地方的情况；参加一些会议，也听到有关领导和同志对问责泛化、简单化等现象的意见和建议。对这一问题观察、思考了一段时间，也和一些从事这方面报道工作的同事多次交流。2019 年年初，写出《问责不能泛化简单化》（见文末附 1）一文。文章发表后引起不小的反响，各网站、客户端纷纷转载，成了当天的一个主要话题。后来有关部门有过一个统计，有 1000 多家媒体网站和各级党政机关的门户网站，转载了这篇文章，这在报社还是很少有的。曾经有一段时间，一有关于问责泛化、简单化方面的报道或讨论，就有人引用或链接上这篇文章。在 2020 年中国新闻奖的评选中获得评论二等奖。

文章是出于问题导向，针对的是泛化、简单化现象，并且为避免引起一些读者的误解，专门写道：“严肃问责，起码要从两个方面讲。一个是要严格执行党的纪律、规定和国家法规，做到有权必有责、有责要担当、失责必追究，不能含糊；另一个是要依据事实，严格依规依纪、严格程序要求、严格把握政策，不能随意、随性。”可能由于题目的关系、观点太过鲜明，也有人望题“生义”，或者选择性“生义”、引用，只拿“泛化简单化”来说问责，而把严肃问责、有责必问的内容，有意无意地置于脑后、放在了一边。这种主观的“利用”，怕是在现实生活中很常见。

2019 年 9 月，修订后的《中国共产党问责条例》正式公布实施。条例根据全面从严治党的新实践，进一步健全完善问责的原则、内容、程序和方式等，不断提高问责工作的政治性、精准性、实效性。2020 年年初十九届中央纪委四次全会指出，完善问责情形程序，提高问责政治性、精准性、实效性。对进一步做好问责工作，强调坚持严字当头、权责统一，实施规范问责、精准问责，增强问责的严肃性和公信力；进一步界定不同问责情形的问责主体，督促各类问责主体齐抓共管；及时纠正滥用问责、不当问责问题，造成不良影响的要严肃追责。之后，各地纪检监察机关严格贯彻执行问责条例，建立健全规范问责工作的相关程序和制度，问责的启动、调查、报告、审批、实施等全过程都要坚持集体讨论、严格把关，保障被问责对象申辩权利，推动精准规范问责的主动性和自觉性得到进一步的增强。

2021 年 4 月 13 日，人民论坛网刊载“独家调查”《当前干部考核存在的问题与治理》。文中讲到，在一些地方和部门的干部考核和年终评比中，“优秀轮流当”，“考核过程中民主测评‘人情味太重’”，有的地方存在“考核走形式、走过场”的现象，这些现象与问责泛化、滥用“一票否决”的现象同时存在，极大地影响了考核工作的严肃性、权威性和公正性。考核工作是干部管理和监督的重要手段，同问责工作一样，都是极其严肃的工作。考核工作出现这样的现象，同问责工作的泛化、简单化一样，需要引起足够的重视，有针对性地引导、解决。

与问责相关的一个话题是，曾经有一种说法，有一些干部怕出差错、怕问责，工作积极性受到了影响，不愿干事、不愿担当的现象多了；在一些地方和部门，有的干部怕出问题，不像以前那样热衷于到一些“实权”部门、“热门”岗位工作了，而是想着调整到一些以前都不愿意去的“清水衙门”。这里原因复杂，可能不排除有个别的问责不当或不准对一些干部的影响因素，也可能有不少人习惯于以前的宽松环境，对新形势下全面从严的要求和氛围还不大适应。但对于这些现象，不能简单地归结于问责工作，应该客观地、辩证地看。首先，勇于担当尽责，是对党员干部的必然要求，任何情况下都不能不担当不尽责，要求高了、管理和监督严了，不能成为松懈或消沉的借口。其次，实施问责的最终目的，也正是为了督促党组织和党的领导干部强化责任意识，激发担当精神，保证职责的正确履行和责任的担当到位，而不是束缚干部手脚。再次，问责有着严格的政策性要求，有着规范性的条件和程序设计，不是说什么差错都需要问责来处理，泛化、简单化的现象正是要极力反对和纠正的问题。最后，党中央关于“三个区分开来”的政策，明确划分了干事创业中的差错与违反政策和纪律法律问题的界限，为党员干部的作为和担当营造很好的条件和氛围。作为不作为、担当不担当，根子上还是党员干部的思想境界、对党和国家事业的责任心、权力观和利益观的问题。

问责工作经过实践探索，在认识上逐步统一，制度上进一步成熟，工作上更加规范。

3. “习惯在受监督和约束的环境中工作生活”

党的十八大后的全面从严治党、党风廉政建设和反腐败斗争，可以说既是对存在问题的解决和清理，是对制度、纪律的健全和完善，也是管理理念、运行机制和正常秩序的重申和重建。在这种大的背景下，党内政治生活各个方面都要回归本来应有的规范性和严肃性。

党内监督，作为党内重要的管理方式和手段，在全面从严治党进程中被提到重要的地位。从实践上看，相继查处的一系列重大腐败案件显示，权力不论大小，只要不受制约和监督，都有可能被滥用，都有可能产生各式各样的腐败问题。从理论上看，中国共产党有着严密的组织性和纪律性，党的根本宗旨是全心全意为人民服务，党员领导干部手中的权力是党和人民赋予的，权力的使用理所当然要接受党组织和人民的监督。

党中央出台了《中国共产党党内监督条例》，对党内监督的原则、任务、责任、方式等作出制度性的规定；中央纪委国家监委和各级纪检监察机关在工作安排上，把加强党内监督工作作为重要任务，采取有力措施推动开展；纪检监察机关在机构设置、人员配置等方面，突出对监督工作的力量支持；加强巡视工作和派驻纪检监察机构的改革，把纪律监督、监察监督、派驻监督、巡视监督结合起来、贯通起来，形成监督的合力。同时，发挥党内监督的主导作用，重视人大监督、民主监督、行政监督、司法监督、审计监督、财会监督、统计监督、群众监督、舆论监督等，共同发挥作用。

全面从严治党，“从严”体现在各个方面、各个过程，贯穿于各个领域。监督工作，理所当然也要从严。

如何从严？一系列的制度规定和工作要求，作出了严谨、周密的规范。在工作责任上，不仅仅纪委要履行监督执纪问责的专责，强调第一位的是党委监督，党委监督是全方位的，既要任命干部，更要监督干部，不能一谈到监督就只想到纪委或推给纪委；在制度上，监督条例等法规，对监督的原则、责任、程序等作出严格规定，要求严肃执行；在工作机制上，各种监督严格实行的同时，相互结合、共同发力；在工作方式和手段上，加强日常监督和专项监督，不断创新高效管用的监督方法；在工作要求上，把纪律和规矩挺在前面，使各项纪律规矩真正成为“带电的高压线”，从日常的小事、具体问题抓起，发现问题就坚决依规依纪处置。许多违纪违法者，之所以从“好干部”沦为“阶下囚”，有其自身理想信念丧失、纪法意识缺失的原因，有外部千方百计“围猎”的原因，也有日常管理监督不力的原因。因此，党内监督要坚持惩前毖后、治病救人，立足于小、立足于早，多了解党员干部的思想、作风等状况，多注意群众的有关反映，及时进行约谈函询、诫勉谈话，及时发现问题、纠正偏差，防微杜渐。

能不能自觉正确对待、自觉接受党和人民监督，是衡量领导干部党性修养水平的一个重要尺度。从严监督的这些要求和工作安排，对大多数党员干部来说，能够积极领会有关精神、主动按照要求规范自己的行为、适应从严监督的新形势新氛围；但对一部分党员干部而言，适应起来就没有那么自然、那么顺畅，个别的可能还更费劲一些甚至曲折一些。客观上，这与物质上的“由奢入俭难”一样，精神上由原来不同程度的“宽松软”氛围，有些人一下子转到“从严”不太容易，可能需要有一个过程。主观上，有些领导干部不愿意被监督、怕被监督，觉得老是有人监督不舒服、不自在、干事不方便，就像有的腐败分子忏悔时讲的那样：“当初总是觉得，自己到了这么高的级别，该干什么就干什么、想干什么就干什么，干嘛要被人监督？”在这样的认知下，抵触监督的各种情绪和举动就会出现，或“敬而远之”，或以为是找毛病、找茬、和自己过不去，有些存在问题的人则以各种方式躲避、干扰。

在文化心理和氛围上，有来自党内和社会上对监督的一些不利因素。传统的“好人主义”、个人主义导致不讲原则一团和气、“事不关己、高高挂起”的思想不同程度存在。一些地方和领域党内政治生活不规范，一些人对党内监督有排斥、抵触的心理。官僚主义存在，监督别人理所当然，自己不愿意被监督。受市场经济、多元文化价值观影响，不利于党内政治生活、严格党内监督的各种因素泛起，如实用主义、急功近利思想等。这些都与党内监督的严肃性要求相对立。

“习惯在受监督和约束的环境中工作生活”，是在全面从严的背景下，党员干部要面对和处理好的一个问题。具体讲，要领会监督的真正目的，是组织为了帮助党员干部不犯错误、少犯错误，或者有了小错误及时纠正，不要酿成大的错误，是真正的关心和爱护；要适应监督的要求和氛围，有监督才是一种行使权力、履行职责的正常状态，没有监督则不正常、对党员干部个人和对组织都会很危险。要接受各种监督，把被监督作为日常的习惯，真诚地欢迎组织和群众的监督、主动地配合监督，对于指出的问题、提出的监督意见和建议，认真听取，有则改之、无则加勉。只有这样，才能“习惯”成自然、“习惯”成自觉，主动参与形成监督和被监督的正常氛围和局面。

有些党员干部在面对和处理这一问题时，可能就不大“习惯”，或者不大适应。比如，如何对待组织的函询，不少人就在认识上、态度上有一些这样那样的偏差或问题（见文末附 2《函询里有大政治大文章》）。

所谓函询，顾名思义就是发函询问，给被反映的人发函，请其对被反映的问题给出书面的说明和解释。《中国共产党党内监督条例》中明确规定，组织“接到对干部一般性违纪问题的反映，应当及时找本人核实”，“让干部把问题讲清楚”。函询和谈话等，就是让被反映人“讲清楚”的一种方式，也是实施日常监督的一种常用方式。

了解纪检监察机关信访举报工作的人会知道，收到监督举报线索，综合分析后，按照谈话函询、初步核实、暂存待查、予以了结四大类方式进行处置。可以说，按函询处置的，或者反映的是带有苗头性、倾向性、一般性的问题，或者反映的问题可能不实而需要澄清，或者反映的问题笼统，为道听途说或主观臆测，难以查证核实。函询的目的，是做到有问题早发现、早提醒、早解决；同时，也是给予被反映的党员干部向组织上如实说明或澄清问题的机会。

起初，不少人可能对函询不太了解、不太熟悉，接到组织的函询材料后，一时很紧张，甚至不知所措。紧张是对的，说明对组织的监督是重视的，也说明组织的监督在起作用，有了威力、有了效果。但不同的人的紧张不太一样。不存在函询材料所提及问题的人紧张，可能是初次的经历、“没有经验”造成的，不知道为什么函询、函询后会是什么情况，也可能是对于莫名其妙地被无端反映，一时产生气愤和委屈；反映的问题多少有些而没有反映材料说的那么严重的人紧张，可能是不知道组织上如何看这些问题、自己该如何对这些反映给出书面说明等；被反映的问题完全存在的人紧张，则可能是出于知道自己问题的性质、不知道组织上掌握的情况有多少、自己给出说明后会有什么样的结果、能不能“过得去”等。

于是，不同的人、不同的心态、不同的认识水平、对组织忠诚老实的不同差异，造成了在回复函询说明时的复杂情形，影响说明内容的真实性和说明的严肃性。有的人能实事求是，把事情或问题向组织说得清清楚楚，一是一、二是二，有是怎么回事，没有就是没有；有的刻意遮遮掩掩，或避重就轻，或轻描淡写，尽量找些能够“解释”或者为自己开脱的因素；有的则是完全误判了组织的意图、小看了组织的力量、失去了作为党员干部应有的素质和境界，对已经发生或存在的问题矢口否认，以为不认账就能蒙混过关，完全没有把组织给予的机会当回事。在后来公布的一些重大腐败案件中，会看到一些人“对组织的函询不如实作出说明”的问题。

其实，就像反映的问题，不完全是反映了什么就是什么，发出函询后，组织上对被反映人的说明，也不可能说明了什么就是什么、“一函了之”。纪检监察机关在函询后，对收到的回复说明有着严格的处理要求、程序和方式。比如，对反映不实，或者没有证据证明存在问题的，予以采信了结，并向被函询人发函反馈，这体现了对干部的信任和关心，有利于其放下包袱轻装上阵；对问题轻微，不需要追究党纪责任的，采取谈话提醒、批评教育、责令检查、诫勉谈话等方式处理，体现了坚持惩前毖后、治病救人，执纪必严、违纪必究，抓早抓小、防微杜渐的要求；对反映问题比较具体，但被反映人予以否认、且否认理由不充分不具体的，或者说明存在明显问题的，一般会再次谈话或者函询；发现被反映人涉嫌违纪或者职务违法、职务犯罪问题需要追究纪律和法律责任的，会按相关规定提出初步核实的建议。另外，对被反映的问题属被诬告陷害的，则会在一定的范围予以澄清正名。

在制度设计上，还安排在必要时可以对被反映人函询的说明情况进行抽查核实的措施。这也是在总结实践经验基础上，针对个别说明情况的真实性不高而提出来的应对办法。抽查核实，不仅有利于提高函询质量，防止“一函了之”，对监督对象也是有效的监督和约束。有的人被反映的问题可能没有那么严重，但在抽查核实后发现，没有如实向组织说明情况，甚至隐瞒了问题，就是对党组织不老实，这一情形本身就成了很严重的问题。

显而易见，函询既是组织给予被反映者说明情况或问题的机会，也是组织考验其是否实事求是、是否忠诚老实的机会。对待函询，切不可要什么小聪明、抖什么小机灵，也不可有什么侥幸心理、抵触态度，认认真真、老老实实、规规矩矩才是正道。

4. 遇到诬告怎么办

在回复函询或接受谈话时，经常会有这样的情形：被反映的问题多少有些影子，但或情节不同，或性质不一样，有的则出入太大，根本不是那么回事。出现这样的情况，很可能是反映者由于一些局限，不完全了解事情的来龙去脉、前因后果，就其中一些方面或侧面，偏听偏信，主观上觉得有了问题，就向组织举报。反映者从监督的角度出发，愿望还是好的。这些反映并非故意而为之，一般被称为“错告”。

但诬告和陷害，就是完全不同性质的情况了。

所谓诬告和陷害，就是出于个人恩怨或一己私利等不良目的，采取捏造事实、伪造材料等方式，恶意反映相关人员无中生有的“问题”，意图使他人受到不良政治影响、名誉损失或者责任追究的行为。在具体个案中，有些诬告现象可能与错告有相似，一时难以分清，比如，对一些道听途说的事情不顾客观事实无限“拔高”“上线”，甚至颠倒黑白，乱扣违纪违法的“帽子”。这种情况处理起来较为复杂。

诬告现象由来已久。在没有互联网的年代，举报是以信件为主，当时普通信件的邮费只有八分钱，于是就有了“花上八分钱，折腾大半年”的说法。当然，对这种说法要辩证地、客观地分析，一部分可能是出于对正常信访的不正确的看法和意见，要加以教育引导；一部分则是对诬告现象的气愤的表达。但是不可否认，诬告者成本不高，但不仅给被反映者造成长时间的伤害和影响，也给组织上的正常工作带来很多的干扰。

既然诬告者要刻意“折腾”些事情，就必然处心积虑，在反映“问题”的情节、性质、能够造成的影响等方面下足功夫，甚至在“举报”的时机、地点、方式上挖空心思，唯恐“折腾”得不够。比如，有的因为个人过节、工作矛盾，或不合理诉求没有得到满足，为发泄私愤、打击报复他人，故意捏造事实中伤他人，这种情形在现实生活中最为常见；有的为了一己之私利，借举报之名，要挟、侮辱或中伤领导干部、执纪执法人员等，意图施加压力进而达到个人目的；有的违纪违法者意图转移视线，编造他人违纪违法事实，以干扰或阻挠组织的调查工作。

其中，有人在干部选拔、职务职称晋级等“关键”时机，为了自己或利益相关者能够得利，故意对有可能成为竞争人选的其他人员捏造事实、伪造材料，抹黑诋毁，恶意借举报扩大他人的“负面”影响。一些地方在换届之前，往往是信访举报的高发期，其中很多的信访举报是有根据、负责任的监督举报，也有一些是捕风捉影、道听途说的不实举报或“错告”，有一些则干脆就是无中生有、陷害中伤的诬告。这些出于一己私利、带有政治目的的诬告陷害，企图影响或干扰干部任用工作或换届选举工作，性质尤为恶劣。这方面典型的案例是二十世纪九十年代查处的海南省政府原副秘书长李善有。李善有观察到两个主要领导在工作等方面有矛盾，便企图“浑水摸鱼”，为讨好其中的一个领导，达到自己将来谋取私利的目的，便捏造事实诬告另外一个领导。他的行为严重扰乱了视听、干扰了工作，造成极坏的政治影响和社会影响，加上其本人又有经济、作风等方面严重的腐败问题，经调查后受到了严厉的惩处。

一些地方，管党不力、治党不严，有些党员干部政治信仰、党性修养、纪律规矩等方面出现问题，政治风气、政治生态一度受到污染，诬告陷害等现象也会随之多发。

显然，有要刻意诬告的，就会有对应的被折腾者、受害者。在现实生活中，遇到被诬告的情况，对于每一个人来说，都不是一件轻松的事。本来一切好好的，突然凭空掉到头上这么一桩事情，可想而知，大多数的人心情会极坏，有人曾形容说是“吃了苍蝇”，恶心至极；有人则说，像是正走在路上，莫名其妙地被人在头上套上麻袋，稀里糊涂地给揍了一顿，事后还不知道是谁揍的，气愤、窝囊、委屈、烦躁的情绪，没有经历过的人确实难以理解。有的人企图搞明白为什么会有这样的事情、猜测背后到底是谁在做这种无聊的文章。不管是否能搞明白、理出头绪，在猜测和分析中无端地耗费不少的精力和时间，并且可能搞得心情越来越差，陷于其中恶性循环、难以自拔。有些意志较弱、抗压能力不强的人，则像是一下子被闷棍打蒙了，失去了精气神，整个人从模样到心态都变了，工作、生活少了些劲头、没了趣味、丢了章法。如果周围的人不明就里，有意无意地将各种说法传来传去，有人再不负责地添油加醋，这些外在舆论引发的次生压力和苦恼，更会使人倍受折磨，烦躁不安、“欲哭无泪”。

其实，有过这一经历的人应该知道，这个时候稳妥、积极的办法，应该是尽快平复情绪、冷静下来，及时向组织和领导说清楚反映的问题，汇报自己对这些反映的看法和态度，争取组织和领导的信任和支持。同时，调整好心态，不能无谓地自己乱了阵脚、失去了理智、没了主张和节奏。调整的内容，一方面是针对反映的问题，多做些自我反思，比如，这些问题，是不是自己平时有所表现，应当引起注意；工作中哪些方面做得不合适、不妥的地方，应注意改正、调校。另一方面是心理的自我调适。客观上讲，只要是领导干部，有工作的平台也有应尽的责任，只要干事创业，就会触发矛盾、触动个别人的利益，有人不满意或借机发泄私愤，也正常；主观上说，别人爱怎么做、怎么折腾是他的事，身正不怕影子斜，只要自己身上没毛病，就心里踏实，工作该怎么干仍怎么干，该坚持的仍要坚持，该负责的仍要负责，否则，如果因为被诬告而一时气馁甚至精神消沉、颓废下去，影响了工作，或者有什么不合适的言语和行为，正是中了别人的“圈套”，正是诬告者想要看到的局面、达到的效果，而这种情形，不是组织、同事和家人朋友所愿意看到的。最主要的是，一定要相信组织、依靠组织，组织会全面、客观地了解情况，会有准确、公正的判断，绝不会仅仅因为有人编造不实之词而影响对同志一贯表现的看法（见文末附 3《面对诬告　相信组织》）。

有同志讲，“不期而遇”的诬告，尽管应对起来很痛苦，但如果把它当作另外一种“监督”、另外一种提醒，引以为戒，更加认真地工作、积极稳妥地行事，更加严格遵守各项纪律和要求，也确实不失为一种“凤凰涅槃”后的境界提升，值得学习。

大家都清楚，诬告陷害行为污染政治生态，严重影响党员干部干事创业的积极性，危害极大。不论是党的纪律和规矩，还是国家的法律，对诬告陷害行为，都是不允许、坚决反对的。《关于新形势下党内政治生活的若干准则》《中国共产党纪律处分条例》《中国共产党党员权利保障条例》《中国共产党纪律检查机关控告申诉条例》等党内法规，都有对诬告陷害者依规依纪依法予以严肃查处的规定。在维护信访举报工作正常有序开展的情况下，查处诬告陷害行为，是组织关心厚爱党员干部的具体表现，也有利于形成依规依纪依法进行检举控告的正确导向。这项工作，各地都有一些具体的实践，有的在查处后对被诬告者公开澄清、证明，有的对诬告者严肃处理后公开曝光，将蓄意诬告现象视为过街老鼠、人人喊打的氛围越来越浓，取得了很好的纪法效果和社会效果。

实事求是地讲，由于实际工作和现实环境中各种复杂的因素，并不是每一起诬告都能完全查得清楚，也不是每一个诬告者都能受到处理或者得到惩处。更理性地看，只要有人与人之间综合素养的差异存在，只要有各方面利益的冲突，只要有各种矛盾的存在，诬告现象就不可能绝迹。能够认识到这些，既是实事求是的态度，也是如何应对诬告现象的需要。也就是说，受到诬告的党员干部尤其是领导干部，应该有一种豁达的胸怀和气度，有坚持正义、不怕邪祟、任劳任怨、忍辱负重的心理准备。在《面对诬告　相信组织》一文中，也诚恳地提到，其实，有组织做依靠，有组织的澄清和正名，已经足够了。

附 1

问责不能泛化简单化

问责是政治性、政策性很强的工作，党章和监察法有原则规定，《中国共产党纪律处分条例》《中国共产党问责条例》等有明确具体的规范要求。这些原则规定和要求是做好问责工作的重要法规依据，一定要认真掌握好运用好，决不可忽视或偏离。

实际工作中，问责不严肃、不规范的情况时有发生。有的简单地把问责当成一种工具，工作推动中的问题、管理上的问题等，不分青红皂白都拿问责来处理，问责成了个别人领导能力和领导方式的遮羞布；有的问责泛化扩大化，凡是不合要求甚至不合领导的意图，随意就问责，以至于有的基层干部多数被问责、反复被问责；有的基层单位为了应付上级的多种问责、多次问责，不管谁的责任、什么责任，班子成员轮流“分担”……凡此种种，都偏离了问责制度安排的初衷，也极大损害了问责工作的严肃性、权威性和影响力，在一定范围造成了干部群众的不解或误解，长期下去、积累起来形成的危害不可小觑。

严肃问责，起码要从两个方面讲。一个是要严格执行党的纪律、规定和国家法规，做到有权必有责、有责要担当、失责必追究，不能含糊；另一个是要依据事实，严格依规依纪、严格程序要求、严格把握政策，不能随意、随性。

不能什么问题都问责处理。问责条例对问责的总体要求和原则作出规定，同时也规定了应当予以问责的六种情形。问责的一项重要原则是实事求是。什么情况该问责、什么情况不用问责，一定要依据事实、依照纪律规定和法规分清楚、把握好。有的问题到不了问责的程度，该提醒的提醒，该教育的教育，该批评的就批评，不能简单地用问责处理、一问了之，伤害同志的感情和积极性。当然，对于严重违纪甚至违法的问题，也不能简单地用通报等问责方式“降格以求”，那样做看似“爱护同志”“保护同志”，实则达不到惩前毖后、治病救人的目的，损害组织的威信和纪律工作的严肃性。

不能谁说问责就问责，想怎么问责就怎么问责。问责条例规定，问责决定应当由党中央或有管理权限的党组织作出。对于采取纪律处分方式问责，明确要按照党章和有关党内法规规定的权限和程序执行。纪检监察机关在履行监督执纪问责职责时，可以听取各方面意见，但不能为其他因素所影响、干扰或左右，更不能因为上级领导或部门要求问责，就不讲程序不依事实简单地“执行”。要严格执行监督执纪工作规则，严格依规依纪依法，严格按程序提出意见、做出处理。

问责最终还要注重效果、达到问责的目的。针对不同问题，从政治、纪法、政策、社会等各方面综合考虑，进行精准问责，真正做到问责一个，教育一片，影响大多数，这样问责才更有意义、更能发挥作用。

（《中国纪检监察报》2019 年 4 月 17 日第 2 版）

附 2

函询里有大政治大纪律

随着全面从严治党的不断深入，“惩治极少数”不放松的同时，“管住大多数”的要求和工作越来越细、越来越实。函询，作为监督执纪“四种形态”第一种形态的一个重要方式、最常见的方式，日益为越来越多的党员干部所“接触”、所熟知。然而，如何正确认识、对待函询，并不是每个人都能把握好、做得到的。“最常见”的函询里，有大政治大纪律，也有大文章。

函询考验着对党组织的忠诚。坚持惩前毖后、治病救人，抓早抓小、防微杜渐，是党内监督的重要原则，体现全面从严治党要求，也体现对每个党员干部的关心和爱护。党内监督条例中明确规定，函询和谈话提醒、约谈等方式，是组织“接到对干部一般性违纪问题的反映，应当及时找本人核实”“让干部把问题讲清楚”。从这一规定可以看出，函询不仅仅是一个工作方式、工作程序，它承载着组织对同志的信任、期望，也承载着对党员干部“忠诚老实”的严格要求和纪律的严肃性。讲清楚，就是要把所反映的问题和情况，对组织实事求是、一丝不苟地讲全讲清，有就有、没有就没有，是什么事就是什么事。有了问题，不能有所保留、遮遮掩掩，不能避重就轻、刻意开脱辩解，更不能编造谎言和假象欺骗组织、应付或对抗组织的监督。如果这种时候对组织不说实话、不交心，甚至说谎蒙骗，就可以看作是对组织不忠诚不老实的政治问题。这，就是大政治大纪律。

函询考验着对纪律的敬畏。党员干部接受函询是一项严肃的工作，也是个人政治生活的一件大事，每个环节、每项要求的背后，都有明确而严格的纪律规范。党内监督条例中明确规定，“被反映人对函询问题的说明，应当由其所在党组织主要负责人签字后报上级纪委”，“对不如实说明情况的给予严肃处理”。党纪处分条例将“在组织进行谈话、函询时，不如实向组织说明问题的”列入违反组织纪律行为，并作出了明确的处分规定。党的纪律是刚性的，是党的各级组织和全体党员必须遵守的行为规则。党员干部必须深刻认识函询工作的政治性和纪律性，把握住组织给予的说清问题的机会，将函询作为检验自己操守品格、纪律和规矩意识的“试金石”，认真对待、如实说明，有则改之、无则加勉，决不能做出故意隐瞒、欺骗组织等更为错误的事情，把接受监督、改正错误、汲取教训的极好机会变成错上加错、一错再错的情形。如果出现这种情况更为组织所不能容忍、更令人痛惜。

信任不能代替监督，严管就是厚爱。函询的背后是党组织莫大的信任，寄希望同志“把问题讲清楚”，同时也是对干部忠诚与否、能否遵规守纪的监督和考验。党员干部如果不珍惜这种信任，就会错失组织关心爱护的机会。只有不断提高政治站位，进一步增强纪律和规矩意识，知敬畏、有戒惧、守规矩，养成在监督下开展工作的习惯，老老实实、坦坦荡荡地向组织交心交底，才是正确的选择。

（《中国纪检监察报》2018 年 11 月 22 日第 2 版）

附 3

面对诬告　相信组织

谈到诬告话题，有必要先做个界定。这里所讨论的“诬告”，是指无中生有、捏造事实，告发、陷害他人的不良行为。其他情形，诸如反映问题确实存在但有一些出入、对反映问题的程度和性质在认识上有分歧等，不在本文讨论范围之内。

诬告之举，古已有之，只不过在不同时期、不同地方、不同领域，表现形式、手段伎俩、卑劣程度和所造成的影响不同而已。在当下，由于利益多元化，个别人自我意识膨胀乃至无法把控，当自身不正当或自认为正当的诉求一时得不到满足，或者不正当的意图、行为和利益受到约束，心态就会失衡甚至扭曲，各种形式的诬告便随之出现。

诬告往往是“不期而遇”“从天而降”，令人防不胜防。如果这种霉运某天突然撞到自己头上，该怎么办？

首先，作为党员干部，应该沉下心冷静下来，别因为无辜和委屈失去理智、乱了方寸。如果因为被诬告而一时气馁甚至消沉、颓废下去，影响工作、学习和生活，那就正中了诬告者的下怀——他们处心积虑诬告陷害的目的，就是要影响个人、干扰组织。而这种情形，不是组织、同事和家人朋友所愿意看到的。

常言道，身正不怕影子斜。如果确认自己不存在被反映的问题，能够坦坦荡荡问心无愧，就不怕别人暗中捣鬼。冷静之后，最好对照反思一下，自己是否真的在被反映的问题上有做得不到位、按照更高标准还有需要改进的地方。与其气恼、愤慨，或者没头没脑地揣测诬告背后有什么人什么事情，不如把它当成“另外”一种监督、“另外”一种警示，真正做到有则改之、无则加勉。如此这般，把“飞来横祸”变成自我反省、检查、改进的“涅槃”机缘，把坏事变好事，于己善莫大焉。

其次，按照程序和要求把情况如实向组织说清楚，相信组织会有全面客观的判断和正确适当的处理。对一个人是非对错、清浊优劣的评价，取决于其一贯的修养、平时的言行、长期的坚守、关键时刻的表现，群众自有观察和看法，组织会有更全面详尽的掌握、长久细致的考察和客观公正的分析判断。个别人的诬告，可能会引起不明真相的同志一时的议论、会搅起一阵“波澜”和“麻烦”，但终究是没有根据、见不得阳光、经不起查验的，不可能左右公论，更难以影响组织对被诬告同志的客观评判。并且，在了解清楚之后，组织会通过不同途径、以一定的方式，对诬告问题予以澄清，还被诬告同志以公道和清白，送上组织的关心、爱护和支持。

在加强监督工作的同时，我们党历来旗帜鲜明、态度坚决地反对诬告现象。党章明确规定：“党内严格禁止用违反党章和国家法律的手段对待党员，严格禁止打击报复和诬告陷害。”党内监督条例规定：“经调查，监督对象没有不当行为的，应当予以澄清和正名。对以监督为名侮辱、诽谤、诬陷他人的，依纪严肃处理；涉嫌犯罪的移送司法机关处理。”党纪处分条例将诬告陷害他人作为“违反政治纪律行为”，列出处理的具体办法。刑法和刑事诉讼法将诬告作为罪名列出专门的条文。

实事求是讲，由于实际工作中各种复杂因素，不是每一起诬告都能完全查清，不是每一个诬告者都能受到处理或者得到惩处。受到诬告的党员干部尤其是领导干部，应该有这个认识，有“忍辱负重”的心理准备。其实，有组织做依靠，有组织的澄清和正名，已经足够了。我们也欣喜地看到，近期接连有报道，山东、湖北、云南等地为受到诬告的同志正名、鼓劲打气，对诬告者严肃处理，将蓄意诬告现象视为过街老鼠、人人喊打的氛围越来越浓。

理性地看，诬告现象不可能绝迹。但诬告并不可怕，遇到不必慌张。面对诬告，相信组织，坦然应对，工作该怎么抓还要怎么抓，事情该怎么做还要怎么做，人该怎么管还要怎么管。这，才是党员干部尤其是领导干部应有的定力和正确的态度。

（《中国纪检监察报》2018 年 12 月 6 日第 2 版）

八 永葆自我革命的精神和品格（2022年）

探寻生命力不衰和长期执政的密码

时代背景和相关话题

坚持和完善党和国家监督体系，强化对权力运行的制约和监督。党和国家监督体系是党在长期执政条件下实现自我净化、自我完善、自我革新、自我提高的重要制度保障。必须健全党统一领导、全面覆盖、权威高效的监督体系，增强监督严肃性、协同性、有效性，形成决策科学、执行坚决、监督有力的权力运行机制，确保党和人民赋予的权力始终用来为人民谋幸福。

——《中共中央关于坚持和完善中国特色社会主义制度、推进国家治理体系和治理能力现代化若干重大问题的决定》，2019年11月5日（新华社）

坚持自我革命。勇于自我革命是中国共产党区别于其他政党的显著标志。自我革命精神是党永葆青春活力的强大支撑。先进的马克思主义政党不是天生的，而是在不断自我革命中淬炼而成的。党历经百年沧桑更加充满活力，其奥秘就在于始终坚持真理、修正错误。党的伟大不在于不犯错误，而在于从不讳疾忌医，积极开展批评和自我批评，敢于直面问题，勇于自我革命。只要我们不断清除一切损害党的先进性和纯洁性的因素，不断清除一切侵蚀党的健康肌体的病毒，就一定能够确保党不变质、不变色、不变味，确保党在新时代坚持和发展中国特色社会主义的历史进程中始终成为坚强领导核心。

——《中共中央关于党的百年奋斗重大成就和历史经验的决议》，2021 年 11 月 16 日（新华社）

长期做纪检监察工作，亲身经历了党的十八大后全面从严治党的发展过程，对监督工作耳濡目染，有机会学习和了解党内监督的政治性、政策性要求，了解党内监督从理念到工作思路、方式的发展。

众所周知，作为有百年历史的大党、有着 9800 多万名党员的大党、领导 14 亿多人口的大国进行伟大复兴事业的大党、具有全球重大影响力的世界大党，中国共产党一路走来，克服一个又一个困难，战胜一个又一个风险和挑战，不断取得一个又一个辉煌的历史成就，同时党自身也在不断地发展、壮大、日益成熟。能够取得现在这样非凡的局面，实属不易。

党内监督，作为党的建设、全面从严治党的重要方式，党自我净化、自我完善、自我革新、自我提高的重要途径和手段，贯穿于党的成长、发展壮大和不断成功的整个过程。

中国共产党自成立起，就有着严密的组织性和纪律性，高度重视严格的党内教育、管理和监督。可以说，百年党史，也是通过党内监督等方式不断加强自身建设、不断自我革命的历史。1945 年，毛泽东在同黄炎培关于破解历史周期率的对话中，即著名的“窑洞对”，把监督提到了事关党和国家生死存亡的高度来看待：“只有让人民来监督政府，政府才不敢松懈。”十一届三中全会前后，邓小平强调依靠制度和法律进行监督，“最重要的是要有专门的机构进行铁面无私的监督检查”。党的十八大以来，习近平总书记深刻洞察共产党执政规律、社会主义建设规律、人类社会发展规律，强调“做好监督体系顶层设计，既加强党的自我监督，又加强对国家机器的监督”，提出坚持和完善党和国家监督体系，深刻揭示了加强监督的重要意义、目标要求、基本内容和实现途径。

党的十八大后全面从严治党的生动实践和丰硕成果，彰显出新时代共产党人在加强党内监督上坚定的决心、强大的力量、高超的智慧和卓有成效的办法。突出党内监督政治属性，严肃党内政治生活，增强政治敏锐性和政治鉴别力，推进政治监督具体化常态化，督促各级党组织和党员领导干部加强政治建设，真正做到“两个维护”，确保党的集中统一领导更加坚强有力。加强权力观的教育，牢牢树立权力由党和人民赋予、用权为党和人民的观念，教育党员干部权力姓公不姓私、用权为公不为私、行权要受制约和监督，打牢接受监督的思想基础。紧紧围绕权力的运行，把权力关进制度的笼子，制定和完善一系列制度，并监督对制度的严格执行情况。发挥纪委专责监督的作用，坚持问题导向，注重精准施策，加强纪委对同级党委特别是常委会委员履行职责、行使权力情况的监督，推动主要领导干部决策和用人情况等在适当范围内公开，确保权力受到严格约束。采取和改进一系列措施，包括发挥纪检监察派驻机构的监督作用、加强和改进巡视工作，建立领导干部谈话制度，畅通人民群众举报和监督渠道，发挥舆论监督包括互联网监督作用等，从各个角度、各个环节强化监督，党内监督不留死角、没有空白。补齐日常监督短板，把思想政治工作和群众工作贯穿始终，综合运用平时观察、谈心谈话、检查抽查、列席民主生活会、受理信访举报、督促巡视巡察整改、提出纪检监察建议等形式，把日常监督实实在在做起来，抓早抓小、防微杜渐。发挥纪委监委合署办公优势，健全统一决策、一体执行的工作机制，推进纪律监督、监察监督、派驻监督、巡视监督统筹衔接，推动纪法贯通、法法衔接。以党内监督带动其他监督，推动各类监督有机贯通、系统集成、协同高效，党内监督和人大监督、民主监督、行政监督、司法监督、群众监督、舆论监督以及审计监督、统计监督相互协调，健全信息沟通、线索移送、措施配合、成果共享等工作机制，织密监督之网，形成监督合力。监督的制度优势和治理效能日益凸显。

当然，监督工作还在进一步深化和拓展。就党内监督而言，重点是提高监督的效率和质量问题。比如，以上对下的监督、专责机关的监督，效果要更好一些，而同级的监督和以下对上的监督，需要进一步发挥作用。“一把手”由于其权力集中，受到的监督较少，一旦出问题，最容易带坏班子，产生催化、连锁反应，搞乱风纪，甚至造成区域性、系统性、塌方式腐败。着力破解对“一把手”监督的难题，是新形势下迫切的需要，党中央专门下发关于加强对“一把手”和领导班子监督的意见，明确了加强对“一把手”和领导班子监督的指导思想、总体要求、重点任务，围绕加强对“一把手”的监督、同级领导班子监督、对下级领导班子的监督，对各级党委（党组）、纪检机关、党的工作机关以及领导干部特别是“一把手”和领导班子其他成员，分别提出具体要求，明确职责任务，健全制度机制，形成一级抓一级、层层抓落实的监督工作格局。再如，就完善党和国家监督体系而言，我们党的执政地位，决定了党内监督在党和国家各种监督形式中是最基本的、第一位的。在充分发挥党内监督在党和国家监督体系中的主导作用，带动其他各方面监督开展的同时，还要解决好党内监督与其他监督的贯通结合、协同高效、共同发力的问题（见文末附 1《加强党内监督　提高监督效力》）。

实际上，监督工作还有与其他工作相辅相成、同向发力的问题，比如干部的选用工作、日常的思想教育和管理工作、查处案件和巡视后有针对性的整改工作、制度的完善工作等。监督从来不是单打一的，也不能单打一，只有与日常的教育管理、不断的改革创新等紧密结合起来，形成合力，监督的威力和效果才能真正发挥出来。

关于自我监督曾经有一些形象的说法，如“自己给自己动手术”等。自我监督确实是世界性难题，是国家治理的“哥德巴赫猜想”。一度也曾经有人质疑，中国共产党在这方面能不能做好、能不能刀刃向内坚持下去。党的十八大以来全面从严治党的生动实践强烈地表明，共产党以前所未有的勇气和定力推进全面从严治党，思想从严、执纪从严、监督从严、治吏从严、作风从严、反腐从严，极大增强自我净化、自我完善、自我革新、自我提高能力，练就中国共产党人的“绝世武功”，探索出一条长期执政条件下解决自身问题、跳出治乱兴衰历史周期率的成功道路，构建起一套行之有效的权力监督制度和执纪执法体系。

从严监督是全面从严治党的重要抓手，全面从严治党本身就是自我革命的生动实践，同时又是党的自我革命的重要部分。

2018 年 1 月 5 日，习近平总书记在新进中央委员会的委员、候补委员和省部级主要领导干部学习贯彻习近平新时代中国特色社会主义思想和党的十九大精神研讨班开班式上的重要讲话中，全面论述了党领导的社会革命和自我革命。他指出，要把新时代坚持和发展中国特色社会主义这场伟大社会革命进行好，我们党必须勇于进行自我革命，把党建设得更加坚强有力。在新时代，我们党必须以党的自我革命来推动党领导人民进行的伟大社会革命。他强调，既要培元固本，也要开拓创新，既要把住关键重点，也要形成整体态势，特别是要发挥彻底的自我革命精神。他谈到，我们党执政正反两方面的经验，世界上一些社会主义国家和政党演变的教训，都揭示了一个道理：马克思主义政党夺取政权不容易，巩固政权更不容易；只要马克思主义执政党不出问题，社会主义国家就出不了大问题，我们就能够跳出“其兴也勃焉，其亡也忽焉”的历史周期率。“我在党的十九大报告中强调：‘我们党要始终成为时代先锋、民族脊梁，始终成为马克思主义执政党，自身必须始终过硬。’怎样才算过硬，就是要敢于进行自我革命，敢于刀刃向内，敢于刮骨疗伤，敢于壮士断腕，防止祸起萧墙。这就是为什么我们党要不断进行自我革命的根本意义所在。”

勇于自我革命是中国共产党经历百年奋斗锤炼出的最鲜明品格，是区别于世界其他政党的独特标识。中国共产党既能够有效地改造客观世界，领导进行伟大的社会革命，同时又敢于进行自我革命，以刀刃向内的勇气清除损害党的健康肌体的病毒，实现自我净化、自我完善、自我革新、自我提高。十九届六中全会通过的《中共中央关于党的百年奋斗重大成就和历史经验的决议》（以下简称《决议》）指出，党的伟大不在于不犯错误，而在于从不讳疾忌医，积极开展批评和自我批评，敢于直面问题，勇于自我革命。只要我们不断清除一切损害党的先进性和纯洁性的因素，不断清除一切侵蚀党的健康肌体的病毒，就一定能够确保党不变质、不变色、不变味，确保党在新时代坚持和发展中国特色社会主义的历史进程中始终成为坚强的领导核心。《决议》强调，对于坚持自我革命等长期积累的宝贵经验，必须倍加珍惜、长期坚持，并在新时代实践中不断丰富和发展。

有勇气自我革命很不容易，能够清醒地把自我革命的要求写进党的决议中并强调长期坚持，更彰显出中国共产党非同寻常的精神和品格（见文末附2《永葆自我革命的精神和品格》）。这也正是中国共产党之所以伟大的显著标志之一，是能够克服一切困难和障碍从胜利不断走向胜利的重要原因。

以伟大自我革命引领伟大社会革命贯穿党的百年奋斗历程，成为中国革命、建设、改革不断取得成功的根本保证。在党的十九届六中全会上，习近平总书记专门提到了“窑洞对”：我们党历史这么长、规模这么大、执政这么久，如何跳出治乱兴衰的历史周期率？毛泽东同志在延安窑洞里给出了第一个答案，这就是“只有让人民来监督政府，政府才不敢松懈”；经过百年奋斗特别是党的十八大以来新的实践，我们党又给出了第二个答案，这就是自我革命。这是强有力的政治宣言。立志千秋伟业的中国共产党，有能力依靠自我革命，成功消除重大党内隐患，破除利益固化的藩篱，有效提高党的战斗力、凝聚力和组织力，有信心在以后各种风险和挑战中，将自我革命的要求贯彻始终，不负人民的重托、期盼和历史的使命。

附 1

加强党内监督　提高监督效力

党的十九届四中全会对坚持和完善党和国家监督体系、强化对权力运行的制约和监督作出了重大制度安排。在党和国家监督体系中，党内监督是最基本的、第一位的。加强党内监督、提高党内监督的有效性，是一个需要认真思考研究的重要课题。

党内监督在全面从严治党中发挥着重要作用

党内监督是党的建设的重要内容，也是全面从严治党的重要保障。党的十八大以来，党内监督工作伴随正风肃纪、惩治腐败、纪律建设和制度建设全过程，进行了一系列有效的探索和实践，发挥着独特而重要的作用。随着全面从严治党的深入推进，我们对加强党内监督有了更深刻、更清晰的认识。

加强党内监督是我们党通过自我革命确保党的全面领导和长期执政、永葆先进性和纯洁性的内在要求和重要手段。在我们党面临的重大考验中，长期执政的考验是始终要面对、永远在路上的严峻考验。解决长期执政中权力可能被腐蚀的风险问题，最根本的要靠党自身革命、自身净化。增强党在长期执政条件下自我净化能力，外部监督是必要的，但从根本上讲，还在于强化自我监督，依靠党的自身力量发现问题、纠正偏差，深化改革、加强治理，推动实现执政能力整体性提升，确保党始终成为中国特色社会主义事业的坚强领导核心。

加强党内监督是坚持和完善党和国家监督体系、推动实现国家治理体系和治理能力现代化的重要任务。我们党的执政地位，决定了党内监督在党和国家各种监督形式中是最基本的、第一位的。充分发挥党内监督在党和国家监督体系中的主导作用，带动其他各方面的监督、完善监督体系，能够为全面从严治党、治国理政提供有力的保障。

党内监督是全面从严治党、一体推进不敢腐、不能腐、不想腐的重要内容和方式。党内监督的原则和目的是惩前毖后、治病救人，最大限度地防止党员干部出问题。强化对作为关键少数的领导干部的监督，实现对所有党员干部的监督全覆盖，一体推进“三不”目标的实现，从而巩固和发展全面从严治党、党风廉政建设和反腐败斗争压倒性的胜利。

当前影响党内监督效力的一些问题

近年来，党的建设取得显著成效，党和国家监督工作形成了一系列成果和经验，为完善党内监督体系打下坚实的基础。《中国共产党党内监督条例》（以下简称《条例》）等党内法规的颁布，为党内监督提供了工作遵循。同时我们也要看到，加强党内监督、提高党内监督的效力，还存在一些需要重视和解决的问题。

在党组织层面上，有认识不到位、主体责任意识不强、工作不落实等问题。少数同志特别是一些党组织的主要负责同志，对履行好监督的主体责任、做好这一“分内之事”，还有差距。没有给予足够的重视，把监督仅仅当成纪委的工作，只管干部的选用，很少去管监督；只管工作的进展，不管干部队伍的思想状况、纪律作风状况。监督不到位，习惯于把防线只设在反腐败上，认为只要干部没有腐败问题，其他问题就都可以忽略不计，没有必要加以追究。不愿监督、不敢监督等现象存在，监督下级怕丢“选票”，监督同级怕伤“和气”，监督上级怕穿“小鞋”。在一些地方和部门，党内监督被高高举起、轻轻放下。

在纪委履行专门监督责任方面，存在工作不平衡、监督重点不突出、内容不聚焦等现象。认识偏差导致工作积极性不高。有的认为抓监督难以形成震慑，还是要查处大要案；有人认为日常监督只是关注一些小事小问题，成本大、效果小，不愿全力投入。责任意识不强、担当精神不够。有的怕因监督得罪人，患得患失，工作起来缩手缩脚。监督定位不准。对于监督对象，有的花过多时间和精力延伸监督基层党员干部和公职人员，而“忽视”了本级职责范围内的重点对象；对于《条例》规定的八项主要内容很少抓，却抓本应该是职责部门该管的“考勤”“督察”等日常管理问题。能力不足、工作简单化。有的不依规依纪依法监督，要么缺位要么越位监督；只能被动监督、选择性监督，不会或不敢主动监督；有的把该提醒教育的问题扩大化、把严重问题轻描淡写地简单处理。

在文化氛围上，有来自党内和社会上的一些不利的因素。在党内，传统的“好人主义”、个人主义导致不讲原则一团和气、“事不关己、高高挂起”的思想不同程度存在。一些地方和领域党内政治生活不规范，一些人对党内监督有排斥、抵触的心理。官僚主义存在，监督别人理所当然，自己不愿意被监督。这些不正常意识对党内监督起着消弭和冲抵的反作用。在社会上，受市场经济、多元文化价值观影响，不利于党内政治生活、严格党内监督的各种因素泛起，如实用主义、利益至上、急功近利思想等。这些都与党内监督的严肃性要求相对立。

在严肃严格严密上下功夫，加强和改进党内监督

无论党内监督，还是群众监督、社会监督、舆论监督，加强和改进的空间都还很大，有大量工作要做。要总结经验，健全体制机制，使各种监督更加规范、更加有力、更加有效。

在工作机制上，落实《条例》，强化责任意识，维护党内监督的严肃性。《条例》要求，建立健全党中央统一领导，党委（党组）全面监督，纪律检查机关专责监督，党的工作部门职能监督，党的基层组织日常监督，党员民主监督的党内监督体系。《条例》对各监督主体的责任规定明确，党的各级组织、领导干部一定要把责任扛在肩上，做到知责、尽责、负责，敢抓敢管，勇于监督。把加强党的领导体现在党的建设、管理、监督之中，坚持原则，提高党内政治生活的质量，通过严肃组织生活会、日常提醒、同志间的批评和自我批评等，把党内监督体现在时时处处事事上，敦促党员、干部按本色做人、按角色办事。开展经常性、针对性的宣传教育，在党内形成习惯在监督下工作和生活的氛围，使党内监督真正严肃起来，落到实处、见到实效。

在工作思路和方式上，坚持依规依纪，明确政治监督要求，强化监督综合功能，提升监督力度和实效。强化自上而下的组织监督，改进自下而上的民主监督，发挥同级相互监督的作用。

上级党组织应多了解下级“一把手”日常的思想、工作、生活状况，听取下级领导班子成员对“一把手”的意见；上级纪委要把监督下级“一把手”纳入重点。同级纪委要定期将同级领导班子成员特别是“一把手”落实主体责任、执行民主集中制、廉洁自律等情况向上级纪委报告。处理好主责部门监督和纪委“监督的再监督”的关系。纪委是“裁判员”不是“运动员”，为主责地区和部门履行管理、监督职能增强动力、压实责任，推动主责地方和部门党委（党组）切实把监督抓起来。处理好监督全覆盖和突出重点的关系。深化国家监察体制改革后，纪检监察机关的监督对象、监督任务大大增加。强化政治监督，聚焦“关键少数”“苗头性问题”开展监督尤为重要。注重监督过程和监督效果的统一，准确运用好监督执纪“四种形态”，强化日常监督，坚持纪严于法、纪在法前，以严格的监督执纪让纪律“长牙”“带电”，实现以“惩处极少数”为基础向“管住大多数”拓展。党内监督与干部管理、教育培训等工作相结合，情况及时沟通、工作协调发力，同向共进。

在工作拓展上，党内监督与其他监督贯通起来，增强党和国家监督体系的严密性。党内监督既是政治性、政策性强的工作，也是综合性、专业性很强的工作，要求从党的整体、党的上下级组织、党委与纪委、纪委与各职能部门、纪委内部各相关工作部门、党组织和党员干部、以内部监督为主的各种监督形式等多个角度思考制度安排、机制完善、工作衔接和配合。同时，党内监督还需要和外部监督相结合，包括同级人大、政府、监察机关、司法机关等对国家机关及工作人员依法进行的监督，人民政协依章程进行民主监督、审计监督、社会监督和舆论监督。以党内监督为主导，推动各类监督有机贯通、相互协调，增强监督的严肃性、协同性、有效性。

提高党内监督的效力，还需要党建其他工作的共同推进和融会贯通。进一步加强政治建设、思想建设和组织建设；继续保持对腐败问题坚决惩治的力度、强大震慑；进一步完善制度、保证制度的执行；继续加大精准问责、严肃问责的力度，增强有权受监督、违规违纪必问责的意识；坚持正面引导激励与反面教材警示等各种形式教育的深化等。有这些工作支撑，相互促进、相辅相成，党内监督的效力将会有效提高。

（《学习时报》2020 年 1 月 3 日第 1 版）

附 2

永葆自我革命的精神和品格

党的十九届六中全会通过的《中共中央关于党的百年奋斗重大成就和历史经验的决议》，将“坚持自我革命”总结为我们党百年奋斗的重大历史经验之一，强调要倍加珍惜、长期坚持，并在新时代实践中不断丰富和发展。学习贯彻《决议》精神，把握坚持自我革命的丰富内涵和要求，有十分重要的意义。

勇于自我革命是中国共产党最鲜明的政治品格、区别于其他政党的显著标志。中国共产党是中国工人阶级的先锋队，同时是中国人民和中华民族的先锋队，党的宗旨就是全心全意为人民服务，党除了国家、民族、人民的利益，没有任何自己的特殊利益，所付出的一切努力、进行的一切斗争、作出的一切牺牲，都是为人民谋幸福、为民族谋复兴。马克思指出，无产阶级革命与其他任何革命不同的地方，就在于它“经常自己批判自己”。习近平同志指出，不谋私利才能谋根本、谋大利，才能从党的性质和根本宗旨出发，从人民根本利益出发，检视自己；才能不掩饰缺点、不回避问题、不文过饰非，有缺点克服缺点，有问题解决问题，有错误承认并纠正错误。这一重要论述，深刻揭示了我们党勇于自我革命的根本原因，揭示出我们党敢于自我革命的勇气之源、底气所在。中国共产党既能够有效地改造客观世界，又敢于自我革命，实现自我净化、自我完善、自我革新、自我提高。中国共产党依靠自我革命，有效提高了党的战斗力、凝聚力和组织力，以伟大自我革命引领伟大社会革命贯穿党的百年奋斗历程，成为中国革命、建设、改革不断走向胜利的根本保证。自我革命锻造了中国共产党，确保我们党在长期奋斗中经受住各种风险考验，始终成为中国特色社会主义事业的坚强领导核心；自我革命保证了我们党能够不断发现真理、坚持真理，从而能够在复杂多变的环境中保持战略定力，始终走在正确的道路上。

自我革命精神是党保持先进性和纯洁性、永葆青春活力的强大支撑。毛泽东同志把批评和自我批评作为三大法宝之一，要求经常打扫灰尘，做到流水不腐、户枢不蠹。习近平同志指出，“党的伟大不在于不犯错误，而在于从不讳疾忌医，积极开展批评和自我批评，敢于直面问题，勇于自我革命”。历史和实践表明，中国共产党之所以能够带领中国人民克服一个又一个艰难险阻、在战胜困难中不断成熟、不断从胜利走向胜利，其中重要的一条原因，就是始终高度重视和不断加强自身的建设，在进行社会革命的同时不断进行自我革命，敢于正视自身问题、克服缺点，在坚持真理的同时不断修正错误，具有极强的自我修复能力。党的先进性和纯洁性，靠自我革命而来，在不断自我革命中淬炼而成，这是我们党历经百年沧桑更加充满活力、长盛不衰的奥秘所在。

新时代中国共产党人在自我革命的生动实践中积累了丰富的经验。党的十八大以来，以习近平同志为核心的党中央，针对党内一度出现的问题，以坚定的意志、顽强的精神、宏大的气魄、无私的勇气和果断有力的措施，勇于自我革命，坚持全面从严治党，力挽狂澜，在思想建设、组织建设、纪律建设、作风建设和制度建设等各个方面“全面从严”，特别是以猛药去疴、重典治乱的决心，以刮骨疗毒、壮士断腕的勇气，刀刃向内，对人民群众反映强烈的作风问题从严整治，对危害党和国家根本利益的腐败问题坚决查处，清除一切危害党的健康肌体的问题、削弱党的群众基础的毒瘤，消除一切损害党的先进性和纯洁性的因素。党的自我净化、自我完善、自我革新、自我提高能力显著增强，管党治党宽松软状况得到根本扭转，反腐败斗争取得压倒性胜利并巩固发展，消除了党、国家、军队内部存在的严重隐患，党内政治生活气象更新，党内政治生态明显好转，党的创造力、凝聚力、战斗力显著增强，党在革命性锻造中更加坚强。在这一过程中，新时代共产党人始终坚守初心和使命，坚持政治上的坚定、理论上的创新，坚持历史的主动，坚持问题导向和忧患意识，体现出伟大理想、人民立场、革命意志和斗争精神的有机统一。

新的伟大征程上要永葆自我革命的精神和品格。中国共产党立志于千秋伟业，使命伟大、责任重大。习近平总书记指出：“在新时代，我们党必须以党的自我革命来推动党领导人民进行的伟大社会革命”，“要把新时代坚持和发展中国特色社会主义这场伟大社会革命进行好，我们党必须勇于进行自我革命，把党建设得更加坚强有力”。党的先进性和纯洁性不是一劳永逸、一成不变的，过去先进和纯洁不等于现在先进和纯洁，现在先进和纯洁不等于永远先进和纯洁。党的十八大以来，我们推进全面从严治党取得了显著成效，但还远未到大功告成的时候。我们党面临的“四大考验”“四种危险”是长期的、尖锐的，影响党的先进性、弱化党的纯洁性的因素也是复杂的，党内存在的思想不纯、政治不纯、组织不纯、作风不纯等突出问题尚未得到根本解决，全面从严治党永远在路上。完成伟大使命，必须始终保持自身的先进性和纯洁性，就必须始终坚持自我革命，不断地锤炼自己、不断解决自身存在的问题，在革故鼎新、守正创新中实现自我跨越，不断增强党自我净化、自我完善、自我革新、自我提高的能力，不断提高党的执政能力和领导水平，确保党在新时代坚持和发展中国特色社会主义的历史进程中始终成为坚强领导核心，为伟大社会革命提供根本组织保障和不竭动力源泉。中国共产党以勇于自我革命的精神走过百年、走到现在，也将以坚持自我革命的姿态更加强大、引领时代、走向未来。

（《中国社会科学报》2022 年 1 月 6 日第 1 版）

图书在版编目（CIP）数据

三十年印记/范耀庚著．—北京：中国方正出版社，2024.4
ISBN 978-7-5174-1334-9

Ⅰ.①三… Ⅱ.①范… Ⅲ.①廉政建设—中国—文集
Ⅳ.①D630.9-53

中国国家版本馆 CIP 数据核字（2024）第 083608 号

三十年印记

SANSHINIAN YINJI

范耀庚 **著**

责任编辑：刘彦彩　李佳贞
责任印制：李惠君
责任校对：周志娟

出版发行：中国方正出版社
（北京市西城区广安门南街甲 2 号　邮编：100053）
发行部：（010）66560936　门市部：（010）66562733
编辑部：（010）59598606　出版部：（010）59594625
网址：www.lianzheng.com.cn
经　　销：新华书店
印　　刷：保定市中画美凯印刷有限公司

开　　本：787 毫米×1092 毫米　1/16
印　　张：19.5
字　　数：210 千字
版　　次：2024 年 5 月第 1 版　2024 年 5 月北京第 1 次印刷

ISBN 978-7-5174-1334-9　　定价：58.00 元